领导干部统计学习系列读本

领导干部
应知应会主要统计指标诠释

本书编写组 ◎ 编

中共中央党校出版社　中国统计出版社
China Statistics Press

图书在版编目（CIP）数据

领导干部应知应会主要统计指标诠释 /《领导干部应知应会主要统计指标诠释》编写组编 . -- 北京 : 中共中央党校出版社 : 中国统计出版社，2024.6（2025.4重印）.
ISBN 978-7-5035-7419-1

Ⅰ. C813

中国国家版本馆 CIP 数据核字第 20247YF138 号

领导干部应知应会主要统计指标诠释

策划统筹 任丽娜
责任编辑 桑月月　宋怡璇
责任印制 陈梦楠
责任校对 王　微
出版发行 中共中央党校出版社　中国统计出版社有限公司
地　　址 北京市海淀区长春桥路 6 号　北京市丰台区西三环南路甲 6 号
电　　话（010）68922233　　（010）63376909
传　　真（010）68922814　　（010）63376840
经　　销 全国新华书店
印　　刷 中煤（北京）印务有限公司
开　　本 710 毫米 ×1000 毫米　1/16
字　　数 331 千字
印　　张 22.25
版　　次 2024 年 6 月第 1 版　2025 年 4 月第 5 次印刷
定　　价 62.00 元

微 信 ID：中共中央党校出版社　　中国统计

版权所有·侵权必究
如有印装质量问题，请与本社发行部联系调换

领导干部统计学习系列读本编委会

主　编：
　　康　义
副主编：
　　毛有丰　　盛来运　　蔺　涛　　毛盛勇　　阮健弘
　　夏雨春　　刘爱华

编委会成员：
　　雷小武　　刘玉琴　　徐荣华　　赵同录　　汤魏巍
　　胡汉舟　　翟善清　　于建勋　　王萍萍　　张　琳
　　王贵荣　　王有捐　　张　毅　　陈悟朝　　李锁强
　　刘文华　　付凌晖　　齐占林　　闫海琪　　张泽慧
　　彭永涛　　叶礼奇

编辑部成员：
　　程宏丽　　孙志强　　尹艳华　　罗　浩　　张力允
　　杜元丹　　徐　颖　　姜　洋　　荣文雅　　宋怡璇
　　闫云帆

本书编写组

组　　长：
　　康　义

副 组 长：
　　毛有丰　　盛来运　　蔺　涛　　毛盛勇　　阮健弘

编写人员：
　　夏雨春　　刘爱华　　雷小武　　王文波　　赵同录
　　柳　楠　　汤魏巍　　王　新　　胡汉舟　　翟善清
　　于建勋　　俞炳彬　　王萍萍　　李希如　　孟灿文
　　李　睿　　张　琳　　王贵荣　　王有捐　　沈　赟
　　张　毅　　李锁强　　彭永涛　　刘学透　　江　源
　　董礼华　　万东华　　魏霜霜　　顾　鑫　　丛雅静
　　庞　昱　　张　玉　　于　上　　李　欣　　陈邦泰
　　翟树冬　　徐　敏　　陈　萌

前　言

当今时代，数字化浪潮席卷全球。数据作为基础性战略资源、重要生产力和关键生产要素，深刻改变了经济运行机制和社会生产生活方式，为提升国家治理能力、推动高质量发展拓展了新空间、增添了新动能。用数据决策、用数据治理、用数据创新日渐成为社会各界的普遍共识和积极行动。

统计数据是经济社会管理与决策的重要基础。党的十八大以来，以习近平同志为核心的党中央高度重视统计工作，习近平总书记多次就做好统计工作、提高统计数据质量作出重要讲话指示批示，中共中央办公厅、国务院办公厅先后印发《关于深化统计管理体制改革提高统计数据真实性的意见》《统计违纪违法责任人处分处理建议办法》《防范和惩治统计造假、弄虚作假督察工作规定》《关于更加有效发挥统计监督职能作用的意见》等一系列事关统计事业长远发展的重要文件，推动统计事业发生深层次变革、取得历史性成就。统计在经济社会发展中的综合性基础性作用愈加凸显，"数据之治"成为推进国家治理体系和治理能力现代化的重要抓手。

领导干部是党和国家事业发展中的"关键少数"，肩负推动经济社会高质量发展的重任，是统计数据的重要使用者。对于领导干部而言，树立真实统计、科学统计、依法统计理念，掌握一定的统计理论，了解常见的统计指标，对准确认识经济社会发展形势、提升管理和决策科学化水平具有重要作用。为推动各级领导干部正确认识和使用统计数据，我们聚焦衡量国民经济和社会发展水平的20

个重要统计指标，进行认真诠释，形成《领导干部应知应会主要统计指标诠释》一书。本书坚持以满足领导干部统计需求为导向，既有对统计指标定义、计算方法、基础数据来源的系统阐述，又有对相关指标数据历史发展的简要介绍，还有对最新统计数据的细致解读，充分反映了近年来统计改革创新成果，为领导干部了解主要统计指标、准确使用统计数据提供了很好的参考。

党的二十大对以中国式现代化全面推进中华民族伟大复兴进行了全面部署，并明确提出"完善碳排放统计核算制度"等统计改革任务，为做好新时代统计工作指明了方向、提供了遵循。新征程上，我们将深入学习贯彻习近平新时代中国特色社会主义思想，完整准确全面贯彻新发展理念，牢固树立和践行正确政绩观，深入推进统计现代化改革，加快构建与全面建设社会主义现代化国家相适应的现代化统计调查体系，不断把统计现代化事业推向前进，更好服务保障中国式现代化，为全面建成社会主义现代化强国作出新的更大贡献！

目 录

第一章	正确解读统计指标	001
第二章	总人口	019
第三章	国内（地区）生产总值	031
第四章	粮食产量	051
第五章	工业生产增长速度	071
第六章	单位国内（地区）生产总值能耗	085
第七章	全社会固定资产投资	099
第八章	社会消费品零售总额	119
第九章	服务业生产指数	133
第十章	财政收入和财政支出	143
第十一章	货币供应量	173
第十二章	进出口总额	195
第十三章	居民消费价格指数	219
第十四章	工业生产者出厂价格指数	241
第十五章	住宅销售价格指数	253
第十六章	调查失业率	263
第十七章	单位就业人员平均工资	275
第十八章	居民人均可支配收入	287
第十九章	研究与试验发展（R&D）经费	301
第二十章	采购经理指数	319
第二十一章	企业景气指数	335
后记		345

领导干部应知应会主要统计指标诠释

第一章
正确解读统计指标

第一节 为何要正确解读统计指标

统计数据是判断经济形势、分析经济问题的重要依据，而统计数据的表现形式往往是各种各样的统计指标。因此，正确使用统计数据，首先必须正确解读统计指标。

近年来，国内外对于中国统计数据的关注度和需求不断上升。从国际上看，伴随着中国成为世界经济大国和贸易大国，中国经济对世界经济的影响举足轻重，中国统计数据的任何风吹草动都会吸引全世界的目光。从国内看，随着中国经济规模扩大、社会主义市场经济体制不断完善以及信息化快速发展，对统计数据的关注也从政府的事变成了身边的事、自己的事。政府部门为应对纷繁复杂的经济形势，增强决策的科学性、及时性、前瞻性，需要了解并使用统计数据；企业经营者和机构投资者为进行生产经营决策、获得尽可能大的投资回报，需要了解并使用统计数据；普通老百姓和个体投资者出于投资理财、制订消费计划等目的也越来越需要了解并使用统计数据。中国的统计数据从来没有像现在这样引起社会如此广泛的关注。

但是，由于中国统计方法制度体系非常复杂，大多数人并不十分了解统计指标的口径范围和统计数据的生产过程，对统计数据难免产生误解、误读、误用。而且，由于中国经济体制正处在改革进程中，经济也处在快速的变化过程中，政府统计体制、统计方式、统计内容和统计发布方式也不断变化，有的指标虽然使用的是同一名称，但其内涵已经发生了很大变化，给正确解读统计指标带来困难。作为生产和发布统计数据的部门，有责任对中国的统计指标作更深入的诠释，让社会各界能够全面准确客观地理解和使用中国的统计数据。

第二节 正确认识统计指标

要正确解读统计指标，首先要正确认识统计指标。正确认识统计指标是正确解读统计指标的前提和基础。

第一章 正确解读统计指标

一、要了解统计指标的定义和特性

统计指标并不单纯地体现为孤立的和抽象的数字,它包含了指标名称、定义、计量单位和计算方法等多重要素。正确认识统计指标,要从掌握这些指标的定义和特性做起。

了解一个统计指标,首先要从学习其定义入手。以公众较为熟悉的国内生产总值(以下简称 GDP)为例,作为观察一个国家或地区整体经济最核心的指标,GDP 是衡量社会生产成果和反映宏观经济的总量指标。具体来说,是指一个国家或地区的所有常住单位在一定时期内所生产的全部最终产品和服务的价值总和。从价值形态看,GDP 是所有常住单位在一定时期内生产的全部产品和服务价值与同期投入的全部产品和服务价值的差额,即所有常住单位的增加值之和。

GDP 的定义层次较多,需要分解开来看。第一,GDP 为什么要以抽象的"价值"形态表示?这是由于各种产品与服务千差万别,无法直接相加,如一台电视机和一辆汽车,一次理发服务和一次法律咨询服务。GDP 的意义就在于能把不同产品和服务用市场价格衡量,并相加为一个衡量整个经济活动成果的总量指标。第二,如何理解 GDP 概念中的"常住单位"?这意味着只要这件产品是在一国的经济领土范围内生产,不论生产者属于何种国籍,都包括在该国的国内生产总值中。例如,在中国的外企属于中国的常住单位,它提供的产品和服务应包括在中国的 GDP 中。但是,并不是所有在中国领土上的单位都属于中国的常住单位。例如,各国驻华使馆,由于它们不在中国经济领土范围内,不是中国的常住单位。第三,如何理解 GDP 定义的生产活动的范围?根据定义,GDP 既要核算"产品",又要核算"服务",因此 GDP 既包括有形的产品,也包括无形的服务。第四,如何理解 GDP 只包括最终产品的价值?以服装为例,生产它的纱线和布都是中间产品,服装被称为最终产品。GDP 只包括作为最终产品的服装,而不包括纱线、布等中间产品的价值,因为如果把纱线和布也算进 GDP,就会造成重复计算。搞清楚了上述四个问题,就能对 GDP 的特点、涵盖范围等基本特征有一个大致的了解。

除了定义本身以外,还要知道统计指标的一些特性。比如,作为价值量指标,在实际应用中往往碰到以现行价格、不变价格等不同价格计算的 GDP。现行价格又称当年价格,也就是报告期的市场价格,现价 GDP 能够反映当年一个国家(或地区）经济发展的规模，便于和同一年份中其他经济指标对比。比如，按当年价格计算，2022年中国国内生产总值为1204724亿元，反映了2022年在中国经济领土范围内所生产的以货币表现的最终产品和服务总量。不变价格则是将不同年份之间用价值量表现的实物量进行综合对比，以单纯反映实物量变化而采用的价格形式，一般用某一时期同类产品的平均价格作为固定价格来计算各个时期的产品价值。不变价格能够消除各时期价格变动的影响，便于对各时期的数据进行纵向比较。比如，按2020年价格计算，2021年中国不变价国内生产总值为1099198亿元，2022年为1131632亿元，将这两个数值相比即可得到按不变价格计算的增长速度。同时，另一种单纯反映实物量变化的形式即可比价格也经常可见，原理与不变价格相似，只不过不变价格的固定基期会相应调整到需要比照的时期。总之，弄清楚每一种价格的含义对计算增长速度十分重要。

再如，区分一个指标是流量指标还是存量指标也很重要。流量和存量是经济分析中的两个重要概念。流量是指带有时间跨度或在一个时段上所累积变动的量，好比通过一个河段的水流量。存量则指在某一个时点上某一变量的量值，如湖泊中所拥有的水的多少。从这个定义出发，国内生产总值代表一年中所有新创造的财富总和，是一个流量；而2022年12月末的居民储蓄存款余额反映的是2022年12月31日这样一个时点上的累计数据（从居民到银行存款开始到该时点时的累计数据），所以是存量指标。在主要的经济指标中，产值类、产量类、收入、需求和供给类指标一般都是流量指标，保有量、人口数、资产负债类、余额类等都是存量指标。

认识一个统计指标，还要知道该指标的局限性。比如，GDP这一指标并不是万能的。一是GDP不能反映经济增长的社会成本。经济发展的同时必然要消耗一些自然资源并对自然环境产生一定的破坏作用。但GDP只反映出经济发展的积极一面，而无法反映出对资源环境造成损害的消极一面。二是GDP不能反映经济增长的质量。GDP反映了生产的最终产品和服务，但无法反映产品质量、技术水平、劳动生产率、资本生产率等差异。三是GDP不能反映某些重要的非市场活动。比如，按照国际标准，不付酬的做饭、打扫卫生、照顾老人等非市场活动不纳入GDP的范围，但这些同样的活动一旦付酬，如请保姆做家务，就应该计入GDP。由于各国市场化程度不同，这样计算的GDP在某种程度上缺乏可比性。四是GDP不能反映社会福利改善情况。比如，增加工作时长虽然会增加GDP，但是也会因占用休闲时间而引起福利损失，所以很难说GDP与社会福利有直接对应的关系。

二、要了解统计指标的统计方法和统计频率

正确认识统计指标，还需要知道统计指标的统计方法、统计频率。知道指标的统计方法就能够在使用时更加敏锐、更加有把握，当数据波动比较大时，就更加容易发现或推测是哪个环节出了问题。

统计调查方法按调查对象范围，可分为全面调查和非全面调查；按登记时间是否连续，可分为经常性调查和一次性调查；按组织方式，可分为统计报表制度和专门调查。各种类型下面又会有更加具体的方法，而抽样调查又会采用不同的组织形式。不同的调查方法，具有不同的统计误差。全面统计只有汇总误差，非全面统计不仅有汇总误差，还有系统性误差。在这种情况下，即使数据使用者熟悉某些具体的统计指标，却不了解其应用的统计方法，也不了解统计指标的误差，同样很容易误读误用指标。如居民消费价格指数，编制指数的基础资料是怎样搜集的，是采用抽样调查还是全面调查？是采用报告期居民消费支出结构作权数还是采用固定基期居民消费支出结构作权数？深入了解这些背景，会对分析居民消费价格变化很有帮助。

统计频率则有助于知道多长时间就可以得到一次新的数据，知道指标变动的时间间隔有多长。例如，在了解GDP是季度、年度核算后，数据使用者会更有效地使用数据，而不是先想当然地去寻找月度数据。同样，居民消费价格指数的统计频率是多少，是每月统计一次、每季度统计一次，还是每年统计一次？了解了指标的统计频率，使用起来就更加具有主动权。

三、要了解统计指标的内涵

了解统计指标的经济内涵也是正确认识统计指标的重要环节。所谓经济内涵，是指统计指标描述的是经济运行哪些方面的特征，其变化代表经济发生了哪些变化。了解统计指标的经济内涵，首先要建立在对各类统计指标的代表性有所了解的基础上。一般来说，需要了解的有以下两组概念：

（一）总量指标、相对指标、平均指标与变异指标

在统计中，综合反映社会经济现象总体数量特征的统计指标有四类，即总量指标、相对指标、平均指标与变异指标。这四类指标对于社会经济现象的总体特征具有不同的解释力。

总量指标是反映客观现象在一定时间、地点条件下总规模、总水平的综合指标。它揭示总体数量的绝对规模和水平，也可以表现为某现象总体在一定时空条件下数量增减变化的绝对数，总之，其数值大小受总体范围和包含单位数的制约。GDP 就是反映一国经济生产最终成果的总量指标，如 2022 年中国 GDP 达到 1204724 亿元，意味着 2022 年经济活动的最终成果是 1204724 亿元。进出口总额是反映一个国家或地区对外贸易的总量指标，如 2022 年中国货物进出口总额达到 62701 亿美元，意味着 2022 年货物贸易总量是 62701 亿美元。总量指标按所反映的时间状况不同分为时期指标和时点指标（也可称为流量指标和存量指标），时期指标反映在一定时期内发展过程的总量指标，如商品销售额、产品产量、投资总额和 GDP 等。时点指标反映现象在某一时点（瞬间）上所处状况的总量指标，如年末人口数、月末产成品存货等。

相对指标是指通过两个有联系的统计指标对比而得到的统计指标，其具体数值表现为相对数。相对指标按其作用不同可划分为六种：结构相对指标、比较相对指标、比例相对指标、强度相对指标、动态相对指标和计划相对指标。结构相对指标是总体中部分数值与总体全部数值相对比求得的结果。例如，某省 2022 年地区生产总值为 10000 亿元，其中，第一产业为 1000 亿元，占 10%；第二产业为 3500 亿元，占 35%；第三产业为 5500 亿元，占 55%。比较相对指标是同类指标在不同空间进行静态对比形成的相对指标。例如，2022 年甲、乙两省的地区生产总值分别为 12000 亿元和 9600 亿元，当年甲省的经济总量是乙省的 1.25 倍，也可表示为甲省经济总量比乙省高出 25%。比例相对指标反映总体中各组成部分之间数量联系程度和比例关系的相对指标。还是以某省 2022 年地区生产总值为例，一、二、三产业之间的比例为 10%:35%:55%，也可表示为 1:3.5:5.5。强度相对指标是有一定联系的两种性质不同的指标相比较形成的相对指标，可以表明事物现象的强度、密度和普遍程度。例如，以医疗机构床位数与人口数对比而得到的每

万人口医疗机构床位数，以能源消费总量与 GDP 对比得到的单位 GDP 能耗。动态相对指标是某一社会经济现象的同类指标在不同时间的数值之比，反映事物现象的发展变化程度。例如，发展速度就是以相对数形式表示的两个不同时期发展水平的比值，是计算增长速度的基础。计划相对指标是以计划为比较标准，将实际完成数与计划规定数相比较，用以表明计划完成情况的相对指标。

平均指标反映的是现象在某一空间或时间上的平均数量状况，一般用平均数形式表示。平均指标可以反映现象总体的综合特征，反映分布数列中各变量值分布的集中趋势。平均指标经常用来进行同类现象在不同空间、不同时间条件下的对比分析，从而反映现象在不同地区之间的差异，揭示现象在一定时期内的发展趋势。平均指标分为算术平均数、调和平均数、几何平均数、众数和中位数。从计算方法看，前三者是根据总体各单位的标志值计算得到的平均值，为数值平均数；众数和中位数是根据标志值在分配数列中的位置确定的，为位置平均数。算术平均数是最常用的平均指标，有简单算术平均数和加权算术平均数两种计算形式。简单算术平均数适用于未分组的统计资料，如果已知各单位标志值和总体单位数，可采用简单算术平均数方法计算。加权算术平均数适用于分组的统计资料，如果已知各组的变量值和变量值出现的次数，则可采用加权算术平均数计算。例如，居民消费价格指数就是加权算术平均数，其中组成指数的各类商品和服务有不同的权数。调和平均数是总体各变量值倒数的算术平均数的倒数，比如，三种苹果的单位价格分别为 2 元、1.8 元和 1.5 元，若各买 1 元，用调和平均数的定义可以得出买三种苹果的平均价格为 1.74 元。调和平均数也有简单调和平均数和加权调和平均数之分。几何平均数是 n 个观察值连乘积的 n 次方根，常用于计算平均速度和平均比率，也有简单平均和加权平均两种形式。众数是指总体中出现次数最多的标志值，是一种位置平均数，往往可以代表现象的一般水平，如市场上某种商品大多数的成交价格，多数人的服装和鞋帽尺寸等，都是众数。中位数将总体各单位的标志值按大小顺序排列，处于中间位置的标志值就是中位数。由于中位数是位置平均数，不受极端值的影响，在总体标志值差异很大的情况下，中位数具有很强的代表性。比如，2020 年各省居民消费价格指数的中位数是位处第 16 位的 102.3，不会受到云南省 103.6 和新疆维吾尔自治区 101.5 这两个极端数值的影响。

变异指标是表明总体各个单位标志值的差异程度，即离散程度的指标，是评价平均指标代表性大小的依据。如果标志值的分布很散，则平均数的代表性就差。平均数反映的是各变量向中心值聚集的程度，而变异指标反映的是数据的分散程度。常用的变异指标有全距、平均差、标准差（均方差）、离散系数四种。

显而易见，对于任何社会经济现象，只要有足够的观察数据，都可以计算总量、相对、平均和变异等四种统计结果。但在实际经济分析活动中，由于各种主客观原因，人们往往倾向于或习惯于仅拿一些主要指标说事，没有做到全面判断，从而造成分析上的偏差。要做到正确看待社会经济现象，需要综合研判四项指标结果，从不同角度观察、发现和解释社会经济现象，通过分析其中的特征与变化，从而全面准确描绘社会经济发展的全貌。

（二）先行指标、同步指标和滞后指标

宏观经济波动是一种周期性的繁荣、衰退、萧条、复苏的循环变化过程，在这种变动中，不同经济指标的变动并不总是与总体波动步调一致。按统计指标变动轨迹与总体经济变动轨迹之间的关系划分，指标变动轨迹在相同时间段内的波动与总体经济波动不一致，在时间轴上向前平移的指标称作先行指标（即从时间上看，这些指标总是比总体经济更早地发生转折，达到高峰或低谷）；在时间上和波动起伏上与经济波动轨迹基本一致的称作同步指标；在时间轴上向后平移的指标称作滞后指标（即从时间上看，这些指标总是比总体经济更晚一些地发生转折，达到高峰或低谷）。

在实际运用中，可以根据指标与总体经济状况变动轨迹的不同关系来判断总体经济走向。先行指标可以对将来的经济状况提供预测性的信息，主要用于判断短期经济总体的景气状况，因为其在宏观经济波动到达高峰或低谷前，先行出现高峰或低谷，因而可以利用它判断经济运行的可能走向，进行预警、监测，进而制定相应的应对措施。例如，当先行指标连续几个月下降时，就有理由预测整个经济也可能出现下滑。这类先行指标主要有制造业采购经理指数（PMI）、新开工项目计划总投资额、规模以上工业出口交货值、商品房销售额和货币供应量等。同步指标反映国民经济正在发生的情况，反映了当前的经济形势，但并不预示将来的变动。同步指标主要包括GDP、工业增加值、货运量和发电量等。滞后指标反映出的国民经济的转折点一般要比实际经济活动晚，用于确认经济周期波动的高峰或低谷是否已经过去。滞后指标主要有失业率、居民人均可支配收入、规模以上工业企业利润等。

在了解上述概念的基础上，就可以进一步判断指标变动对经济运行的意义以及其与整体经济的关系。例如，当GDP增长较快时，意味着这段时间经济总量在迅速地扩大；当GDP增长放慢甚至出现绝对下降时，意味着这段时间经济总量增长放缓或出现萎缩，国民经济运行存在某些问题，政府应当采取相应的措施进行引导。当居民消费价格比较平稳，即上升或下降不大时，意味着市场供求形势相对平稳，因而经济形势也比较平稳。当价格上升过快时，则意味着市场供求关系出现了严重的求大于供的失衡现象，表明通货膨胀，经济出现了过热的苗头。相反，如果价格出现持续下降，则说明整个社会的需求不足，出现通货紧缩，经济增长乏力，甚至有可能出现衰退。

四、要了解统计指标的不足

在这里有必要强调，任何一项统计指标，都是人们对社会经济现象定性认识基础上的定量认识。鉴于社会经济现象的复杂性、随机性和不确定性特点，统计指标在衡量客观事物时都有其确定的使用范围，夸大其使用范围和过度强调它的作用，必然会产生错误。比如，GDP这一指标作为总量指标可以反映经济发展的最终成果，但也存在局限性，如无法反映发展经济所付出的代价；再如，居民消费价格指数这一指标一直备受关注，一些公众认为居民消费价格指数变动程度没有反映出他们感受到的物价上涨幅度。这既跟居民消费价格指数的具体计算方法有关，也跟指标自身的特性有关。从计算方法看，居民消费价格指数是度量一组代表性消费商品和服务价格水平随时间而变化的指标，其中商品或服务在指数构成中的权重主要根据国家统计局开展的全国城乡居民家庭消费支出资料计算，根据城乡居民家庭各类商品或服务项目的支出占其消费总支出的比重确定，因此这一比重的确定只能是平均现象；而且根据国际通行准则，商品房价格的变动不包含在居民消费价格计算的范围内，这使得居民消费价格指数与一些居民个体的感受不完全一致。从指标自身特性看，居民消费价格指数存在三点较为明显的缺陷。

第一点是无法反映替代倾向的变动。生活中各种商品包括同一类型商品的价格变动并不是同比例的，当某一商品价格提高时，消费者会寻找替代品，原有的相对固定的代表规格品可能代表性不强了，导致高估生活费用的可能。第二点是无法体现新产品的引进。随着各类新产品的上市，消费者有了更多选择，但由于上述原因，同样无法反映这种货币购买力的变动。第三点是无法衡量商品质量的变动。例如，汽车价格上升可能是因为汽车马力更大、行驶更安全，或操作更简便了，但相应的消费价格指数只能反映出汽车价格水平上升情况，无法反映出汽车质量变动。

第三节 正确使用统计指标

对统计指标有正确的认识和理解，并不能保证可以正确使用统计指标。中国经济指标非常繁多，《中国统计年鉴》中发布的统计指标有2万多个，国家统计局数据发布库发布的统计指标有7万多个。如何利用不同指标提供的信息对经济形势进行科学准确的判断，十分复杂。例如，一方面，在某一年度，GDP增长率持续上升，表明经济发展趋势较好。但另一方面，价格指标却处在负增长区间，表明需求状况不理想，与经济增长速度产生一定的不协调。这就需要在分析相关问题时，在正确认识统计指标的基础上，掌握基本的分析方法，熟练使用各类统计数据，灵活利用统计指标进行分析判断和预测。

一、把握全局和抓住主要矛盾相结合

国民经济是一个复杂的有机整体，涉及方方面面。每个经济指标都有其特定的含义和用途，反映的是经济运行的某个特定方面。因此，一方面，要全面准确把握经济形势，就不能以偏概全，单凭一两个经济指标进行判断，而应该对反映国民经济的主要指标进行较为全面的分析，从尽可能多的角度考察经济运行的情况，再从相互联系和综合的角度进行总体研判。比如，经济增长、充分就业、物价稳定、国际收支平衡是国际上观察分析经济形势时必须关注的四大目标，因此经济增长率、通货膨胀率、失业率、进出口差额等指标毫无疑问必须被纳入观察的范围。同时，也要看产成品存货、采购经理指数（PMI）、消费者信心指数等

微观指标，还要关注财政金融领域的一些指标。

另一方面，在观察多个指标时，常常会出现指标变动不一致的情况。这时，需要作更进一步的细致分析，根据经济指标的变动方向和不同时期经济运行的不同特点，选择对当时经济有突出影响的指标进行分析，力求把握重点，抓主要矛盾。比如，经济增长、物价与就业通常是同方向变化的，即经济增长加快，物价一般会上升，就业也会增加。但有时候又不完全是这样。比如，2008年，如果仅看当时中国的物价水平会得出中国经济过热的结论。因为当年的居民消费价格指数是105.9，也就是说相对于2007年，物价水平上涨了5.9%，是1997年以来最高的；而工业生产者出厂价格指数，黑色金属、建材等原材料和燃料动力购进价格指数和固定资产投资价格指数等基本上也都是10多年来的最高点。通过认真分析就会发现，居民消费价格指数虽然总体较高，但其实从2008年5月开始都是在逐月下降的，而且前半年指数较高很大程度上是由于受2007年后半年翘尾因素的影响。从经济发展速度看，2008年上半年，世界经济还未受到美国次贷危机的波及，各国经济仍旧保持较高的增速，物价水平直至2008年8月金融危机爆发前都持续走高，原油等大宗商品价格均在2008年8月达到历史高位。但2008年下半年以来，国际金融危机席卷全球，国际大宗商品价格开始迅速下滑，各国经济增长受到了严重影响，2008年四季度中国GDP同比增速回落至7.1%，属于经济发展较为困难的时期。

二、总量分析和结构分析相结合

判断社会经济现象，首先需要考察总量指标，分析总规模、总水平的变化情况。比如，如果把经济运行状况作为分析对象，首先需要对经济总体形势有一个基本判断，具体的指标首选国内（地区）生产总值，并通过价格指数、失业率、国际收支以及其他主要相关指标等进行佐证。比如，突如其来的新冠疫情对中国经济造成严重冲击，2020年一季度，GDP同比下降6.9%，这是自1992年建立季度GDP核算制度以来首次出现季度负增长；就业压力加大，2月全国城镇调查失业率升至6.2%；货物贸易下降，一季度货物进出口总额同比下降6.7%；企业预期低迷，2月制造业采购经理指数降至35.7%，服务业商务活动指数降至30.1%。从以上这些指标可以看出，2020年一季度我国经济增长、就业、景气指数等都处于较低水平，经济下行压力明显加大。

但是仅分析总量是不够的，总量没有问题并不能说结构没有问题；同样，总量有问题也并不必然意味着结构也有问题。所以，在进行总量分析的同时，还需要进行结构分析。分析经济结构通常从以下三个方面进行：一是各种社会需求的变动是否协调。重点是分析内需与外资、投资与消费的变动是否协调，进一步可以考察投资结构、消费结构以及进出口结构是不是合理。二是社会生产是否协调。重点考察工业与服务业的发展是否协调、工业与农业的发展是否协调，进一步观察工业、服务业细分行业的发展是否协调。三是区域发展是否均衡，考察东部、中部、西部、东北地区的经济发展是否存在明显差异。对物价、进出口等指标都可以进行类似的结构因素分析。比如，国际金融危机给中国经济带来了巨大的影响，2009年一季度中国国内生产总值的同比增速降到了6.4%，但上半年增速回升至7.3%，前三季度进一步回升到8.5%，经济呈现逐步企稳回升的态势。从三大需求贡献率看，一季度、上半年、前三季度最终消费支出对经济增长的贡献率分别是70.6%、54.2%和49.2%，均高于2008年同期水平；资本形成总额对经济增长的贡献率分别是57.5%、96.3%和99.7%，处于历史较高水平；而净出口对经济增长的贡献率分别是-28.1%、-50.5%和-48.9%，是拖累经济企稳回升的主要原因。直到2009年9月，中国的出口和进口增速降幅仍然较大，进出口总值累计同比下降20.9%，出口下降21.3%，进口下降20.4%，顺差1355亿美元，同比减少455亿美元，约占2008年同期顺差的1/4。在总需求增速放缓的同时，总供给内部也出现了问题。例如，占国内生产总值最大份额的工业生产，其增速随着国民经济的回升逐渐接近2008年同期水平，2009年三季度同比增速已回升至12.4%，但由于在经济调整增长时期形成了较大的产能，国际金融危机后市场需求下降导致供大于求矛盾凸显，很多行业产能严重过剩，三季度全部工业企业产能利用率为79.9%，仍未恢复到正常水平；而要实现国民经济长期稳定增长，需要发现新的经济增长点，扩大国内需求，减少重复建设，逐步化解过剩产能。

三、纵向对比和横向对比相结合

一个经济指标，其绝对量只是反映当期的规模，增长速度也只是反映当期的增长情况。孤立地看这样一个指标，很难说它是大还是小，是快还是慢。只有通过横向和纵向的对比，在一个坐标系中给一个经济指标数据确定一个位置，才能作出正确判断。

纵向对比，就是将经济指标在不同时间或时期进行比较。其主要目的是观察经济指标的变动轨迹，判断目前处于变动的哪个阶段，帮助预测后期趋势。纵向对比一般都要计算增长速度或变动幅度。常用的增长速度主要有三个，一个是与上年同期相比的增长速度，往往被称为同比增长速度。例如，将2022年5月的居民消费价格与2021年5月的居民消费价格相比较，便可得到2022年5月居民消费价格同比上涨了2.1%。另一个增长速度是与上一期（如上个月、上个季度）相比的增长速度，被称为环比增长速度。例如，将2022年5月的居民消费价格与4月的居民消费价格相比较，便可得到2022年5月居民消费价格环比下降0.2%。第三种增长速度叫作定基增长速度，即与固定基期的值相比的增长速度。例如，将1978年以后各年的居民消费价格均与1978年的居民消费价格水平相比较，便可得到以1978年居民消费价格为基期的定基增长速度，如1978年居民消费价格为100，2022年相比于1978年的价格水平居民消费价格指数为706.6%，即2022年居民消费价格比1978年上涨了606.6%。三种增长速度都可用来反映指标的变化情况，但是，反映的方式和给出的结果却不同，在使用时要特别注意。用环比增长速度反映指标变化时，时效性强，比较灵敏，不足之处是对一些随着季节变化而波动的指标，环比增长速度无法避免季节因素的干扰，波动非常大，有时甚至连指标变动方向都会发生变化。比如，由于春节影响，1月或者2月居民消费价格指数会比较高，相应地，当月的环比增长速度会很高，而下一个月居民消费价格指数环比增长速度是与春节期间相比的，就可能是负的。所以，用环比增长速度分析判断经济形势，要在进行环比之前想办法先把季节性因素剔除掉，即进行季节调整后，再计算环比增长速度。对于数量指标来说，如社会消费品零售总额、GDP等有时还将其折算成年度增长率，这就是所谓剔除季节因素后的环比折年率（增长速度）。这样处理，既保留了环比增长速度的优点，又解决了由于季节因素数据不可比的问题，在考察短期经济波动时应用较多。但由于在计算环比折年率时，实际上假定了全年其余各月（或季度）都保持当月（或当季）的增长速度，所以，环比折年率（增长速度）的波动仍比较大，在使用时要特别注意。同比增长速度是与上年同一时期相比，可以克服季节因素的干扰，简单实用，应用很广，其缺点是反映出来的结果比较滞后。例如，拿2022年5月的数据与2021年5月的数据作对比，整整跨过了一年的时间。至于定基增长速度，直接使用时可以反映一个指标相比固定对比基期的增长情况；在实际分析问题时，可以用来计算同比增长速度和环比增长速度。

纵向对比分析时，通常要作两种比较，一是从历史上看当前的增长速度是高还是低，这既可以与历史平均速度相比，也可以与选定的某个时期类比，以帮助判断目前增长速度相对来说是适度、偏高还是偏低的。比如，国际金融危机对2008年中国的固定资产投资影响比较明显。2008年全社会固定资产投资名义增长25.9%，但如果剔除投资价格的影响，实际只增长15.6%，是2002年以来最低的增速。二是指标变动的趋势，即增速是在加快还是在减慢。比如，分析2009年房地产开发投资的增长速度，一季度增长4.1%，二季度增长13.1%，比一季度加快7个百分点；三季度增长30.5%，比二季度进一步加快17.4个百分点。究其原因，主要是因为随着房地产市场销售的持续回暖，开发企业资金状况得到好转，房地产开发投资增速不断回升，市场信心逐渐增强。

横向对比，就是将某经济指标与其他指标进行比较分析，将中国的指标与主要经济体的相关指标进行比较。前者的主要功能，一是考察指标之间是否协调、是否匹配，当指标数据之间出现不协调、不匹配的情况时，要分析其原因。比如，在分析判断GDP或规模以上工业增加值的增长速度时，人们通常都要看用电量、货运量以及主要能源和资源消耗的变化情况，以此对整体经济和工业生产的发展速度进行验证。二是判断经济发展的协调性，如经济指标与资源环境指标的横向比较，可以分析经济发展是否处于资源与环境的可承载范围内；从经济指标与社会指标的比较可以看出，经济发展与社会发展是否协调。而将中国的指标与主要经济体的相关指标横向比较，则是经济全球化的要求，分析比较世界其他国家的经济情况，对于判断中国经济形势及其走势是有用的也是必需的。比如，2020—2022年中国GDP年均增长4.5%，而美国、欧元区分别仅增长1.6%、0.9%，日本下降0.4%。横向比较可以发现，中国统筹疫情防控和经济社会发展取得积极成效，我国经济增速在全球主要经济体中保持领先，为世界经济复苏作出了重要贡献。而同一时期美、欧、日三大经济体深受新冠疫情冲击影响，GDP增长明显放缓或下降，表明世界经济复苏进程具有不平衡性。

四、定性分析和定量分析相结合

经济现象是质和量的统一。在经济形势的分析判断中必须处理好定性与定量的关系。

定性分析是对有关定量关系的概括和提炼。一个孤立的量只能从经济的一个侧面说明大小、多少、高低，而不能揭示质的规律性。只有定性才能把经济事物各个侧面的量的关系统一起来。社会经济关系极其庞杂，没有定性判断的大量数据，会使人们在观察经济形势时无所适从。比如，全国制造业采购经理指数（PMI）以50%作为经济强弱的分界点：当指数高于50%时，被解释为经济扩张的信号；当指数低于50%，尤其是非常接近40%时，则有经济萧条的忧虑。它是先行指标中一项非常重要的附属指标。随着疫情防控取得重大决定性胜利，经济社会全面恢复常态化运行，2023年一季度中国经济呈现回升向好态势，PMI的变动较好地反映了经济恢复的走势。2023年初，PMI连续3个月位于50%以上，可以理解为经济回升向好的信号。但同时也有波动，4月PMI回落至临界点以下，5月进一步降至48.8%；而6月以来PMI连续4个月回升，9月升至50.2%，回升至荣枯线以上。这种变化说明，疫情防控平稳转段后，中国经济恢复是一个波浪式发展、曲折式前进的过程，经济回升向好的基础仍需巩固。所以，经济形势分析最终既需要拿出定量的分析，也需要拿出定性意见来，为决策提供科学依据。

定性分析需要以定量分析作为基础。要充分利用统计指标，尤其要做好定量分析。利用经济指标所作的经济形势分析，通常都是从定量分析入手的。一般来说，在简单类比的基础上，将统计指标的数量特征用文字化的材料表现出来的描述性分析，是最常用也是最容易理解和接受的形式。但由于经济现象纷繁复杂，统计指标众多，简单的描述性分析难以准确清晰地反映经济运行的特征和经济关系，为了把错综复杂的数量关系理清楚，在对经济形势的定量分析中，常常需要借助数量模型方法。比如，如果给出宏观调控政策对经济的影响有时滞性的判断，这只是给出了定性的结论，时滞有多长，影响就有多大，则需要采用严格的数量方法进行验证和考察。由于统计分析报告需要考虑可读性，也受到篇幅限制，一般不会把数量模型分析的内容都列出来。但对经济形势的分析判断越来越多地依赖于数量模型的分析结果。经济形势分析常采用的数量模型方法主要包括：时间序列方法、计量经济模型分析法、投入产出分析法、可计算一般均衡模型分析法等。

五、短期分析与长期分析相结合

影响经济形势演变的，既有短期因素，也有长期因素，在进行经济形势分析时，短期分析和长期分析都不可或缺。

短期分析可以及时把握经济运行的动态和细节，能够及时把握经济运行中出现的新情况、新问题，有助于及时捕捉苗头性现象，是宏观调控的重要依据。但是短期分析本身存在一定的局限性，有时也会有"知其然而不知其所以然"的情况。比如，中国经济增速从2011年一季度到2012年三季度连续六个季度回落，外需乏力和内需不足相叠加，但在接近两年的时间里并没有出现大规模失业等社会问题。要回答这个问题，必须站得更高、看得更远，进行必要的长期分析。

长期分析能够揭示经济现象下内在的运行规律，有助于我们透过现象看本质，帮助我们理解一些短期问题出现的原因。做好长期分析，并实现短期分析与长期分析的有机结合，要注重把握好两个特征。一是深刻把握经济运行的阶段性特征。在经济发展的不同阶段，经济运行特点是不一样的，要正确认识经济发展的阶段性特征，从而对经济发展的动力机制和约束机制有客观的理解。以上面这个问题为例，从短期因素看，经济增速连续回落有为应对国际金融危机出台的一系列宏观调控政策逐渐退出以及世界经济复苏缓慢的原因，但从更长期分析就会发现，随着资源要素制约增强特别是劳动力优势弱化，中国经济潜在增长率趋于下降，经济增速的回落有其必然性，是符合中国经济发展阶段特征的。因此，在宏观调控上必须把握这一阶段性特征，正确看待潜在增长率的变化，采取适当措施应对。如果离开了经济发展的阶段性特征，就很难对经济运行情况有深刻的理解。二是深刻把握经济运行的周期性特征。经济运行往往表现为周期性的循环变化，经历由繁荣、衰退、萧条到复苏的过程。同样的经济指标变化在经济周期的不同阶段具有不同的性质，而经济运行处于周期的上升期还是下降期，既是判断经济形势的重要因素，也是把握宏观调控力度和节奏的重要依据。以对通货膨胀形势的判断为例，2009年下半年，中国经济明显回升，尽管价格水平大多月份处在下降区间，但从动态看，下降幅度不断收缩，11月开始转降为升，尽管2009年全年居民消费价格下降0.7%，但如果考虑经济正进入上升周期，则需要对通货膨胀前景给予足够的警惕。

正确解读统计指标，准确把握经济运行走势，是每一个统计数据使用者孜孜以求的目标。以上是从统计专业人员的角度提出的一些建议，希望能够为读者正确解读经济指标，更好地发现经济规律，提供一些思路和帮助。

（撰稿：王文波 黄天河）

领导干部应知应会主要统计指标诠释

第二章
总人口

> **阅读提示**
>
> **公布机构**：国家统计局
>
> **调查频率**：每年1次
>
> **公布时间**：次年2月
>
> **公布渠道**：国家统计局网站（www.stats.gov.cn）
>
> 《国民经济和社会发展统计公报》
>
> 《中国统计摘要》
>
> 《中国统计年鉴》
>
> **数据修订情况**：有修订

第一节 什么是总人口

一、总人口的基本定义

统计意义上的总人口，又称人口总数，是指一定时点、一定地域范围内所有的有生命活动的个人的总和。它不分性别，不分年龄，不分民族，只要是有独立的生命活动就包含在人口总数之内。总人口是人口统计中最基本的指标，是计算人口构成和人口再生产诸多指标的基础，也是反映一个国家人口资源的重要指标。

总人口通常使用常住人口的口径。常住人口为国际上进行人口普查和人口调查时常用的统计口径之一，是指经常居住在某一地区的人口。目前在中国，常住人口是指实际经常居住在某地区半年以上的人口。主要包括：居住在本乡镇街道且户口在本乡镇街道或户口待定的人；居住在本乡镇街道且离开户口登记地所在的乡镇街道半年以上的人；户口在本乡镇街道且外出不满半年或在境外工作学习的人。

总人口随人口的出生、死亡、迁入、迁出的变动而变动。中国总人口的变动主要来源于人口的自然变动，通常用人口自然增长率来反映。人口自然增长率是指一年内人口自然增长数与年平均总人数之比，通常用千分数表示。它是用于说明人口自然增长的水平和速度的综合性指标。

人口自然增长率 = 人口出生率 - 人口死亡率

二、总人口指标的经济社会意义

总人口对于了解国情国力，制订人口发展规划和经济社会发展计划，进行人口科学研究，都有十分重要的意义。具体表现为以下三方面：

第一，总人口的变化通过影响劳动就业、积累和消费的分配比例以及市场的分布和规模等因素，对经济发展产生影响。

第二，总人口及在此基础上形成的人口结构、人口素质等因素的发展演变，关系一个国家的福利水平、资源分配和社会经济发展潜力，借以形成人口红利或人口负债，成为影响综合国力的基础性因素。

第三，适度的总人口规模有利于国家可持续发展。人口的数量要与资源、环境承载力相适应。人口规模过大、增长过快，会对资源和环境形成压力；而人口总量不足，又无法为经济社会发展提供充足的人力资本支撑。

第二节 总人口的数据来源和计算方法

一、数据来源

总人口基础数据的取得，主要依靠人口普查和依照国家法令，对出生、死亡、婚姻、迁移等人口事件进行的经常登记，及按照科学抽样的方法对人口状况进行的专项调查。下面分别对人口普查、1%人口调查和人口变动情况抽样调查的基础数据来源进行介绍。

（一）全国人口普查

人口普查是指在国家统一规定的时间内，按照统一方法、统一项目、统一普查表和统一标准时点，对全国人口普遍地、逐户逐人地进行的一次性调查登记。通过这种普遍的调查登记，查清全国人口的数量、结构和分布情况；同时，还要查清这些人口的社会、经济、文化等特征。人口普查工作，包括对人口普查数据的搜集、整理、评估、分析和发布等全部过程。

新中国成立以来，已分别于 1953 年、1964 年、1982 年、1990 年、2000 年、2010 年、2020 年成功开展了七次全国人口普查。从上述普查年份可以看出，1982 年及以前的人口普查进行的时间是不统一的，这是因为过去国家对普查进行的时间未作明确规定。1986 年 8 月，根据国务院《对今后全国人口普查工作安排意见的批复》，国务院原则同意今后每 10 年进行一次全国人口普查（即在末位逢零年份进行普查）。1994 年 7 月，国务院批转国家统计局《关于建立国家普查制度、改革统计调查体系的请示》，正式确立国家周期性普查制度。2010 年 5 月，国务院颁布施行《全国人口普查条例》，规定人口普查每 10 年开展一次，在逢 0 年份进行。在逢 0 年份进行人口普查，是联合国所建议并提倡的，也是世界大多数国家进行人口普查所普遍采用的时间（一些国家不在逢 0 的年份进行，但也是接近 0 的年份进行）。从这方面来讲，中国人口普查符合国际通行做法。

在中国，人口普查是和平时期最广泛的社会动员，国家需要投入大量的人力、物力、财力，特别是需要组织动员几百万名普查人员参与普查工作。以 2020 年人口普查为例，除普查机构工作人员外，全国还选调、聘用了 700 多万名普查指导员和普查员参与普查工作。

人口普查主要分三个阶段，先后要历时三年半。一是准备阶段。这一阶段的主要工作包括：组建各级普查机构，制订普查方案、普查细则和工作计划，进行普查试点，落实普查经费和物资，开展普查宣传，选调培训普查指导员和普查员，进行区域划分和普查地图绘制，进行户口整顿等。二是普查登记阶段。中国人口普查的标准时点为普查年度的 11 月 1 日零时，凡是这个时点居住在中国境内的人，都是人口普查对象。从 11 月 1 日起至此后的 30 余天，遍布全国的普查指导员和普查员将深入每一个社区、村庄，访问每一户家庭，按照普查方案的要求详细登记每一名普查对象的情况。普查登记阶段虽然只有 1 个月左右的时间，但这是整个普查工作中最为关键的环节，也是工作量最大、动员力量最多、直接决定普查数据质量的重要阶段。这一阶段的主要工作包括：普查员入户登记、进行全面复查、开展事后质量抽查等。三是数据整理和发布阶段。这一阶段的主要工作包括：

普查表编码，审核、汇总，发布主要数据公报，普查资料开发利用等。

（二）全国 1% 人口抽样调查

又称人口小普查。通常是在两次人口普查中间年份（一般为逢5的年份）进行。之所以在两次普查之间安排一次1%人口抽样调查，是因为每10年进行一次人口普查，相隔周期较长，虽然在非普查年份和非1%人口抽样调查年份开展人口变动情况抽样调查，但是这个调查的样本规模较小，抽样比例只有1‰左右，一些项目对省级的代表性不够。另外，人口变动情况抽样调查相对于普查和1%人口抽样调查，设置的调查内容较少，不足以满足国家制定人口政策和经济社会发展规划的需要。有了两次普查之间的1%人口抽样调查，就可以弥补这些不足，为国家及时掌握人口发展变化情况提供较多的人口统计信息。中国已分别在1987年、1995年、2005年和2015年进行过四次全国1%人口抽样调查。

（三）全国人口变动情况抽样调查

因其样本量占全国总人口的1‰左右，又称1‰人口抽样调查。国家统计局从1983年开始进行人口变动情况抽样调查，以此获得年度全国和各省（区、市）的总人口数据及其结构变动数据。

在人口普查中，通过对全国所有人口进行逐户逐人地调查登记，然后逐级汇总，直接得到全国以及省、市、县、乡各个层级的人口数据。在1%人口抽样调查和人口变动情况抽样调查中，总人口数据是以上一年总人口数据为基础，通过调查得到的出生率、死亡率、迁移率等，推算出全国人口和各省（区、市）人口。

下面重点介绍在人口变动情况抽样调查中总人口的计算方法。

二、人口变动情况抽样调查中总人口的推算

人口变动情况抽样调查由国家统计局组织实施。国家统计局制定全国统一的《人口变动情况抽样调查方案》，统一设计全国和各省（区、市）的调查样本量，统一抽取各省（区、市）的村级样本，统一组织地方各级统计局具体实施人口变动情况抽样调查。全国人口和各省（区、市）人口由国家统计局统一推算。

（一）调查样本的选取

1. 抽样设计原则

人口变动情况抽样调查以全国为总体、各省（区、市）为子总体进行抽样设计。

调查采取分层、多阶段、概率与规模成比例的抽样方法。最终样本单位为住户组。

2020年人口普查结束后，在人口普查建立的样本框中，对2021年至2024年全国人口变动情况抽样调查进行为期四年的周期样本设计，统一抽取四年的样本，每次调查组织实施前下发到各省（区、市）进行核实。在四年调查周期内，人口变动调查样本按照一定比例进行轮换。

2. 调查样本量

人口变动情况抽样调查的全国样本量约为140万人，约占全国人口的1‰。每个省（区、市）为2万~6万人。全国约调查12500个村级样本，50万个住户。

3. 抽样方法

样本抽取采用两阶段抽样的方法，第一阶段抽取村级样本，第二阶段抽取住户组。在人口普查分村汇总结果中整理村级样本抽样框，抽取村级样本，在村级样本住房单元列表中抽取住户组样本。

（1）村级单位分层。充分利用人口普查和上年度社区表的资料，对所有村级单位进行分层。分层指标包括村级单位及其所在的县级单位社会经济发展指标及地理地形标志，村级单位城乡属性或根据本地情况考虑非农业人口比重、出生率、死亡率和流动人口、集体户人口等分层指标。分层的原则应尽可能使层内各单位之间异质性小，各层间异质性大。

（2）超规模村级单位分块。分层完毕后，对超过指定规模的村级单位进行分块，形成村级样本抽样框。

（3）层内抽取村级样本。各层按规模大小成比例的概率抽样方法抽取村级样本，其中各层抽取样本数按该层住房单元总数占子总体住房单元总数的比例分配。

（4）核实建筑物和住房单元。对抽中村级样本内的所有建筑物和住房单元，进行居住情况的核实、增减。

（5）根据核实结果抽取村级样本内的住户组样本及备用样本。

（二）数据汇总与推算

全国数据由国家统计局负责汇总，各省（区、市）的数据由各省级统计局按照国家统一的部署进行汇总。

1. 省级调查指标估计

推算总人口的核心是估计出生率、死亡率、自然增长率。这里以 2022 年为例，估计 2022 年出生率、死亡率、自然增长率。用 2021 年 11 月 1 日至 2022 年 10 月 31 日调查年度的出生率、死亡率替代日历年度 2022 年全年的出生率、死亡率。省级出生率的计算公式如下：

$$CBR = \frac{b}{p_{2022年平均人口}} \times 1000‰$$

其中，$p_{2022年平均人口} = \frac{(p_{2022} + p_{2021})}{2}$

$p_{2021} = p_{2022} - b + d$

则可推出，$p_{2022年平均人口} = \frac{(p_{2022} + p_{2022} - b + d)}{2} = \frac{(2p_{2022} - b + d)}{2}$

其中，CBR 表示 2022 年的出生率，p_{2022} 为加权①后样本的 2022 年 11 月 1 日常住人口，$p_{2022年平均人口}$ 为加权后样本的 2022 年的年平均人口，b、d 分别为调查前 12 个月的加权后样本的出生和死亡人口。

由此可推出出生率的计算公式为：$CBR = \frac{b}{(2p_{2022} - b + d) \div 2} \times 1000‰$

推出死亡率的计算公式为：$CDR = \frac{d}{(2p_{2022} - b + d) \div 2} \times 1000‰$

其中，CDR 表示死亡率。

自然增长率的计算公式为：$NGR = CBR - CDR$

其中，NGR 表示自然增长率。

2. 全国调查指标估计

全国调查数据按各省级单位所占全国人口的比重进行加权汇总。

全国出生率、死亡率、自然增长率的计算公式为：

$$CBR_{全国} = (\sum_i w_i \times b_i / \sum_i w_i \times p_i) \times 1000‰$$

$$CDR_{全国} = (\sum_i w_i \times d_i / \sum_i w_i \times p_i) \times 1000‰$$

$$NGR_{全国} = CBR_{全国} - CDR_{全国}$$

其中，$CBR_{全国}$ 为全国出生率调查指标，$CDR_{全国}$ 为全国死亡率调查指标，$NGR_{全国}$ 为全国自然增长率调查指标，b_i 为各省（区、市）调查出生人口，d_i 为各

---

① 主要是指按各省（区、市）分城乡、分年龄和性别人口进行加权。

省（区、市）调查死亡人口，w_i 为各省（区、市）人口占全国人口的比重。

3. 总人口指标推算

以上一年总人口数据为基础，通过以上计算得到的出生率、死亡率、自然增长率，推算出全国总人口。公式如下：

$$P_{2022} = P_{2021} \times \left(\frac{2 + NGR_{全国}}{2 - NGR_{全国}} \right)$$

其中，P_{2022} 为 2022 年全国总人口，P_{2021} 为 2021 年全国总人口。

第三节 正确解读总人口数据

一、解读总人口数据的注意事项

（一）正确区分常住人口与户籍人口

常住人口和户籍人口是中国最常使用的总人口指标口径。关于常住人口的基本定义已在本章第一节作了介绍。户籍人口则是指公民依照《中华人民共和国户口登记条例》已在其经常居住地的公安户籍管理机关登记了常住户口的人。这类人口不管其是否外出，也不管外出时间长短，只要在某地注册有常住户口，则为该地区的户籍人口。改革开放以来，随着经济社会的快速发展，中国的城乡之间、城市与城市之间人口流动的规模不断扩大，很多流动人员的户籍并未改变。因此，一些地区常住人口与户籍人口存在差异。目前，中国各级政府主要依据常住人口来规划经济社会发展，反映一个地区经济社会发展状况的指标，如人均国内（地区）生产总值增长情况、入学率、文盲率等，都是以该地区常住人口总数为分母的。

另外，还要特别注意，上述用于计算人均指标、作为分母的人口数据，是年中人口数即两年年末人口数据的平均值。而《国民经济和社会发展统计公报》《中国统计年鉴》等公布的总人口数为年末人口数据。

（二）关注自然增长率

人口自然增长率反映了人口再生产的强度。一般情况下，人口需要保持一定的增长，但如果超过了资源的承受能力，就会影响经济的可持续发展。因此，必须把人口自然增长率控制在可接受的范围内。

（三）注重分析老年人比例、城镇化率等重要人口结构数据

根据联合国的统计标准，如果一个国家（地区）60岁以上老年人口达到总人口的10%或者65岁以上的老年人口占总人口数的7%，那么这个国家（地区）就已经属于人口老龄化国家（地区）。人口老龄化国家（地区）往往社会负担沉重，经济发展压力大。

城镇化是指农村人口转化为城镇人口的过程，是世界各国工业化进程中必然经历的历史阶段。城镇化率是指一个国家（地区）常住于城镇的人口占该国家（地区）总人口的比例，是反映城镇化水平高低、揭示城镇化进程的一个重要指标。

二、1949—2021年中国总人口发展过程

新中国成立以来，我国总人口由1949年的5.4亿人增加到2021年的14.1亿人（见图2-1），人口发展为中国经济的腾飞提供了宝贵的人力资源，为中国特色社会主义现代化建设奠定了坚实的人才基础。我国人口总量的发展过程可以划分为以下六个阶段。

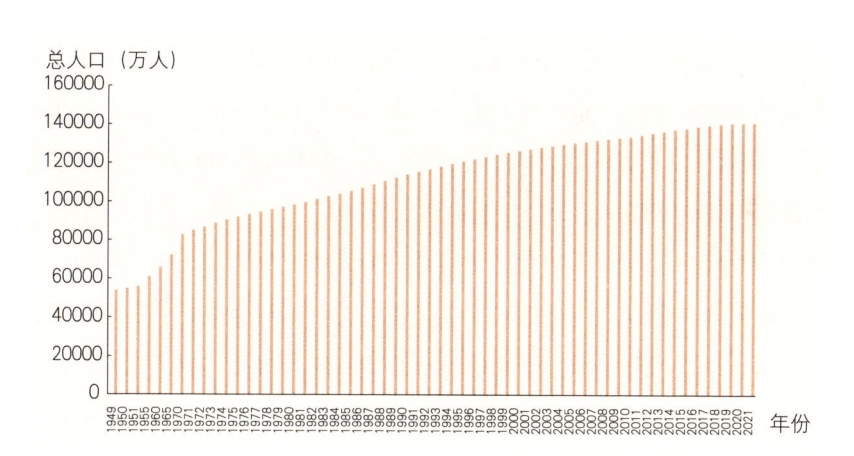

数据来源：国家统计局。

图 2-1　1949—2021年中国人口总量的发展变化

（一）第一个人口高增长阶段（1949—1957年）

新中国成立之前，由于战乱频繁，社会动荡不安，经济得不到发展，人口发展缓慢，明显呈现出高出生、高死亡、低增长的特征。新中国成立后，社会安定，

经济发展，人民的生活水平及医疗卫生条件不断得到改善。人口的发展也出现了新的特征，死亡率大幅度下降，出生率维持在高水平，从而出现了自然增长率高的人口高增长状况。1949年底，全国总人口为5.42亿人，到1957年，总人口达到6.47亿人。1949—1957年的8年间，人口净增1.05亿人。这是新中国成立以后出现的"第一次人口增长高峰"。

（二）人口低增长阶段（1958—1961年）

1959年至1961年连续3年的自然灾害，经济发展出现了波折，人民生活水平受到影响，致使人口出生率锐减，人口自然增长率大幅度下降，其中1960年、1961年连续两年人口出现负增长。

（三）第二个人口高增长阶段（1962—1970年）

三年困难时期过后，经济发展状况逐渐好转，人口发展的不正常状态也迅速得到改变，人口死亡率开始大幅度下降，强烈的补偿性生育使人口出生率迅速回升，人口增长进入了新中国成立以来前所未有的高峰期，并一直持续到20世纪70年代初。这一时期，人口出生率最高达到43.6‰，平均水平在36.8‰；人口死亡率重新下降到10‰以下，并逐年稳步下降，1970年降到7.6‰。出生率的上升和死亡率的下降，使这一阶段的人口年平均自然增长率达到27.5‰，年平均出生人口达到2688万人，8年净增人口1.57亿人，总人口达到8.30亿人。这是新中国成立以后出现的"第二次人口增长高峰"。

20世纪70年代以前，人口快速增长带来的问题，致使人们开始不断进行反思，但在究竟如何对待的问题上仍存在着很多模糊乃至错误的认识。在有计划控制人口增长方面，始终没有形成一个明确的政策和行动。因此，以上增长阶段可以说是新中国成立后人口无计划自发的高增长时期。这一时期人口总量的剧增不但直接影响了当时国民经济的健康运行，而且还对以后相当长时间内的中国人口发展与经济运行产生了无法避免的影响。

（四）人口有控制增长阶段（1971—1980年）

20世纪70年代特别是70年代后期，是中国人口发展出现根本性转变的时期。新中国成立以来人口高速增长带来的压力，使人们认识到人口控制已迫在眉睫。中国政府开始实行计划生育，并陆续制定和完善了明确的计划生育政策，使人口高出生、高增长的势头得到迅速控制。人口由无计划自发的高增长进入了有计划可控制的增长时期。这一时期，人口出生率和自然增长率迅速下降，分别由1971年的30.7‰和23.4‰下降到1980年的18.2‰和11.9‰。然而，由于总人口基数庞大，这一阶段中国人口净增的绝对数仍相当可观。1971—1980年，全国总人口由8.52亿人增加到9.87亿人，净增1.35亿人，超过了第一次增长高峰时期的净增人口。

（五）第三个人口高增长阶段（1981—1990年）

进入20世纪80年代后，国家把实行计划生育、控制人口增长提升到了战略高度，计划生育被确定为一项基本国策。由于20世纪60年代初"第二次人口生育高峰"中出生的人口陆续进入生育年龄，加之20世纪80年代初《中华人民共和国婚姻法》的修改造成许多不到晚婚年龄的人口提前进入婚育行列，使得人口出生率出现回升。1981—1990年全国净增人口1.43亿人，平均年增长人口1584万人，1990年总人口达到11.43亿人。这是新中国成立以后出现的"第三次人口增长高峰"。

（六）人口平稳发展阶段（1991—2021年）

进入20世纪90年代后，随着计划生育工作的不断加强和完善，20世纪80年代人口的高出生率得到控制，并持续稳步下降。1991年人口出生率为19.7‰，2021年降至7.52‰。从1991年开始，每年净增人口不断下降，到2000年，净增人口已低于1000万人，2000—2010年，年均增加735万人，2010—2020年，年均增加717万人，中国人口进入平稳发展阶段。到2021年底，全国人口为14.1亿人。

三、如何解读2022年中国总人口数据

表2-1反映了2022年全国和分地区人口、出生率、死亡率、自然增长率的基本情况。从表2-1可以解读出以下信息：

（一）从总体情况看

2022年末，全国人口为141175万人，比2021年减少85万人；全年出生人口956万人，比2021年减少106万人；死亡人口1041万人，比2021年增加27万人。人口出生率为6.77‰，比2021年下降0.75个千分点；人口死亡率为7.37‰，上升0.19个千分点；人口自然增长率为-0.60‰，下降0.94个千分点。2022年我国人口总量略有下降主要是由于出生人口减少。一是因为育龄妇女持续减少。

2022年，我国15—49岁育龄妇女人数比2021年减少400多万人，其中21—35岁生育旺盛期育龄妇女减少近500万人。二是因为生育水平继续下降。受生育观念变化、婚育推迟等多方面因素影响，2022年育龄妇女生育水平继续下降。

表2-1　2022年全国和分地区人口、出生率、死亡率、自然增长率

地　区	人口数（年末）（万人）	出生率（‰）	死亡率（‰）	自然增长率（‰）
全　国	141175	6.77	7.37	-0.60
北　京	2184	5.67	5.72	-0.05
天　津	1363	4.75	6.43	-1.68
河　北	7420	6.09	7.80	-1.71
山　西	3481	6.75	7.73	-0.98
内蒙古	2401	5.58	7.83	-2.25
辽　宁	4197	4.08	9.04	-4.96
吉　林	2348	4.32	8.39	-4.07
黑龙江	3099	3.34	9.09	-5.75
上　海	2475	4.35	5.96	-1.61
江　苏	8515	5.23	7.04	-1.81
浙　江	6577	6.28	6.24	0.04
安　徽	6127	7.16	8.09	-0.93
福　建	4188	7.07	6.52	0.55
江　西	4528	7.19	6.94	0.25
山　东	10163	6.71	7.64	-0.93
河　南	9872	7.42	7.50	-0.08
湖　北	5844	6.08	8.09	-2.01
湖　南	6604	6.23	8.54	-2.31
广　东	12657	8.30	4.97	3.33
广　西	5047	8.51	7.08	1.43
海　南	1027	8.60	6.16	2.44
重　庆	3213	5.98	8.09	-2.11
四　川	8374	6.39	9.04	-2.65
贵　州	3856	11.03	7.32	3.71
云　南	4693	8.14	8.21	-0.07
西　藏	364	14.24	5.48	8.76
陕　西	3956	7.36	7.64	-0.28
甘　肃	2492	8.47	8.51	-0.04
青　海	595	10.60	7.23	3.37
宁　夏	728	10.60	6.19	4.41
新　疆	2587	6.53	5.76	0.77

注：各省总人口为常住人口口径。

（二）从地区人口变动情况看

2022年末，东部地区人口为56569万人，占各省（区、市）人口合计的40.1%；中部36456万人，占25.8%；西部38306万人，占27.1%；东北9644万人，占6.8%，人口东多西少的格局仍然持续。从各省份人口规模来看，13个省份人口减少，18个省份人口增加，区域人口增减分化。常住人口位居前三位的省份分别是广东、山东和河南，分别是12657万人、10163万人和9872万人。

（撰稿：李睿　权少伟）

第三章
国内（地区）生产总值

> **阅读提示**
>
> 公布机构：国家统计局
>
> 调查频率：每季度一次
>
> 公布时间：季度数据于季后月份的中旬公布
>
> 　　　　　年度数据于次年 1 月份公布
>
> 公布渠道：国家统计局网站（www.stats.gov.cn）
>
> 　　　　　国家统计局季度或年度国民经济运行情况新闻发布会
>
> 　　　　　《中国经济景气月报》
>
> 数据修订情况：有修订

第一节 国内（地区）生产总值概述

一、国内（地区）生产总值的概念

国内（地区）生产总值是一个国家或地区的所有常住单位在一定时期内生产活动的全部最终产品的价值总和，是反映经济总体状况最重要的指标。对国内（地区）生产总值的理解，应注意如下三个方面：

首先，国内（地区）生产总值是"生产活动"的成果。生产活动是指在机构单位负责、控制和管理下，利用劳动和资本等要素，将某些货物和服务投入转化为另一些货物和服务产出的过程。我国国民经济核算的生产范围包括：第一，生产者提供或准备提供给其他单位的货物和服务的生产；第二，生产者用于自身最终消费或固定资本形成的所有货物的自给性生产；第三，生产者为了自身最终消费或固定资本形成而进行的知识载体产品的自给性生产，但不包括住户部门所从事的类似的活动；第四，自有住房提供的住房服务，以及雇用有酬家庭服务人员提供的家庭和个人服务的自给性生产。

其次，国内（地区）生产总值是由"常住单位"生产的。常住单位是指在一国（地区）经济领土内具有经济利益中心的经济单位，即在一国（地区）经济领土内拥有一定的活动场所，从事一定规模的经济活动，并超过一定时期的单位。根据这个概念，在我国的外企属于我国的常住单位，它提供的货物和服务应包括在我国的国内生产总值中。但是，并不是所有在我国领土上的单位都属于我国的常住单位。例如，各国驻华使馆，由于它们不在我国经济领土范围内，不是我国的常住单位。

最后，国内（地区）生产总值衡量的是"最终产品"。所谓最终产品，是指那些不再被用于生产过程，或虽被用于生产过程，但不会被一次性消耗或一次性转移到新产品中去的产品。例如，一个汽车制造厂在利用购进的各种零配件组装汽车时，各种零配件一次性转移到新产品中去，所用的电也被一次性消耗掉，它们被称为中间产品，只有组装完的成品汽车才是最终产品。国内（地区）生产总值中之所以不包括上述各种零配件和电等中间产品的价值，是因为作为最终产品的汽车的价值已经包括了它们的价值，如果把这些中间产品的价值与最终产品的价值相加，就会导致重复计算。

二、国内（地区）生产总值的作用

首先，国内（地区）生产总值可以反映一个国家或地区的经济发展规模，判断其经济总体实力和经济发展的快慢，动态监测生产、消费、资本形成、进出口等主要经济流量指标的变化情况，是监测一个国家或地区国民经济运行情况的综合性指标。例如，经最终核实，2022年我国国内生产总值超过120万亿元，按不变价格计算，比上年增长3.0%，反映出面对国内国际各项挑战，我国国民经济顶住压力持续发展，经济总量再上新台阶。

其次，国内（地区）生产总值可用来进行一个国家或地区经济结构、人均水平、能耗强度、通货膨胀等分析，是宏观经济决策的重要依据。从生产角度看，国内（地区）生产总值能够反映一个国家（地区）的产业结构和行业结构；从使用角度看，它能够反映一个国家（地区）的需求结构；从地区角度看，它能够反映地区总体分布状况、地区产业状况、地区需求状况。同时，国内（地区）生产总值可与相关指标结合，计算出具有重要意义的其他指标。例如，国内（地区）生产总值与人口指标相结合可以计算人均国内（地区）生产总值，它是衡量一个国家或地区经济发展水平和富裕程度的重要指标。又如，国内（地区）生产总值与能源消费量相结合可以计算国内（地区）生产总值能耗指标，它衡量的是经济增长与能源消耗的比例关系，是反映国内（地区）生产总值增长质量的重要方面。另外，通过现价国内（地区）生产总值和不变价国内（地区）生产总值能够计算国内（地区）生产总值缩减指数，它通常被视为一个口径更全的通货膨胀率，反映一个国家（地区）价格总水平的变动情况。通过这些分析，可以了解一个国家（地区）的经济结构、人均水平、能耗强度、通货膨胀现状及其发展变化规律，对制定各种政策具有十分重要的作用。

最后，国内生产总值和人均国内生产总值能够以标准的、国际通行的概念、定义和分类形式报告国民经济运行情况，可广泛应用于国际比较。在评价和判断一个国家经济运行情况时，通常需要将不同国家的经济数据进行比较，这就需要不同国家之间的经济数据具有可比性。各个国家的国内生产总值均是以联合国、国际货币基金组织、经济合作与发展组织、世界银行、欧盟委员会等五大国际组织联合出版的《国民账户体系》规定的概念、定义、分类、核算框架为原则进行核算的，这从根本上保证了不同国家之间国内生产总值数据的可比性。同时，国际组织在确定某个国家所缴纳的会费、可获得的贷款、援助或其他资金时，国内生产总值或人均国内生产总值也是重要的参考指标。

三、国内（地区）生产总值的三种核算方法

国内（地区）生产总值反映的是所有常住单位一定时期内生产活动的最终成果，它有三种表现形式：价值创造、收入形成和最终使用。从价值创造看，它是所有常住单位在一定时期内生产的全部货物和服务价值与同期投入的全部非固定资产货物和服务价值的差额，即所有常住单位的增加值之和；从收入形成看，它是所有常住单位在一定时期内形成的劳动者报酬、生产税净额、固定资产折旧和营业盈余等各项收入之和；从最终使用看，它是所有常住单位在一定时期内最终使用的货物和服务价值与货物和服务净出口价值之和。三种表现形式分别通过生

产法、收入法和支出法来核算，三种方法分别从生产、分配、使用三个角度反映生产活动的最终成果。

生产法是从生产过程创造新增价值的角度衡量生产活动最终成果的方法，即从生产过程创造的货物和服务价值中，扣除生产过程中投入的中间货物和服务价值，得到增加值。将国民经济各行业生产法增加值相加，得到生产法国内（地区）生产总值。计算公式为：

国内（地区）生产总值 = Σ 各行业增加值

增加值 = 总产出 − 中间投入

其中，总产出是指常住单位在一定时期内生产的所有货物和服务的价值，中间投入是指在生产过程中消耗和使用的非固定资产货物和服务的价值。

收入法是从生产过程形成收入的角度，根据生产要素在生产过程中应得的收入份额反映最终成果的一种核算方法。按照这种核算方法，增加值由劳动者报酬、生产税净额、固定资产折旧和营业盈余四部分相加得出。计算公式为：

国内（地区）生产总值 = Σ 各行业增加值

增加值 = 劳动者报酬 + 生产税净额 + 固定资产折旧 + 营业盈余

其中，劳动者报酬是劳动者从事生产活动应获得的全部报酬，既包括货币形式的报酬，也包括实物形式的报酬；生产税净额是生产税减生产补贴后的差额，生产税指政府对生产单位从事生产、销售和经营活动，以及因从事生产活动使用某些生产要素（如固定资产和土地等）所征收的各种税收、附加费和其他规费，生产补贴是政府为影响生产单位的生产、销售及定价等生产活动而对其提供的无偿支付；固定资产折旧是从事生产活动使用的房屋和机器设备等固定资产在核算期内由于自然退化、正常淘汰或损耗而导致的固定资产价值下降；营业盈余是指常住单位创造的增加值扣除劳动者报酬、生产税净额和固定资产折旧后的余额。

支出法是从货物和服务最终使用的角度衡量核算期内生产活动最终成果的方法，包括最终消费支出、资本形成总额与货物和服务净出口三个部分。计算公式为：

国内（地区）生产总值 = 最终消费支出 + 资本形成总额 + 货物和服务净出口

其中，最终消费支出是指常住单位为了直接满足个人或公共消费需求发生的货物和服务的支出总额，包括常住单位从本国（地区）经济领土和国外（本地区外）

购买的货物和服务的消费支出，按支出主体可分为居民消费支出和政府消费支出；资本形成总额是指常住单位在一定时期内获得减处置的固定资产和库存货物的市场价值变动，包括固定资本形成总额和存货变动；货物和服务净出口是指出口与进口的差额。

上述三种方法核算的国内（地区）生产总值，从理论上讲应该是一致的，但在具体核算过程中，由于核算方法和资料来源的不同，核算结果可能会有一定的差异。这种差异为统计误差，统计误差在可接受范围内是允许存在的。

通常将生产法和收入法核算统称为 GDP 的生产核算，我国 GDP 以生产核算的数据为准，同时也开展支出法核算。GDP 核算分为现价核算和不变价核算，下面章节将分别介绍相关情况。

第二节 生产法 GDP 的核算方法

一、核算方法

我国生产法 GDP 核算分为年度核算和季度核算。由于年度核算能够获得比季度核算更全面、更可靠的基础资料，因此，年度核算与季度核算比较，主要有两点不同：一是核算的行业细分程度不同。季度核算能够获得的基础资料较少，因此核算行业分类比较粗，而年度核算基础资料更丰富，分类更加细化。二是具体的核算方法有所不同。季度核算大多使用相关指标推算法，即通过相关的专业统计指标间接地推算该行业的增加值，而年度核算则充分利用企业财务资料和其他专业统计资料，直接采用生产法或收入法进行核算。

在核算的行业分类上，主要依据我国国民经济行业分类标准和三次产业划分标准，并同时采用两种分类方式核算。

第一种分类是国民经济行业分类，采用国家标准管理部门 2017 年颁布的《国民经济行业分类（GB/T 4754—2017）》。在实际核算中采用三级分类。第一级分类以国民经济行业分类中的门类为基础，分为农、林、牧、渔业，工业，建筑业，批发和零售业，交通运输、仓储和邮政业，住宿和餐饮业，金融业，房地产业，信息传输、软件和信息技术服务业，租赁和商务服务业，其他行业等 11 个行业。

其中工业包含采矿业，制造业，电力、热力、燃气及水生产和供应业 3 个门类行业；其他行业包含科学研究和技术服务业，水利、环境和公共设施管理业，居民服务、修理和其他服务业，教育，卫生和社会工作，文化、体育和娱乐业，公共管理、社会保障和社会组织等 7 个门类行业。第二级分类在第一级分类的基础上，细化为行业大类。其中，房地产业分到行业中类，并包括居民自有住房服务；公共管理、社会保障和社会组织分为公共管理和社会组织、社会保障 2 类。第三级分类在第二级分类的基础上，细化为行业小类。

第二种分类是三次产业分类，依据国家统计局 2018 年修订的《三次产业划分规定》，分为第一产业、第二产业和第三产业。第一产业是指农、林、牧、渔业（不含农、林、牧、渔专业及辅助性活动）；第二产业是指采矿业（不含开采专业及辅助性活动），制造业（不含金属制品、机械和设备修理业），电力、热力、燃气及水生产和供应业，建筑业；第三产业即服务业，是指除第一产业、第二产业以外的其他行业（剔除国际组织）。

（一）年度 GDP 核算

我国年度 GDP 核算包括经济普查年度核算和非经济普查年度（常规年度）核算。根据各行业基础资料的不同，分别采用生产法或收入法核算增加值。与常规年度 GDP 核算相比，经济普查年度 GDP 核算行业分类更加细化，基础资料更为翔实，在方法上更多采用直接核算方法。

经济普查年度 GDP 核算采用第三级分类，即按照经济普查方案，划分行业小类核算增加值，然后汇总得到 GDP。在实际核算时，按照一套表单位、非一套表单位和个体经营户三种类型分别核算，除第一产业外，每种类型的增加值均使用普查资料直接核算。

常规年度 GDP 核算采用第二级分类，即主要按照行业大类核算增加值，然后汇总得到 GDP。常规年度 GDP 核算时，根据统计调查资料情况，按照一套表单位、非一套表单位和个体经营户三种类型分别核算。由于可获得的基础资料情况的不同，分别采用直接核算或间接核算方式进行核算。

一是直接核算。对于一套表单位（主要包括规模以上工业、有资质的建筑业、限额以上批发和零售业、限额以上住宿和餐饮业、有开发经营活动的全部房地产开发经营业、规模以上服务业等），以及部分非一套表单位和个体经营户（如农林牧渔业、金融业以及部分行政事业单位等），由于可以获得详细的年度财务状况调查资料或生产经营情况调查资料，因此利用基础资料直接核算该部分单位的总产出、中间投入、增加值以及增加值的四个构成项。

二是间接核算。对于部分非一套表单位和个体经营户，由于缺少财务资料，常规年度增加值核算需使用最近一次经济普查年度相关比例结构、常规抽样调查资料和行政管理部门的财务资料与行政记录资料推算。

（二）季度 GDP 核算

我国季度 GDP 核算在第一级分类的基础上，将部分门类行业细分为大类行业核算行业增加值，然后汇总得到季度 GDP。由于各行业基础资料不同，不同行业的增加值采用不同的核算方法。由于季度 GDP 核算对时效性要求较高，但能获得的基础资料比年度核算较少，因此，季度 GDP 核算的行业增加值大多采取相关指标推算法核算。计算公式为：

增加值 ＝ 上年同期增加值 ×（1+ 本期增加值增长速度）

其中，本期增加值增长速度，根据本期相关指标的增长速度，以及以前年度增加值增长速度和相关指标增长速度之间的数量关系计算。采取相关指标推算法的行业有批发和零售业，交通运输、仓储和邮政业，住宿和餐饮业，金融业，房地产业，信息传输、软件和信息技术服务业，租赁和商务服务业及其他服务业等行业。

此外，农林牧渔业、工业和建筑业采取增加值率法，计算公式为：

增加值 ＝ 本期总产出 × 增加值率

其中，增加值率根据上年年报资料和当期有关生产情况确定。

二、基础资料来源

GDP 核算覆盖所有行业，所使用的资料来源十分广泛，既有统计部门的专业统计资料，又有其他行政管理部门的各种行政记录；既有传统的全面报表数据，又有科学的抽样调查数据；既有常规统计调查数据，又有经济普查数据；既有涉及现价和不变价的价值量指标，又有与价格无关的物量指标等。从数据搜集的角度看，GDP 核算的资料来源主要包括三部分：

表 3-1　生产法 GDP 的资料来源

行业	国家统计调查资料	部门财务统计资料	部门行政记录资料
农林牧渔业	农林牧渔业总产值和农林牧渔业中间消耗调查资料	—	—
工业	规模以上工业生产经营情况、财务状况（成本费用）调查资料，规模以下工业抽样调查资料	—	—
建筑业	建筑业生产经营情况和财务状况调查资料	—	—
批发和零售业	批发和零售业经营情况和财务状况调查资料	—	财政部有关行政记录
交通运输、仓储和邮政业	规模以上服务业财务状况调查资料	国铁集团等部门财务数据	工业和信息化部、交通运输部、民用航空局等部门有关行政记录
住宿和餐饮业	住宿和餐饮业经营情况和财务状况调查资料	—	—
信息传输、软件和信息技术服务业	规模以上服务业财务状况调查资料	—	—
金融业	—	人民银行、金融监管总局、证监会等部门财务数据	人民银行、金融监管总局、证监会等部门行政记录
房地产业	房地产开发项目经营情况和财务状况调查资料、规模以上服务业财务状况调查资料、住户调查资料	—	—
租赁和商务服务业	规模以上服务业财务状况调查资料	—	—
科学研究和技术服务业	规模以上服务业财务状况调查资料、劳动工资统计资料	—	财政部有关行政记录
水利、环境和公共设施管理业	规模以上服务业财务状况调查资料、劳动工资统计资料	—	财政部有关行政记录
居民服务、修理和其他服务业	规模以上服务业财务状况调查资料、住户调查资料	—	—
教育	规模以上服务业财务状况调查资料、劳动工资统计资料	教育部财务数据	—
卫生和社会工作	规模以上服务业财务状况调查资料、劳动工资统计资料	国家卫生健康委、民政部财务数据	—
文化、体育和娱乐业	规模以上服务业财务状况调查资料、劳动工资统计资料	文化和旅游部、国家广播电视总局、国家体育总局等部门财务数据	—
公共管理、社会保障和社会组织	劳动工资统计资料、固定资产投资完成情况	—	财政部有关行政记录

注：本表中主要包括常规年度 GDP 核算和季度 GDP 核算资料来源。经济普查年度 GDP 核算主要资料来源为经济普查资料。

一是国家统计调查资料。它是指由国家统计系统实施的统计调查获得的各种统计资料，如农林牧渔业、工业、建筑业、批发和零售业、住宿和餐饮业、房地产业、规模以上服务业等统计调查资料，人口与劳动工资统计资料，住户调查资料，价格统计资料等。

二是有关部门的财务统计资料。它是指由国家统计局统一制定制度、有关行政管理部门和部分国有企业负责收集的本行业财务统计资料，如教育部、国家卫生健康委、国家铁路集团有限公司汇总的所属行政事业单位或企业单位财务统计资料等。

三是行政管理部门的行政记录资料。主要包括财政部、人民银行、税务总局、金融监管总局、证监会等行政管理部门的相关数据，如财政部全国财政收入与支出资料、人民银行的金融机构本外币信贷收支情况、税务总局分行业的税收资料等。

第三节 支出法 GDP 的核算方法

一、核算方法

我国支出法 GDP 核算分为年度核算和季度核算。目前，季度支出法 GDP 核算还处于研究试算阶段，支出法 GDP 数据发布以年度数据为主。以下主要对支出法年度 GDP 核算方法进行简要介绍。

支出法 GDP 核算采用产品分类，以《统计用产品分类目录》为基础。最终消费支出按照支出主体划分为居民消费支出和政府消费支出。其中，居民消费支出根据支出目的不同分为食品烟酒、衣着、居住、生活用品及服务、交通和通信、教育文化和娱乐、医疗保健、金融中介服务、保险服务、其他商品及服务十大类。同时，也可根据城乡属性划分为城镇居民消费支出和农村居民消费支出。资本形成总额分为固定资本形成总额和存货变动。其中，固定资本形成总额按资产类型分类，分为住宅、其他建筑和构筑物、机器和设备（含武器系统）、知识产权产品和其他共五大类。货物和服务净出口分为货物出口、服务出口、货物进口、服务进口四类。支出法 GDP 核算即按照上述分类分别核算，然后汇总得到 GDP。

（一）居民消费支出

居民消费支出指常住住户为了直接满足生活需要在国内外市场上购买和使用货物及服务的消费支出，既包括直接以货币形式购买的货物和服务的消费支出，也包括以其他方式获得的货物和服务的消费支出，后者称为虚拟消费支出，主要包括：单位以实物报酬及实物转移的形式提供给劳动者的货物和服务；住户生产的用于自身消费的货物（如自产自用的农产品），以及纳入生产核算范围并用于自身消费的服务（如住户的自有住房服务）；银行和保险机构提供的间接计算的金融服务。在实际核算过程中，居民消费支出按照支出项目十大类分别进行核算。

（二）政府消费支出

政府消费支出指政府部门为全社会提供公共服务发生的消费支出和免费或以没有显著经济意义的价格向居民提供货物和服务的净支出。由于政府提供的公共服务、以免费或无经济意义的价格提供给个人消费的货物或服务，不存在或者很难找到对应的价格，因此一般采用成本法间接核算政府消费支出，依据的基础资料主要是财政部门的财政收支数据。

（三）固定资本形成总额

固定资本形成总额指常住单位在一定时期内的固定资产获得减处置的价值总额。固定资产是通过生产活动生产出来的，且其使用年限在一年以上、单位价值在规定标准以上的资产，不包括自然资源、耐用消费品、小型工器具。固定资本形成总额包括住宅、其他建筑和构筑物、机器和设备、培育性生物资源、知识产权产品的价值获得减处置和非生产资产所有权转移费用等。其中，知识产权产品的研究与开发仅限于能够为所有者带来经济利益的部分。在实际核算过程中，固定资本形成总额根据相关指标按照住宅、其他建筑和构筑物、机器和设备（含武器系统）、知识产权产品和其他分别进行核算。

（四）存货变动

存货包括处于生产环节待用的各种材料及用品、尚未完成的在制品、已完成的制成品以及处于流通环节待出售的货物。存货变动指常住单位在一定时期内存货实物量变动的市场价值，即期末价值减期初价值的差额，但不包括核算期内由于价格变动而产生的持有收益。在实际核算过程中，存货变动等于期末存货减去期初存货减去存货持有收益。存货变动可以是正值，也可以是负值，正值表示存货价值比期初增加了，负值表示存货价值比期初减少了。

（五）货物和服务净出口

出口是常住单位向非常住单位出售或无偿转让的各种货物和服务的价值；进口是常住单位从非常住单位购买或无偿得到的各种货物和服务的价值。由于服务活动的提供与使用同时发生，一般把常住单位从非常住单位得到的服务作为进口，非常住单位从常住单位得到的服务作为出口。货物的出口和进口价值都按离岸价格计算，服务出口和进口价值按交易发生时的市场价格计算。在实际核算过程中，货物和服务净出口等于当期国际收支平衡表（BOP）经常账户下货物和服务的差额。

二、基础资料来源

核算支出法 GDP 的基础数据主要来源于国家统计局组织实施国家统计调查获得的统计资料、有关部门的统计资料和行政管理部门的行政记录资料。

国家统计调查资料主要包括住户调查的居民人均消费支出调查资料，人口统计资料，社会消费品零售总额统计资料，主要畜禽生产情况调查资料，固定资产投资统计资料，房地产开发统计资料，工业、建筑业、批发和零售业、住宿和餐饮业、规模以上服务业等行业企业财务状况调查资料，价格统计资料等。

有关部门的统计资料主要包括工业和信息化部的软件和信息技术服务业统计资料，自然资源部的地质勘查情况统计资料，国家广播电视总局的互联网视听节目服务收入统计资料等，金融监管总局的保险公司业务统计资料，国家外汇管理局的国际收支统计资料，国家电影局的电影票房统计资料等。

行政管理部门的行政记录资料主要包括财政部的全国财政收入与支出资料，人民银行的金融机构本外币信贷收支情况等。

支出法 GDP 具体的资料来源见表 3-2。

表 3-2 支出法 GDP 的资料来源

项目	国家统计调查资料	部门统计资料	部门行政记录资料
居民消费支出	居民人均消费支出调查资料、人口统计资料、社会消费品零售总额统计资料	金融监管总局的保险业统计资料	人民银行有关行政记录
政府消费支出	—	—	财政部有关行政记录
固定资本形成总额	固定资产投资统计资料、房地产开发统计资料	工业和信息化部、自然资源部、国家广播电视总局、国家电影局等部门统计资料等	—
存货变动	畜禽生产情况调查资料、工业企业成本费用调查资料、建筑业财务状况调查资料、批发和零售业财务状况调查资料、住宿和餐饮业财务状况调查资料、规模以上服务业财务状况调查资料、房地产开发项目财务状况调查资料	—	—
货物和服务净出口	—	国家外汇管理局国际收支统计资料	—

第四节 不变价核算方法

不变价 GDP 是按照基期价格核算的当期 GDP。由于消除了价格变动因素，两个不同时期的不变价 GDP 相比较，可以反映一个国家或地区所有常住单位生产活动最终成果的实际变动。不变价 GDP 的核算方法主要有价格指数缩减法和物量指数外推法。

价格指数缩减法是利用价值量等于物量乘以价格这样一种数量关系，用价格指数对按现价核算的价值量进行价格缩减，得到按不变价核算的价值量。物量指数外推法是在基期价值量的基础上，利用物量指数推算出按基期价格计算的核算期价值量，即不变价价值量。

在核算生产法 GDP 时，先核算分行业不变价增加值，再加总得到不变价生产法 GDP。不同行业的不变价增加值根据可以获得的基础资料，选择适当的核算方法。例如，工业不变价增加值核算利用工业生产者出厂价格指数缩减工业现价增加值得到；交通运输行业不变价增加值主要利用铁路、公路、航空、水运等各种运输方式的客货运周转量等物量指数外推基期增加值得到。

在核算支出法 GDP 时，主要采用价值指数缩减法，即利用相应的价格指数缩减现价居民消费支出、政府消费支出、固定资本形成总额、存货变动、货物和服务净出口等支出项，得到不变价各支出项，再加总得到不变价支出法 GDP。例如，不变价居民消费支出主要利用居民消费价格指数及其分类指数缩减；不变价政府消费支出综合利用人均工资指数、居民消费价格指数和固定资产投资价格指数缩减；不变价固定资本形成总额主要利用固定资产投资价格指数等缩减；不变价货物和服务净出口利用出口和进口价格指数分别缩减出口和进口总额，然后求差得到。

我国采用固定基期方法核算不变价 GDP，自开始核算 GDP 以来，共有 1952 年、1957 年、1970 年、1980 年、1990 年、2000 年、2005 年、2010 年、2015 年、2020 年 10 个不变价基期。目前，每 5 年更换一次基期，如 2021 年以来不变价 GDP 的基期是 2020 年。

现价 GDP 与不变价 GDP 之比，称为 GDP 缩减指数。GDP 缩减指数本质上是一种隐含的价格指数，反映 GDP 内在的价格变化。

第五节 地区生产总值核算方法

我国地区生产总值核算采用统一核算方式，即各省（自治区、直辖市）生产总值核算由国家统计局统一领导、组织、实施，各省（自治区、直辖市）统计局共同参与，按照统一的核算方法，遵循真实准确、规范统一和公开透明的原则进行统一核算，并按统一要求公布核算结果，实现地区生产总值汇总数与国内生产总值基本衔接。市级和县级生产总值核算由上一级统计部门参照省级生产总值核算方式组织实施。

目前，地区生产总值核算主要采用生产法和收入法核算，统称为生产核算。

由于地区生产总值核算范围的局限，与国内生产总值核算相比，有其核算的特殊性，存在基础统计薄弱、核算技术难度大等方面的困难。因此，在地区生产总值核算中通常会采用一些特殊的处理办法，例如，在年度和季度的地区生产总值核算中，与国内生产总值核算相比，行业分类一般相对简化；一些行业没有分地区基础资料，无法直接核算相应行业的分地区增加值，只能在全国该行业核算数据的基础上，利用相关指标分劈国家数得到分地区数据；当地区分行业增加值汇总数与国内生产总值对应行业增加值出现差距时，利用地区行业增加值占比分摊差额，实现地区汇总数与国家数基本衔接。另外，对于驻外使领馆、部分不宜划分地区的保密单位和总部经济、军队武警等活动仅在国家核算，不再分地区核算，因此地区生产总值汇总数略小于国内生产总值。

第六节 数据发布时间、方式及社会公众获取渠道

我国 GDP 数据由国家统计局统一对外公布。根据国家统计局关于 GDP 核算和数据发布制度规定，我国年度 GDP 核算分为初步核算和最终核实两个步骤。年度 GDP 初步核算数即为每年四个季度 GDP 初步核算数据的累计值，与第四个季度 GDP 初步核算数同时发布，一般于次年 1 月在年度国民经济运行情况新闻发布会、国家统计局网站、《中国经济景气月报》上公布。年度 GDP 最终核实数据是根据国家统计局专业统计年报和部门财务统计及行政记录等资料详细核算得到，核算结果通常不晚于隔年 1 月在国家统计局网站以国家统计局公告的形式发布；同时，年度 GDP 最终核实数还在隔年的《中国统计摘要》《中国统计年鉴》等出版物上公布，国家统计数据库也同步更新。

我国季度 GDP 核算同样分为初步核算和最终核实两个步骤。季度 GDP 初步核算数据于季后在季度国民经济运行情况新闻发布会、国家统计局网站、《中国经济景气月报》上公布。季度 GDP 最终核实于年度 GDP 最终核实后，利用核实的年度数据对季度数据进行修订，一般于隔年 1 月在国家统计数据库、《中国经济景气月报》上公布。对于 1992 年一季度以来的季度 GDP 数据时间序列，可以通过国家统计数据库进行查询。

地区生产总值数据的公布遵循地区生产总值统一核算的各项规定和要求。季度地区生产总值统一核算结果由国家统计局授权各省（自治区、直辖市）统计局，

在相应季度国内生产总值数据初步核算数发布后 10 个工作日内，对外发布本地区生产总值数据。季后一个月左右，国家统计局将在国家统计数据库中，统一对外发布季度各地区生产总值数据。年度地区生产总值统一核算结果，通常在隔年的《中国统计摘要》《中国统计年鉴》等出版物上公布，国家统计数据库也同步更新。

GDP 数据除了常规核实修订以外，在开展全国经济普查和其他重大调查，发现对 GDP 数据有较大影响的新的基础资料或计算方法及分类标准发生变化后，将会对年度和季度的 GDP 历史数据进行修订。例如，2018 年我国开展了第四次全国经济普查，国家统计局以此次普查为契机，执行了新的核算体系《中国国民经济核算体系（2016）》，采用了新的分类标准《国民经济行业分类（GB/T 4754—2017）》，并获得了更丰富的基础资料，对 2018 年经济普查年度 GDP 进行了核实修订。为了保证 GDP 历史数据的连续性与可比性，在完成了 2018 年普查年度 GDP 核算的基础上，国家统计局对 2014 年（2013 年为第三次全国经济普查年）以来的 GDP 和分行业增加值数据，以及 1952 年至 2013 年的分行业增加值数据进行了统一修订，并将修订后的数据在国家统计局网站发布。

对 GDP 数据多次修订是国际通行做法。世界各国 GDP 数据都不是一锤定音的，都根据更加完整、可靠的基础数据不断修订。例如，美国季度 GDP 数据会根据基础资料的详细程度修订 4 次以上。每年 9 月下旬，美国会进行常规的年度及季度数据修订。此外，美国还会根据美国经济普查数据、核算方法及概念的改进等，对 GDP 数据进行"基准数据修订"。

第七节 如何正确解读 GDP 数据

一、解读 GDP 的注意事项

（一）使用 GDP 数据时，要注意是现价数据还是不变价数据

一般而言，国家统计局公布的 GDP 总量是以现价 GDP 计算的，即按照当年价格核算的 GDP，而公布的 GDP 增速是以不变价 GDP 计算的，即按照参考年度价格核算的 GDP。我国采用固定基期方法核算不变价 GDP，目前每 5 年更换一

次基期，2021年以来，不变价GDP参考的是2020年度的价格。

（二）使用GDP数据时，要注意数据的来源和版本

一是要注意所使用数据的核算方法。从理论上，生产法、收入法、支出法是从不同角度对同一经济体同一时期生产活动最终成果的衡量，但在实际操作过程中由于核算方法和资料来源不同，三种方法的核算结果会出现一定差异。通常将生产法和收入法核算统称为GDP的生产核算，我国GDP以生产核算的数据为准，同时也开展支出法核算。

二是要注意GDP数据的版本。根据现行的GDP核算制度，我国的年度和季度GDP核算均包括初步核算与最终核实两个步骤。此外，在开展全国经济普查，发现对GDP数据有较大影响的新的基础资料，或核算方法及分类标准发生变化后，也要对年度和季度GDP历史数据进行修订。因此，要及时更新使用的GDP数据，以保证GDP数据的准确性。

（三）使用GDP增速时，要注意是同比数据还是环比数据

在季度GDP核算中，GDP增速按照对比基期不同，可以分为同比速度和环比速度。同比速度的对比基期是上年同期，环比速度的对比基期是相邻的上一个时期。两者相比，同比速度更侧重反映长期趋势，能够在一定程度上克服季节性和周期性的影响，环比速度更侧重反映统计指标的短期变化，是进行短期经济趋势分析的有效工具。

（四）使用GDP数据时，要注意GDP与专业指标之间的关系

GDP是衡量国民经济整体运行发展情况的宏观指标，专业指标衡量的则是国民经济某个部门或行业的活动情况，或国民经济运行过程中某个环节或某个要素的情况，因此，不能简单地用个别指标推算和判断GDP数据。在实际核算中，专业指标是GDP核算的基础，为GDP核算提供了分门别类的基础信息，专业指标的数据质量直接关系GDP核算数据质量。GDP核算为专业指标提供了有机结合的基本框架，实现彼此之间的相互衔接，使整个经济统计形成一个统一的整体。

二、GDP数据解读

一看总量。GDP总量反映了经济体在一定时期内生产活动最终成果的总规模，

主要用于衡量经济体经济规模的大小，是重要的概括性描述指标。改革开放以来，我国经济建设取得了举世瞩目的成就，1978 年，我国 GDP 只有 3679 亿元，之后连续跨越，1986 年突破 1 万亿元，2000 年突破 10 万亿元，2012 年突破 50 万亿元，2020 年首破 100 万亿元大关，2022 年超过 120 万亿元。同时，国际排名从 1978 年的第 11 位，到 2010 年超过日本成为世界第二大经济体，经济总量占世界的比重也由 1978 年的不足 2% 提高到 2021 年的 18%，以上见图 3-1。

二看速度。GDP 增速反映了经济体在一定时期内的发展变化程度，是重要的动态分析指标。2022 年，按不变价格计算，我国 GDP 比上年增长 3.0%，比 1978 年增长 43.8 倍，年均增长 9.0%，在全球主要经济体中名列前茅。

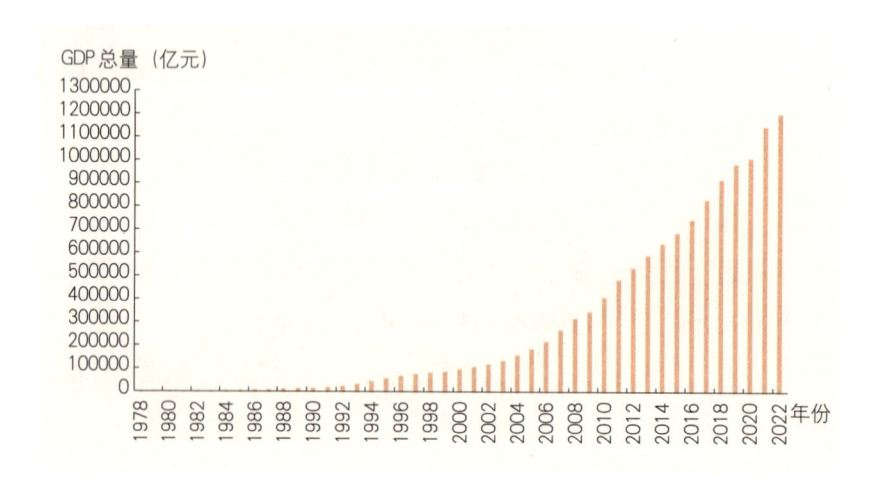

图 3-1　1978—2022 年我国 GDP 总量

三看构成。GDP 构成既可以反映国民经济内部结构和重大比例关系，又可以反映出一个国家（地区）经济发展的动力源泉，是衡量一个国家（地区）经济发展重要特征的宏观指标。其中，最重要的是产业结构和需求结构。从产业结构看，1978—2022 年，我国三次产业所占比重由 27.7:47.7:24.6 逐步转变为 7.3:39.9:52.8，表明产业结构不断优化，经济增长由主要依靠第二产业带动转向依靠第二、三产业共同带动。从需求结构看，2012—2022 年，消费、投资、净出口所占比重由 51.1:46.2:2.7 逐步转变为 53.5:43.2:3.2，表明需求结构持续改善，消费需求明显上升，投资与净出口规模稳步增长，拉动经济增长的协同性增强（见图 3-2）。

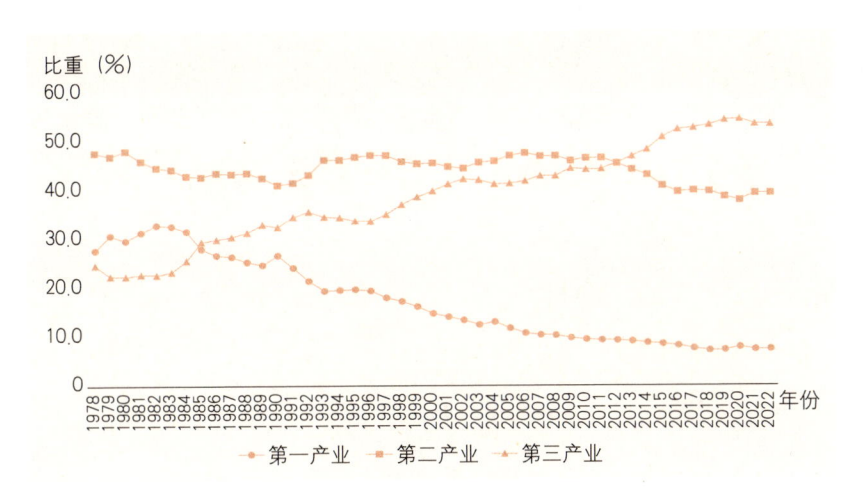

图 3-2　1978—2022 年我国三次产业占 GDP 的比重

四看贡献。贡献是从拉动经济增长的角度，考察和分析国内（地区）生产总值增长的各个因素，一般用贡献率表示。贡献率是指按不变价计算的各部分增加值增量与国内（地区）生产总值增量之比，如果换算成经济增长率，则表现为对经济增长的拉动。从产业看，2022 年，我国三次产业的贡献率分别为 10.8%、33.9% 和 55.3%，分别拉动经济增长 0.3、1.0 和 1.6 个百分点，表明 2022 年拉动经济增长的主要是第二产业和第三产业。从需求看，2022 年，最终消费支出、资本形成总额、货物和服务净出口的贡献率分别为 39.4%、46.8% 和 13.8%，分别拉动经济增长 1.2、1.4 和 0.4 个百分点，表明 2022 年拉动经济增长的主要是"三驾马车"中的消费和投资。

（撰稿：赵同录　柳楠）

领导干部应知应会主要统计指标诠释

# 第四章
粮食产量

> **阅读提示**
>
> 公布机构：国家统计局
>
> 调查频率：夏粮、早稻和秋粮分别按播种面积、预产和实产进行调查，种植意向调查2次，全年共计11次
>
> 公布时间：夏粮产量为7月中旬，早稻产量为8月底，全年产量为12月上旬
>
> 公布渠道：国家统计局年度国民经济运行情况新闻发布会
> 国家统计局网站（www.stats.gov.cn）
> 《国民经济和社会发展统计公报》
> 《中国统计年鉴》
> 《中国信息报》
>
> 数据修订情况：有修订

第一节 什么是粮食产量

一、粮食产量的基本定义

在中国，粮食产量是指一个地区谷物、豆类和薯类全年的生产总量，通常也称为粮食总产量。

粮食按生产季节分类可分为夏收粮食、早稻和秋收粮食；按品种分类可分为谷物、豆类和薯类。其中，谷物包括稻谷、小麦、玉米以及其他谷类（如谷子、高粱、大麦、燕麦、荞麦等）；豆类包括大豆、绿豆、红小豆等；作为粮食统计的薯类只包括马铃薯和甘薯，木薯作为其他农作物统计，其他薯类作为蔬菜统计。

谷物和豆类粮食作物，一律按脱粒、晒干后的原粮折国家标准含水量计算产量，薯类粮食作物中的马铃薯和甘薯以鲜薯5:1折算成粮食产量。

粮食产量的标准计量单位通常为公斤、吨，习惯上也用"市斤"。

二、粮食产量指标的主要用途

粮食产量关系国计民生，维系国家安全，是反映经济社会发展的重要基础性指标，具有重大战略意义。

（一）粮食产量是衡量国家粮食安全水平的重要指标

粮食安全是国家安全的基本物质保障，维护粮食安全始终是维护社会安定、保持社会经济持续稳定发展的头等大事。目前，国际社会广泛认同的粮食安全有三项具体目标：一是确保生产足够的食品；二是最大限度地稳定食品供应；三是确保所有需要食品的人都能买得起。可以看出，粮食的生产和供应是粮食安全最基本的方面。

（二）粮食产量是国家制定农业及农村发展政策的重要依据和主要监测指标

中国是有14亿多人口的大国，自主解决粮食问题、保持粮食供需平衡是基本国策。粮食产量历来是国家出台重大农村政策的重要依据之一，同时也是监测政策落实效果的重要指标。例如，针对2017—2019年粮食播种面积连续三年下降，2020年，各地加大了对粮食生产的支持力度，层层压实粮食生产责任，落实各项补贴政策，提高农民种粮积极性，我国粮食播种面积实现恢复性增长。

（三）粮食产量是决定市场价格的基础性因素

粮食是人民生活的必需品，也是重要的食品加工和工业原料，具有不可替代性，人们比喻粮食价格是"万价之基"。在正常的市场中，市场价格是供需矛盾相互作用的结果和反映，在粮食这样的必需品市场中，需求是刚性的，引起价格波动的主要方面就是供给，也就是粮食的产量。如果粮食产量出现大的波动，就会通过对相关产品产生关联效应，进而影响市场的稳定和经济的发展。因此，粮食生产的稳定是抵御国内、国际市场波动的堤坝。

第二节 粮食产量的统计调查和计算方法

一、概述

粮食产量统计调查是国家统计调查项目，由国家统计局统一组织实施。国家统计局制定了全国统一的粮食产量统计调查制度，规定了全国统一的粮食产量统计调查和计算方法，组织国家统计局各级调查队开展粮食产量的统计调查工作。国家统计局各调查总队具体负责组织指导所在省（区、市）粮食产量调查工作；国家统计局县级调查队及部分县级统计局负责主要粮食产量的现场调查工作，并对原始数据进行整理、审核、录入和直接上报。

稻谷、小麦和玉米等主要粮食品种主要通过抽样调查的方法获得播种面积和单产数据。中国农户众多，除农业普查年份之外，每年都全面调查一遍是不可能的。播种面积通过对地抽样调查技术与遥感测量技术相结合，抽选出对省级和粮食生产大县面积调查有代表性的样本村（网格）和样方地块开展调查，并以多尺度的卫星遥感影像为基础，测量取得全部农作物种植用地地块面积相关数据、抽中村（网格）的主要农作物种植情况、全省（区、市）主要农作物种植空间分布情况。单产采用抽样的方法对农作物进行测产。测产主题农作物是指小麦、稻谷、玉米等作物，均采用实割实测。其他测产农作物是指除测产主题作物之外，需要上报产量的作物，采用入户测产、单收单测或入户访问等方式。

粮食统计调查按粮食的播种和收获季节进行。夏粮、早稻、秋粮分别按种植意向、播种面积、预计产量、实际产量等进行统计调查（大约11次）；每年按公布日历对统计调查结果进行发布。

二、抽样调查方法

小麦、玉米、稻谷等主要粮食作物的产量占到全部粮食产量的90%以上。常规年份的中国粮食产量主要是通过抽样调查的方法统计出来的。因此，要了解中国粮食统计调查，必须要对主要粮食抽样调查方法有全面清楚的认识。

（一）历史沿革

新中国成立以来，以抽样调查方法开展粮食产量统计调查，大致经历了4个发展阶段。

1. 初创阶段

1962年，遵照周恩来指示，国务院批准国家统计局成立全国农产量调查队，其主要任务就是通过借鉴印度的抽样调查方法，对全国及各省（区、市）粮食作物单位面积产量进行抽样调查。"文化大革命"中，随着全国农产量调查队被下放到各地，全国性粮食产量抽样调查工作被迫中断。

2. 恢复阶段

1984年，经国务院批准，国家统计局成立了农村社会经济调查总队，并在各省（区、市）成立了省级农村社会经济调查队，在全国857个县成立了县级农村社会经济调查队，各级农调队的主要职责就是承担农产量抽样调查和农村住户调查。在调查队伍建设的同时，粮食产量抽样调查制度也建立起来。当时，调查内容只有主要粮食作物的单位面积产量，采取的是多阶段系统抽样的方法，以省（区、市）为总体，以县为一级抽样单位，按县、乡（镇）、村、组的行政层级分阶段抽样。

> **知识链接**
>
> **国家调查县的确定**
>
> 1984年的抽样设计中，由于在各省（区、市）对作为一级抽样单位的县抽取了足够多的数量，各省（区、市）所抽取的国家调查县占该省（区、市）全部县级行政区划的比重大多数超过了1/3。
>
> 第一次、第二次全国农业普查之后，通过对各省（区、市）国家调查县范围内的农业生产经营户与全省（区、市）农业生产经营户进行对比，结果表明大多数省（区、市）两个总体的农作物种植结构，特别是粮食种植结构具有较好的一致性，国家调查县范围内的农业生产经营户可以视为与目标总体一致的抽样框。
>
> 因此，1984年之后的样本抽选都是在国家调查县范围内进行的，只有个别地区根据国家调查县改市（区）等新的变化进行了调整。

3. 调整阶段

1996年，我国开展了第一次全国农业普查，开启了全面、深入推进粮食抽样调查的新阶段。2005年，经国务院批准，国家统计局对直属调查队管理体制进行改革，将国家统计局各级农村、城市和企业调查队整合，组建31个省（区、市）调查总队和新疆生产建设兵团调查总队、333个市（地、州、盟）调查队、887个县（市、区、旗）调查队，作为国家统计局垂直管理的省、市、县派出机构，独立开展调查工作。

4. 发展阶段

一是开展农作物对地抽样调查。2009年，为进一步提高粮、棉等重要农产品统计调查的数据质量，国家统计局利用第二次全国土地调查等数据资料，在辽宁、吉林、江苏、安徽、河南、新疆开展县级农作物播种面积对地抽样试点调查工作。2011年，在2009年县级试点的基础上，国家统计局在辽宁、江苏、河南开展农作物对地调查省级试点工作。2015年，全国13个粮食主产区陆续完成了农作物对地抽样调查。

二是建立产粮大县抽样调查制度。2012年，国家统计局与国家发展改革委、农业部联合下发通知，建立县级粮食产量抽样调查制度，开展县级粮食产量抽样调查工作。先期在内蒙古、吉林、江苏、安徽、江西、山东6省（区）开展县级粮食产量抽样调查工作，2013年起逐步扩展到全部产粮大县。

三是全面推进遥感技术应用。2016年，第三次全国农业普查中，国家统计局引入遥感等空间信息技术，对主要农作物播种面积进行了遥感普查，将农作物对地抽样和遥感测量结合设计，初步建立了卫星全覆盖测量、无人机精确调查、人工实地核实的"天空地"立体化的农作物遥感测量对地调查方法体系。

四是实施粮食统计调查归口管理。2019年，国家统计局印发《粮食畜牧业统计调查数据归口管理方案》，要求粮食、畜牧业统计调查数据管理工作统一归口由国家统计局各调查总队负责，执行国家统一方案，进一步理顺了农村统计调查工作机制，避免了重复统计，切实提升了农村统计调查效率，提高了农村统计调查数据质量。

五是开展大豆玉米带状复合种植和再生稻调查。为落实党中央、国务院决策部署，进一步完善粮食生产统计方法，2022年新增大豆玉米带状复合种植和再生稻统计调查，制定了相关统计方案。

（二）现阶段抽样调查方法介绍

1. 抽样总体

国家省级样本网点的目标总体是调查区域内的农作物种植用地，抽样总体是国家调查县内的农作物种植用地。国家产粮大县等县级网点的目标总体与抽样总体一致，为县内的农作物种植用地。

省级调查网点从国家调查县中抽选，需要首先检验抽样总体与目标总体的一致性。检验方法是对目标总体和抽样总体的主要农作物品种种植结构一致性进行比较评估，使用的比较指标是农作物种植强度。如果评估表明抽样总体与目标总体的一致性较好,即具备二相样本的特征,则抽样总体符合抽样设计要求。如果抽样总体与目标总体的一致性有较大偏离,不具备二相样本的特征,则需要将目标总体按照地理位置、种植习惯等拆分成若干子总体,如江苏可拆分成苏南、苏北2个子总体,然后再分别进行测算评估。如果拆分成子总体后仍无法满足要求,则需要考虑调整抽样总体的县构成,直到满足一致性要求。

2. 抽样方法

抽样调查设计包括主要农作物品种播种面积抽样和单位面积产量抽样两部分。

(1) 播种面积调查的样本抽选。以农作物种植用地面积为设计变量,采用以分农作物品种种植强度分层、与农作物种植用地面积规模成比例(PPS)的抽样方法抽选样本村(或公里网格)。

具体步骤如下:对村级单位按种植强度进行分层,可分为水稻层、小麦层、玉米层、棉花层等。分层可结合各主要农作物的种植强度的中位数和相应的单元数量,初步确定分层的组限,将位于组限上的单元作为该层的全部单元,剩下的继续分层,分层总数最多不超过5层。各地结合分层后各层的农作物种植用地规模、主要农作物品种种植强度的差异等情况,确定样本量。一般省级网点规模为300~500个村,个别农作物综合播种面积较小的省(区、市),省级网点规模可适当调整为200左右个村。县级样本规模根据各地实际情况确定,一般为15~25个村。最终样本量根据精度检验情况调整。样本量分配事例如表4-1所示:

表4-1 Z省主要农作物抽样分层及各层样本量的分布情况

分层		种植强度分层组限(%)	样本量
层号	名称		
1	小麦层	LAY_XM ≥ 50	130
2	玉米层	LAY_XM<50 AND LAY_YM ≥ 50	120
3	剩余层	OTHER	50

对各层内的村级单位按村代码升序排队,形成序列。采取与农作物种植用地面积规模成比例的不等概率(PPS)方法抽样。PPS抽选村过程示意如下:对各层按

村代码由小到大排序,对设计变量即农作物种植用地面积(x)进行累计(Σx),该累计值除以样本量(n),得到组距$\left(k=\frac{\Sigma x}{n}\right)$。在1至组距$k$的范围内随机选取一个抽样起点$r$。当农作物种植用地面积累计值$\Sigma x$这一列中第一次出现大于等于随机起点$r$时,则抽中第一个样本村;当累计值$\Sigma x$第一次大于等于$r+k$时,抽中第二个样本村;当累计值$\Sigma x$第一次大于等于$r+2k$时,抽中第三个样本村。以此类推,抽选出$n$个样本村。

表4-2 各层样本村的抽选过程实例

村代码	农作物种植用地(亩)	冬小麦(亩)	中稻(亩)	玉米(亩)	农作物种植用地累计(亩)	随机起点+组距	抽中样本
(1)	(2)	(3)	(4)	(5)	(6)	(7)	(8)
990105100501	1143	71	0	320	1143	21000	
990105100502	13064	0	211	3372	14207	21000	
990105100503	171	0	0	25	14378	21000	
990105100504	17055	3995	23	11788	31433	21000	1
990105100505	1966	12	0	248	33399	51399	
990105100506	1984	323	88	655	35383	51399	
990105100507	2230	228	1	1427	37613	51399	
990105100508	22313	0	98	1144	59926	51399	1
990105100509	3044	26	0	500	62970	81798	
990105100510	3936	19	87	1358	66906	81798	
990107100601	4035	114	295	1323	70941	81798	
990107100602	46	0	0	8	70987	81798	
990107100603	4590	100	131	2635	75577	81798	
990107100604	4965	141	20	2712	80542	81798	
990107100605	5397	530	23	2209	85939	81798	1
990107100606	640	0	1	3	86579	81798	
990107100607	8066	2842	314	4151	94645	112197	
990107100608	8502	2921	6	4855	103147	112197	
990107100609	8762	177	1169	3426	111909	112197	
990107100610	9688	494	1552	3084	121597	112197	1

以表 4-2 中的数据为例，进行样本村抽选的步骤如下：

确定样本村数：假设抽选 4 个样本村。

①计算组距：$k = \frac{\sum x}{n} = \frac{121597}{4} = 30399$。

②设定随机起点：假设第 7 列中随机起点是 21000。

③抽出第 1 个样本：第 6 列中第 4 个村的累计面积大于等于随机起点，为抽中的第 1 个样本，即 $x_1 = r$。

④抽出第 2 个样本：第 6 列随机起点 21000 再加上一个组距 30339 等于 51399，第 6 列中的第 8 个村其累计面积大于等于 51399，为抽中的第 2 个样本，即 $x_2 = r + k$。

⑤抽出第 3 个样本：第 6 列 51399 再加上一个组距 30399 等于 81798，第 6 列中的第 15 个村累计面积大于等于 81798，为抽中的第三个样本，即 $x_3 = r + 2k$。以此类推，一共抽出 4 个样本。

样本村的入样概率 = 抽中样本村数 ×（本村农作物种植用地面积 / 所在层农作物种植用地面积）

样本村权数（w_i）= $\frac{1}{样本村的入样概率}$，其中，i 表示第 i 个村。

对全省全部主要农作物品种的抽样精度进行检验,相对标准误（CV）控制在 5% 以内。如检验达不到要求，对分层的组限和各层样本量进行调整，直到满足精度要求为止。

为优化调查工作、减轻调查工作量，国家产粮大县等县级样本一般在确定的省级样本基础上补充抽选，完成县级样本的抽选。在确定样本村后，从覆盖样本村有农作物种植用地分布的 200 米 ×200 米网格（新疆为 300 米 ×300 米网格）中，按照随机抽样原则继续抽取 3 个样方，对抽中的样方开展对地抽样调查。

（2）单位面积产量调查的样本抽选。在播种面积调查样本的基础上，继续抽取得到，在每个调查季目标农作物收获前完成。单位面积产量样本抽选过程分为两个阶段。第一阶段，从播种面积样本村中收集目标农作物播种面积和单产估计数，按单产估计数排队，以播种面积乘以村权数得到的结果进行累计，采用自加权系统抽样，抽选比例为 1/2。如果种植目标农作物的村较少，适当增加抽样比例。第二阶段，对抽中的单产样本村再抽选固定数量的地块，每个地块放置固定数量的实测小样本，进行实割实测。

具体步骤如下：省级实测村（网格）样本抽选。确定省级实测调查作物品种，以全部有该实测作物种植的面积调查样本村（网格）为实测村（网格）抽样框；按抽样框内的村（网格）摸底（预计）的实测作物单位面积产量从小到大排序，并对其播种面积按扩展权数加权计算出扩展面积；以抽样框的村（网格）数量1/2的比例为目标样本量，以扩展面积的累计值除以目标样本量为距离，随机起点，扩展面积累计，等距抽出实测村（网格）样本。依次计算一致性差异系数和抽样误差系数，检测标准均为2%；如果不符合标准，则需要适当调整样本量，直到满足标准要求为止。

省级实测地块和小样本的抽选。在抽中的单产实测样本村（网格）全部面积样方中，按自然地块顺序编号并开展踏田估产（样方内无目标作物的自然地块编号顺延；但如果是因为受灾而绝收的，则依然要纳入估产序列），然后按估产水平降序排队，在播种面积累计的基础上，采用随机起点等距抽样抽取不少于5个自然地块，不足5个的全部抽选。

在抽中的实测地块样本中，如果调查作物连片种植的，直接在抽中自然地块内按直线法、三角边法、垄测法等随机、均匀放置3个小样本（10平方尺）；如果调查作物交叉、分块种植的，则先确定种植该作物的地块，然后均匀放置3个小样本（见图4-1）。

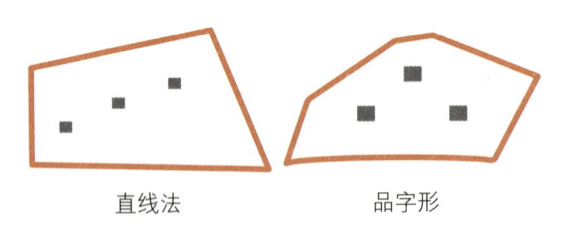

直线法　　　　　品字形

图4-1　单位面积产量实割实测小样本的放置（小麦）

粮食大县的实割实测。粮食大县实测样本村（网格）、实测地块和实测小样本的抽选方法与省级抽选基本一致。

三、计算方法

各类粮食作物产量的计算方法是，分别计算粮食播种面积和单位面积产量，将两者的结果相乘。

（一）粮食作物播种面积

利用各样方实地调查取得的目标农作物种植面积及其对应的设计权数，采用样本直接加权的方式进行目标农作物种植面积推算。

$$\hat{Y}_k = \left(\sum_{i=1}^{n} \sum_{i=1}^{m} y_{kij} w_i w_{ij} \right) r_k R$$

其中，$\hat{Y}_k$ 是第 k 个目标农作物种植面积估计值；y_{kij} 是第 k 个目标作物第 i 个样本村（网格）第 j 个样方的地面实测种植面积；w_i 是第 i 个样本村（网格）的第一阶段设计权数；w_{ij} 是第 i 个样本村（网格）第 j 个样方对应的第二阶段设计权数；r_k 为第 k 个目标农作物的抽样总体调整系数，等于抽样框中目标农作物总量与估计量之比；R 为各目标农作物统一使用的目标总体调整系数，等于目标总体农作物种植用地面积与抽样框农作物种植用地面积之比。

（二）粮食作物单位面积产量

调查员或辅调员直接进入调查地块，在收获季节对小样本内的当季调查作物收割保存，待全部收获后将收割的样本晾晒、烘干、脱粒，测定含水率和杂质率，根据水杂率国家标准，计算水杂折算系数，公式如下：

$$水杂折算系数 = \frac{1 - 化验的含水杂质率}{1 - 国家标准率} \times 100\%$$

在收割的地块中用测量框随机放置一定数量的样本，计算收割时平均每亩的割、拉、打损失量。同时，对运输和脱粒过程中的损失量进行估计。上述损失量的综合，就是平均每亩的扣损量。

按照下列公式，得出当季该作物的实测亩产：

$$实测作物地片亩产 = \frac{地块样本作物毛重}{小样本个数} \times \frac{6000}{小样本面积} \times 水杂折算系数 - 平均每亩扣损量$$

全省平均亩产如下：

$$全省平均亩产 = \frac{全省样本地块标准亩产之和}{全省样本地块数}$$

（三）全省粮食总产量

全省总产量＝省平均亩产 × 全省播种面积

各省（区、市）粮食产量相加，得到全国粮食总产量。通过以上计算方法，每年按季节，分别得到分省（区、市）和全国的夏粮、早稻、秋粮和全年粮食播种面积和产量。

第三节 粮食产量的基础数据来源

国家统计局制定了《农林牧渔业统计调查制度》，包括粮食产量抽样调查方法、统计报告方法，以及基层调查表、统计单位汇总表、粮食统计调查指标解释等。粮食播种面积和单位面积产量的基础数据，就是按照国家统计局的制度规定，以统一的操作规范收集的。

目前，粮食产量抽样调查全国共抽选2万多个样本村，6万多个样方，其中包括省级国家调查样本村近1万个，省级国家调查样方近3万个。省级粮食单产抽样调查在国家调查县（区、市）抽取的面积调查地块中进行，全国共抽取5000多个样本村、近3万个自然地块样本。

一、数据采集

（一）播种面积基础数据的采集

根据《农林牧渔业统计报表制度》，在每个调查季，调查员使用装载了调查任务包的手持智能移动终端（PDA）到实地开展调查，或者操作无人机拍摄后解译航拍影像，取得样方内农作物播种面积情况。

调查前做好准备工作（培训辅助调查员、准备无人机、PDA），调查时按照农作物调查时点，利用PDA现场踏查记录每块地的作物品种、面积信息，并对地块边界进行核实。按种植季节依次完成实地调查样方内地物信息的数据录入、数据审核、分析评估等环节。有条件的，可使用无人机调查。数据采集的原则是"人到现场、一手调查、细致准确"。

（二）单位面积产量基础数据的采集

在抽中的单产实测样本村（网格）全部面积样方中，按自然地块顺序编号并开展踏田估产，然后按估产水平降序排队，在播种面积累计的基础上，采用随机起点等距抽样抽取不少于5个自然地块，不足5个的全部抽选，之后进行实割实测。实割实测工作是农产量抽样调查的中心工作，时间紧、任务重。因此，实割实测工作必须做到以下九点：

（1）做好标记。提前联系，防止样本粮被破坏或收割。

（2）检查收割工具。准备好标准工具，制订好计划。

（3）保持联系。一般在实测作物大面积收割前1—2天进行，要做到"三勤三不怕"，即勤与村干部和调查地块所在户联系，不怕麻烦；勤到地块去检查、观看，不怕跑腿；勤收割，熟一块，收一块，不怕费事。同一调查地块内因品种不同，成熟期也不同，可以熟一块收一块，熟一个样本收一个样本。

（4）样本割取。严格按测规和测框的界线，收割测规或测框内的全部作物，做到测规或测框外的不多割，测规内的不少割。圆形样本测规轴应插直在样本中心点，旋转应平衡，弯钩应钩在离作物根部2~3寸，不能钩穗头，长形样本要杆（绳）直、紧。确保做到"10平方尺内，一粒不少；10平方尺外，一穗不收"。对于不同的实测作物要采取不同的收割方法：小麦、水稻、谷子、大豆要齐根收割；玉米掰棒；红薯刨块。

（5）样本晾晒。样本收割后，要有专人负责，分地块保管。样本袋的粮食要分开晾晒，避免混装；晾晒时注意驱赶鸡、鸭、鹅、鸟等，避免样本粮被吃掉。

（6）样本脱粒。机械或手工脱粒，要做到脱粒干净，全部收取过秤。

（7）样本称重。为避免计算的单产水平趋同，称重时至少精确到0.01公斤。称重必须使用标准秤，有两名调查人员参加看秤、核对，结果要记入原始记录。

（8）测水杂。称重后，应即刻使用测水仪化验样本含水率。一般测量3次，用3次的平均水分率作为样本含水率。一般含水率加1%的杂质即为样本的实测水杂。测水杂时，样本粮不应太干或太湿。

（9）确定割拉打损失。根据实际情况合理填报。在收割的地块中用测量框随机放置一定数量的样本，计算收割时平均每亩的割、拉、打损失量。同时，对运输和脱粒过程中的损失量进行估计。上述损失量的综合，就是平均每亩的扣损量。

为确保认真执行实割实测工作流程，割样本时应保留照片或影像资料，并保存好样本粮以备检查。

二、数据审核和上报

（一）辅调员初审

辅助调查员自审，包括与上年、上季数据对比，实地情况与 PDA 上的数据信息对比等。按照合情合理和符合农业生产形势的原则，逐块、逐户进行地块类型、种植作物、作物亩产等数据的比对。对变化比较大的，记录好相关原因。实地情况与 PDA 上的数据信息对比：辅助调查员应对 PDA 录入数据与实际情况，逐一进行核对，确保 PDA 录入地块数据和种植的实际情况一致。所有的审核工作要求在调查工作结束后立即进行，在数据加工处理之前完成。

（二）各级统计机构复审

辅助调查员审核上报调查数据后，由各级统计机构逐级复审，对数据完整性、数据可靠性、数据趋势性再次进行审核。调查数据评估论证，应贯穿全部调查活动始终，包括数据采集、审核整理、汇总推算等各个环节。

第四节 正确解读粮食产量数据

一、解读粮食产量的注意事项

在使用粮食产量数据时，需要注意以下三个问题：

一是把握粮食产量的统计内涵。粮食产量从收获季节上看，包括夏粮、早稻和秋粮；从主要品种上看，包括谷物、薯类、豆类；其中谷物包括小麦、稻谷、玉米和其他谷物。在很多膳食营养书籍中，食物分类里所说的粮食其实大多是指谷物。所以人们习惯上说的粮食和统计上的粮食往往不是一回事，在使用粮食统计数据时要特别注意其统计涵义，这与使用其他统计数据的要求是一样的。

二是注意粮食产量的公制和习惯计量单位。在正式的统计年鉴和统计公报中的粮食播种面积和产量都是用公顷、吨、公斤这些公制单位。而有些统计报告和政府工作报告，以及很多有关经济形势分析的文章里出于习惯性原因，往往采用亩、斤等计量单位。要注意这些计量单位的换算关系，1 公顷 =15 亩，1 吨 =1000公斤，1 公斤 =2 市斤。在遇到万亩、亿斤等计量单位时，要注意换算关系。

三是注意国际对比时的统计口径。在阅读国外有关粮食论文和资料进行国际对比时，除要对中国的粮食统计内涵有所了解外，还要了解国际上粮食统计口径，特别是要搞清对比国家或国际组织的粮食统计内涵。国际组织和很多国家的粮食就是指谷物，有些国家如印度尼西亚、巴基斯坦等亚洲、非洲的发展中国家的粮食口径是包括谷物和薯类的。

二、粮食产量历史数据解读

党的十八大以来，以习近平同志为核心的党中央高度重视粮食生产，把粮食安全作为治国理政的头等大事，提出确保谷物基本自给、口粮绝对安全的新粮食安全观，牢牢把住粮食安全主动权，带领亿万人民走出了一条中国特色粮食安全之路。我国粮食综合生产能力稳步提升，粮食产量稳定增长，连续8年稳定在1.3万亿斤以上，种植结构持续优化，区域布局更加合理，质量效益不断提高，以占世界9%的耕地、6%的淡水资源，养育了世界近1/5的人口，有力回答了"谁来养活中国"的问题，中国人的饭碗越端越稳。粮食生产取得举世瞩目的历史性成就，为世界粮食安全作出了积极贡献。

（一）粮食产量稳定增长

党的十八大以来，我国粮食连年丰收，粮食需求刚性增加，但稻谷、小麦保持多年产大于需，粮食库存充裕，市场供应充足。从粮食价格看，近几年受成本上涨推动，主要粮食品种价格有所上涨，但总体保持平稳运行。2015年开始，我国粮食产量迈上并站稳1.3万亿斤新台阶。2022年，粮食产量为13731亿斤，创历史新高，比2012年增加1486亿斤，增长12.1%。稻谷、小麦、玉米、大豆等主要品种产量均实现不同程度的增加。2022年我国人均粮食产量486.1公斤，连续多年远超世界平均水平，也高于国际公认的400公斤粮食安全线。

一是粮食单产水平持续提高。党的十八大以来，我国粮食单产除2016年因灾和种植结构调整略有下降外，其他年份均实现增长，是我国粮食增产的主要贡献因素。2013年、2015年和2019年我国粮食单产水平先后迈上360公斤/亩、370公斤/亩和380公斤/亩三个台阶，2022年我国粮食单产386.8公斤/亩，比2012年增加29.9公斤/亩，增长8.4%。单产提高主要得益于我国农业综合生产能力不断提升，粮食作物基本实现良种全覆盖，农机农艺结合，良种良法配套，农田基础设施明显改善，防灾减灾能力进一步增强。全国已建成旱涝保收、高产稳产的高标准农田 2012 年仅 1 亿亩，2022 年增加到 10 亿亩；农业科技进步贡献率 2012 年为 53.5%，2022 年达到 62.4%；农作物耕种收综合机械化率 2012 年为 57%，2022 年达到 73%。

二是粮食播种面积稳中有增。党的十八大以来，我国粮食播种面积稳定在 17 亿亩以上，整体呈波动上升趋势。2012—2016 年，粮食播种面积连续增长，2016 年达到 17.88 亿亩，比 2012 年增加 7293 万亩，增长 4.3%。2017 年农业种植结构调整，"镰刀弯"地区调减玉米播种面积，实行"粮改饲""粮改豆"，同时增加了花生、中草药材等非粮作物，粮食播种面积连续三年下降，三年间减少 4750 万亩。2020 年，各地加大了对粮食生产支持力度，层层压实粮食生产责任，落实各项补贴政策，提高农民种粮积极性，我国粮食播种面积恢复至 17.52 亿亩，比 2019 年增加 1057 万亩，增长 0.6%，扭转了下滑态势。2022 年粮食播种面积 177498 万亩，比 2020 年增加 2346 万亩，增长 1.3%；比 2012 年增加 5946 万亩，增长 3.5%。

（二）种植结构持续优化

一是稻谷、小麦产量基本稳定。稻谷和小麦是我国主要口粮作物。党的十八大以来，我国继续实施稻谷和小麦最低收购价，特别是近两年针对农资价格上涨导致的种粮成本增加，党中央多次向实际种粮农民发放一次性补贴，农民种粮积极性得到有效保障。随着单产水平的提升，产量稳中有增，2022 年稻谷产量 4170 亿斤，比 2012 年增加 39.3 亿斤，增长 1.0%。2022 年小麦产量 2754 亿斤，比 2012 年增加 305.0 亿斤，增长 12.5%。稻谷、小麦作为重要口粮作物，目前库存充裕，供应充足，已连续多年产大于需，有力确保了"谷物基本自给，口粮绝对安全"。

二是玉米、大豆产量实现较快增长。党的十八大以来，调整玉米产业结构和区域布局，加大高产稳产、耐密抗倒、抗病抗虫、宜机械化作业的紧凑型玉米品种推广力度，稳步推进玉米生物育种技术应用。2022 年玉米产量 5544 亿斤，比 2012 年增加 952.9 亿斤，增长 20.8%，为粮食连年丰收作出了突出贡献。实施大豆振兴计划以来，我国大豆产量快速增长，2022 年大豆产量达 406 亿斤，比 2012

年增加137.0亿斤，增长51.0%。

三是杂粮、薯类产量稳步提高。党的十八大以来，随着生活水平提高，人民群众不仅要"吃得饱"，还要"吃得好"，居民膳食结构持续优化，杂粮需求量不断增加。各地立足自身资源禀赋，大力发展特色杂粮，通过建设标准化基地，发展社会化服务，着力打造"一乡一业，一村一品"新格局，巩固脱贫攻坚成果，推进乡村产业振兴。2022年谷子、高粱等杂粮产量196亿斤，比2012年增加36.0亿斤，增长22.4%。各地区在稳定现有马铃薯生产基础上，因地制宜扩种补种，2022年薯类产量595亿斤，比2012年增加18.9亿斤，增长3.3%。

三、2022年全国粮食产量数据解读

2022年，党中央、国务院高度重视粮食生产，各地区各部门严格落实粮食安全党政同责，持续加大对粮食生产的支持力度，有力克服北方罕见秋汛导致冬小麦晚播、局部发生新冠疫情和南方持续高温干旱等不利因素影响，全年粮食实现增产丰收。2022年全国粮食总产量13730.6亿斤，比上年增加73.6亿斤，增长0.5%，粮食产量连续8年稳定在1.3万亿斤以上。

（一）粮食播种面积增加1051.9万亩，增长0.6%

2022年，党中央继续提高小麦、稻谷最低收购价，稳定玉米、大豆生产者补贴和稻谷补贴政策，先后向实际种粮农民发放一次性补贴400亿元，提高农民种粮积极性。各地压实粮食生产责任，强化耕地用途管制，通过退林还田、间套复种、农田连片整治等方式，挖掘面积潜力。四川等受灾较重地区改种扩种晚秋作物增加播种面积。全国粮食播种面积17.75亿亩，比上年增加1051.9万亩，增长0.6%。

小麦面积基本稳定，玉米和稻谷面积稳中略降。2022年，全国谷物播种面积14.89亿亩，比上年减少1361.8万亩，下降0.9%。其中，小麦播种面积3.53亿亩，比上年减少72.9万亩，下降0.2%，面积基本稳定。受内部种植结构调整影响，全国玉米播种面积6.46亿亩，比上年减少381.1万亩，下降0.6%；全国稻谷播种面积4.42亿亩，比上年减少706.6万亩，下降1.6%。

豆类面积大幅增加，薯类面积有所下降。2022年，东北地区积极扩种大豆，推行大豆玉米合理轮作，黄淮海、西北、西南地区推广大豆玉米带状复合种植，大豆面积增加较多。全国豆类播种面积1.78亿亩，比上年增加2635.8万亩，增长

17.4%。其中，大豆播种面积1.54亿亩，比上年增加2742.5万亩，增长21.7%。全国薯类播种面积1.08亿亩，比上年减少222.1万亩，下降2.0%。

（二）粮食亩产减少0.2公斤，下降0.1%

2022年，全国主要农区大部分时段光温水匹配良好，病虫害偏轻发生，气象条件总体有利于粮食作物生长发育和产量形成，但夏季长江流域高温干旱，东北地区南部农田渍涝灾害偏重，对粮食生产造成一定影响。同时，高产作物玉米播种面积减少，大豆面积增加，种植结构调整也影响粮食单产水平。全国粮食作物单产386.8公斤/亩，每亩产量比上年减少0.2公斤，下降0.1%。

小麦、玉米单产增加，稻谷单产略减。2022年，全国谷物单产425.3公斤/亩，每亩产量比上年增加4.2公斤，增长1.0%。其中，小麦单产390.4公斤/亩，每亩产量比上年增加3公斤，增长0.8%；玉米单产429.1公斤/亩，每亩产量比上年增加9.7公斤，增长2.3%；受南方地区高温干旱影响，稻谷单产472公斤/亩，每亩产量比上年减少2.3公斤，下降0.5%。

豆类单产增加，薯类单产微降。2022年，全国豆类单产132公斤/亩，每亩产量比上年增加2.5公斤，增长1.9%。其中，大豆单产132公斤/亩，每亩产量比上年增加2.1公斤，增长1.6%。全国薯类单产276.2公斤/亩，每亩产量比上年减少0.4公斤，下降0.2%。

（三）粮食总产量增加73.6亿斤，增长0.5%

2022年，全国夏粮和早稻产量分别为2948.1亿斤和562.5亿斤，比上年增加28.9亿斤和2.1亿斤。南方地区持续高温干旱，对秋粮生产带来不利影响。中央财政紧急安排农业生产和水利救灾资金，各地全力抗旱救灾，强化田间管理，特别是近年来建成的高标准农田，在农业防灾减灾中发挥了重要作用。全国秋粮产量10220亿斤，比上年增加42.5亿斤。全年粮食总产量达到13730.6亿斤，比上年增加73.6亿斤，增长0.5%。

小麦、玉米产量增加，稻谷产量下降。2022年，全国谷物产量12664.9亿斤，比上年增加9.7亿斤，增长0.1%。其中，小麦产量2754.5亿斤，比上年增加15.6亿斤，增长0.6%；玉米产量5544.1亿斤，比上年增加93亿斤，增长1.7%；稻谷产量4169.9亿斤，比上年减少87亿斤，下降2.0%。

豆类增产明显，薯类产量下降。2022年，全国豆类产量470.2亿斤，比上年增加77.1亿斤，增长19.6%。其中，大豆产量405.7亿斤，比上年增加77.8亿斤，增长23.7%。全国薯类产量595.5亿斤，比上年减少13.2亿斤，下降2.2%。

多数省份粮食增产。全国31个省（区、市）中，有23个省（区、市）粮食增产。其中，河南上年洪涝灾害造成减产，2022年恢复性增产49亿斤；新疆、内蒙古、山东、山西、吉林粮食增产均超过8亿斤。

2022年，全国粮食再获丰收，为稳定宏观经济大盘、保持经济运行在合理区间提供了有力支撑，为应对复杂严峻的国际环境、战胜各种风险挑战奠定了坚实基础，为稳定全球粮食市场和食物安全作出了积极贡献。

（撰稿：王贵荣 常鹏）

领导干部应知应会主要统计指标诠释

第五章
工业生产增长速度

> **阅读提示**
>
> 公布机构：国家统计局
>
> 调查频率：规模以上工业每月一次（1月除外）
>
> 公布时间：次月15日左右（遇法定节假日顺延，季度数据发布除外）
>
> 公布渠道：国家统计局网站（www.stats.gov.cn）
>
> 国家统计局月度或年度国民经济运行情况新闻发布会
>
> 《中国经济景气月报》
>
> 数据修订情况：不修订

第一节 什么是工业生产增长速度

一、工业生产增长速度的基本含义

工业生产增长速度也称工业增加值增长速度，简称工业增长速度，它是以工业增加值作为总量指标计算出来的，反映一定时期全国或某一地区工业生产增减变动的相对数，通常以百分数表示。例如，2022年9月，全国规模以上工业增加值同比增长6.3%。

由于工业统计调查的范围和频率不同，工业增长速度又分为全部工业增长速度和规模以上工业增长速度。全部工业增长速度，其统计范围为全部工业，按季度和年度统计、计算和公布。规模以上工业增长速度，其统计范围为规模以上工业，按月度统计、计算和公布。目前，规模以上工业是指年主营业务收入2000万元及以上的工业企业，其工业增加值总量占全部工业增加值总量的80%以上。规模以上工业对监测工业经济短期运行变化具有足够的代表性，而且调查频率高，时效性强。因此，本章着重介绍规模以上工业增长速度的计算。

二、工业生产增长速度指标的主要用途

第一，工业生产增长速度是监测工业经济短期运行、实施宏观调控的重要依据。工业生产增长速度是反映工业经济运行走势，特别是工业经济短期运行状况、判断经济景气程度的重要指标，为正确判断短期经济运行态势、及时进行宏观调控提供重要的基础信息。

第二，工业生产增长速度是研究经济运行周期、制定中长期发展政策和规划的重要依据。将各个时期的工业生产增长速度编制成时间序列，可以研究经济运行的周期性规律和发展趋势，为制定保持经济长期健康稳定发展的经济发展政策和规划提供重要依据。

三、工业生产增长速度指标的发展变化

新中国成立以来，统计部门一直采用不变价格工业总产值增长速度来反映工业生产增长速度。所谓不变价格工业总产值，是指采用同一时期或同一时点的工业产品出厂价格计算不同时期的总产值，也称为固定价格工业总产值。例如，把1990年的工业产品出厂价格作为不变价格，在计算1991年、1992年及以后各个年份的总产值时，均使用1990年的价格，而不是当年的价格。由于经过一段时间的发展，产品价格会发生较大的变化，同时，也会出现一些新的产品，为此我国编制过5次工业产品不变价格，分别为1952年、1957年、1970年、1980年和1990年的不变价格。

到了1994年，为了与国民经济核算衔接，更好地反映工业生产增长速度，国家统计局用工业增加值增长速度替代了不变价格工业总产值增长速度。从1994年5月起正式对外公布工业增加值增长速度，并沿用至今。本章所介绍的工业生产增长速度即指现在使用的工业增加值增长速度指标。这个指标的具体含义前面已有所介绍，这里不再赘述。

工业增加值增长速度指标自正式公布起至今，在统计范围、计算方法上也进行过一系列的调整和改变。

（一）从统计范围看

1994年至1997年，工业增加值增长速度的统计范围为乡及乡以上工业企业，当时数量为46万多家。随着中国工业经济的快速发展，企业数量不断增多，为了减轻基层统计工作负担，确保统计数据质量，同时又兼顾统计调查的代表性，国家统计局在1998年将工业统计范围划分为规模以上和规模以下两部分。按照1998年规定的统计范围，规模以上工业企业是指全部国有和年主营业务收入500万元及以上的非国有工业企业，当时的规模以上工业企业有16.5万家。2007年，规模以上工业企业统计范围调整为年主营业务收入500万元及以上的工业企业。到2010年末，规模以上工业企业数量发展到45.3万家。2011年，提高了规模以上工业标准，其范围调整为年主营业务收入2000万元及以上的工业企业。截至2022年底，全国规模以上工业调查单位约有47万家。目前，国家统计局按月公布的工业发展速度即为规模以上工业增加值增长速度。

尽管1994年以来，工业增加值增长速度的统计范围发生了几次变化，但月度、季度和年度之间增长速度数据是基本可比的。原因之一是1998年以来，规模以上工业企业在报送本期（本月、本月累计）数据的同时也报送同期（上年同月、上年同月累计）数据，计算速度是采用本期与上年同期数据比较的，保证了范围和数据的可比性。原因之二是每次调查范围的调整，企业数量调整前后变化较大，如2010年末规模以上工业企业为45.3万家，2011年为32.6万家，但由于提高标准退出调查的均是小企业，对增加值、总产值等总量指标影响并不大。原因之三是各年规模以上工业增加值增速反映的对象都是一致的，均指规模以上工业企业。尽管进行了几次规模标准的调整，但也都是根据中国工业企业的不断成长壮大而适时进行的，调整后规模以上工业企业对全部工业的代表性基本是一致的。因此，大家使用1994年以来工业增加值增长速度时，不必担心数据的可比性。

（二）从指标计算方法看

1994年至2003年，计算工业增加值增长速度使用的是不变价增加值法，即在不变价格总产值增长速度基础上计算取得的。2004年至今，使用的是价格指数缩减法。两种方法均是反映工业生产增长的速度，即扣除价格变动因素影响后的工业生产实际增长速度，差异仅是扣除价格变动因素的方法有所不同，因此方法改革前后数据是可比的。

（三）从数据公布频率看

1994—2004年，国家统计局每月公布当月及累计工业增加值增长速度。由于中国历年春节所在月份并不固定，有时在1月，有时在2月，春节放假对工业生产影响较大，为保证同比增长速度的可比性，2005年改革了报表报送制度，取消了1月报表，从2月起开始报送数据，所以自2005年起，每年1月的当月速度不再计算和公布。自2012年起，每年2月的当月速度也不再计算和公布，仅公布1—2月的累计数据。

第二节 工业生产增长速度的计算方法

一、基本情况

工业生产增长速度的计算由国家统计局组织实施。国家统计局负责制定工业生产增长速度的计算方法，确定调查范围和调查频率，并按月计算和公布工业生产增长速度。省及省以下各级的工业生产增长速度由当地统计局按照国家统一的计算方法计算，并经上一级统计局审核评估后对外发布。

工业生产增长速度是对工业生产增减变化的反映，其计算必须依赖于能够反映工业生产总体的一个总量指标。为了与国民经济核算相衔接，目前，采用工业增加值作为计算工业生产增长速度的总量指标。在介绍工业生产增长速度计算之前先介绍工业增加值的计算方法。

二、工业增加值的计算方法

工业增加值是国内生产总值的组成部分，它是以货币形式表现的工业企业在报告期内工业生产活动的最终成果，是企业生产过程中新创造的价值。工业增加值不是直接统计的指标，而是通过相关统计指标计算出来的。

工业增加值既可采用生产法也可采用收入法计算。生产法是从工业生产过程中产品和劳务价值形成的角度入手，剔除生产环节中间投入的价值，从而得到新增价值的方法。计算公式为：

工业增加值＝工业总产值－工业中间投入＋应交增值税

工业总产值是指工业企业在本年内生产的以货币形式表现的工业最终产品和提供工业劳务活动的总价值量，包括生产的成品价值、对外加工费收入、自制半成品在制品期末期初差额价值三部分。收入法是从工业生产过程中创造的原始收入初次分配角度入手，对工业生产活动最终成果进行核算的一种方法。计算公式为：

工业增加值＝固定资产折旧＋劳动者报酬＋生产税净额＋营业盈余

由于时效限制，月度统计难以取得详细的财务核算资料直接计算工业增加值，因此月度工业增加值采用推算方法计算。推算方法是用月度工业总产值乘以年度成本费用调查取得的工业增加值率，得到月度工业增加值。为了反映行业结构差异，尽可能提高推算的准确性，推算是从国民经济行业分类的中类进行的。具体步骤为：

首先，根据"工业产销总值及主要产品产量"调查表中企业按月填报的本月和1月至本月累计工业总产值，汇总得到规模以上分行业中类、大类和总计工业总产值（本月和1月至本月累计）。

其次，用中类行业的工业总产值（本月和1月至本月累计）乘以该中类的工业增加值率得到中类的工业增加值（本月和1月至本月累计）。增加值率为年度成本费用调查中测算得到的工业增加值与工业总产值的比率。

最后，将各中类工业增加值汇总得到行业大类和总计工业增加值（本月和1月至本月累计）。

三、工业生产增长速度的计算

现行工业生产增长速度的计算方法为价格指数缩减法。其基本原理是：工业增长速度旨在反映工业生产的物量动态变化。按上述推算方法得到的月度工业增加值为现行价格工业增加值，其中既包括物量因素，也包括价格（工业生产者出厂价格及消耗的原材料等价格）因素。为了真实地反映工业生产的变动情况，必须消除价格变动因素的影响，计算出可比价格工业增加值，然后计算实际工业生产增长速度。

（一）计算可比价格工业增加值

可比价格工业增加值用月度工业生产者出厂价格指数（工业生产者出厂价格

指数的计算详见第十四章）缩减现价工业增加值得到。为充分反映行业结构的影响，可比价格工业增加值采用分中类行业缩减计算，再进行汇总。即用中类行业的工业增加值除以该行业的工业生产者出厂价格指数，得到该中类行业的可比价格工业增加值，再汇总取得大类行业和总计可比价格工业增加值。计算公式为：

$$本月中类行业可比价格工业增加值 = \frac{本月该行业工业增加值}{本月该行业工业品出厂价格指数}$$

$$本月大类行业可比价格工业增加值 = \sum 本月行业中类可比价格工业增加值$$

$$本月总计可比价格工业增加值 = \sum 本月行业大类可比价格工业增加值$$

1月至本月累计的可比价格工业增加值的计算方法同上。

（二）计算工业生产增长速度

用报告期可比价格工业增加值除以基期现行价格工业增加值，计算出可比价格工业增加值发展速度，再减100%得到增长速度。计算公式为：

$$本月工业生产增长速度 = \frac{报告期本月可比价格工业增加值}{基期本月现价工业增加值} - 100\%$$

1月至本月累计的工业生产增长速度的计算方法同上。1—12月工业生产增长速度即为年度规模以上工业生产增长速度。

依据上述方法计算的工业生产增长速度为同比增长速度，即两年相同月份数据相比的增长变动情况，其时间跨度为一年。为更加及时地反映工业生产短期内的变化，自2008年开始，国家统计局着手研究工业生产环比增长速度，即每一月与前一月相比的增长变动情况，采用环比模型进行测算。2011年2月开始按月对外发布工业生产环比增长速度。

需要指出的是，现行工业统计报表制度下，规模以上工业调查单位名录每年都会根据工业单位的实际经营情况进行调整，每年有部分企业达到规模纳入调查范围，也有部分企业因规模变小退出调查范围，还有新建投产企业、破产、注（吊）销企业等，这使得两年间规模以上工业调查名录并不相同，导致各年当期数据的口径范围也不一致，如果简单地用两年实际统计的数据对比，存在口径的不可比。因此，出于同比同口径考虑的需要，目前国家统计局使用调查单位报告期上报的当期数除以当年上报的上年同期数计算同比工业生产增长速度，即计算同比工业生产增长速度过程中使用的基期现价工业增加值以报告期上报的上年同期数结果为准。

第三节 工业生产增长速度的基础数据来源

一、调查对象和调查方法

调查对象为规模以上工业企业，2022年底约有47万家，分布在全国31个省（区、市）。月度调查中的"工业产销总值及主要产品产量"和年度调查中的"财务状况（成本费用）"报表均为全面调查。

二、组织实施机构及调查工作流程

规模以上工业在月度中实行全面调查，调查的组织实施机构是国家统计局和地方各级统计局。

调查工作流程分为报表制度布置和数据采集两个阶段。国家统计局于每年9—10月对各省（区、市）就下一年度规模以上工业企业调查及其报表制度进行布置和培训，省以下各级统计局然后逐级布置培训，最后布置和培训到被调查企业。

自2012年2月起，规模以上工业企业全部通过国家联网直报系统上报统计数据。

三、数据汇总与计算

数据汇总采用超级汇总方式，即国家直接汇总企业的数据，并根据汇总出来的分行业中类、大类和总计的工业总产值，采用年度成本费用调查取得的分行业增加值率推算工业增加值，用工业生产者出厂价格指数缩减计算工业生产增长速度。省及省以下各级统计局也参照上述方法汇总计算本地区的工业生产增长速度。

第四节 正确解读工业生产增长速度

一、解读工业生产增长速度的注意事项

（一）工业生产增长速度的解读方法

1. 总观——经济走势

通过分析研究国家统计局每月公布的上月工业生产增长速度，能够对经济趋

势进行总体上的把握。在非季度月份（即非 3、6、9、12 月），可以根据工业生产增长速度与 GDP 增长率的紧密关系，用工业生产增长速度的变化情况对总体经济走势作出大致的判断。

2. 透视——工业内部增长情况

通过分析研究分行业工业生产增长速度，能够深入了解具体工业行业的增长情况。例如，钢铁行业从业者通过关注黑色金属矿采选业、黑色金属冶炼及压延加工业这两个大类行业的工业生产增长速度，了解自己所在行业的增长趋势；对汽车行业感兴趣的生产者、投资者，通过关注汽车制造业的工业生产增长速度，了解这个行业当前的发展情况。

3. 横观——地区发展水平

通过分析研究分地区工业生产增长速度，能够横向比较各省（区、市）的工业生产情况。

（二）解读工业生产增长速度应注意的三个问题

第一，月度增长速度是规模以上工业企业增长速度，不是全部工业企业增长速度，由于规模以上工业占比高，一定程度上也能反映全部工业的变化，但是两者在统计口径、范围上是有差异的。

第二，月度累计增长速度是规模以上工业企业增长速度，季度 GDP 中工业累计速度是全部工业企业增长速度。

第三，目前公布的月度工业增长速度既有同比增速，又有环比增速，使用时要注意两者对比基期的不同。

（三）对工业生产增长速度与 GDP 增长率关系的解读

正确解读工业生产增长速度，必须了解掌握该指标与 GDP 增长率的紧密关系。

1. 涵盖内容与统计口径

GDP 增长率是国内生产总值相对于去年同期水平的增长速度，是一个反映总体经济状况的指标；而工业生产增长速度是规模以上工业增加值相对于去年同期水平的增长速度，是一个反映工业经济景气状况的指标。

在公布 GDP 增长率的同时，也会公布第一、第二、第三产业增加值的增长率，其中，第二产业增加值增长率与工业生产增长速度的统计口径也不一样。为了满足时效性需要，工业生产增长速度的统计口径是规模以上工业企业；而第二产业增加值增长率的统计口径不仅包括全部工业（规模以上工业企业和规模以下工业企业），还包括建筑业。

2. 公布频率与公布方式

工业生产增长速度公布的频率更高。工业生产增长速度每月度公布一次，而GDP增长率每季度公布一次。月度公布的工业生产增长速度除了总计分月速度和累计速度之外，还包括按工业大类行业分组（《国民经济行业分类（GB/T 4754—2017）》中的41个大类行业）的分月速度和累计速度。

3. 对经济周期及经济波动的反映

图5-1是2013年至2022年各季度累计的GDP增长率和工业生产增长速度。通过观察可以发现，在对经济周期及经济波动的反映上，工业生产增长速度有以下特点：

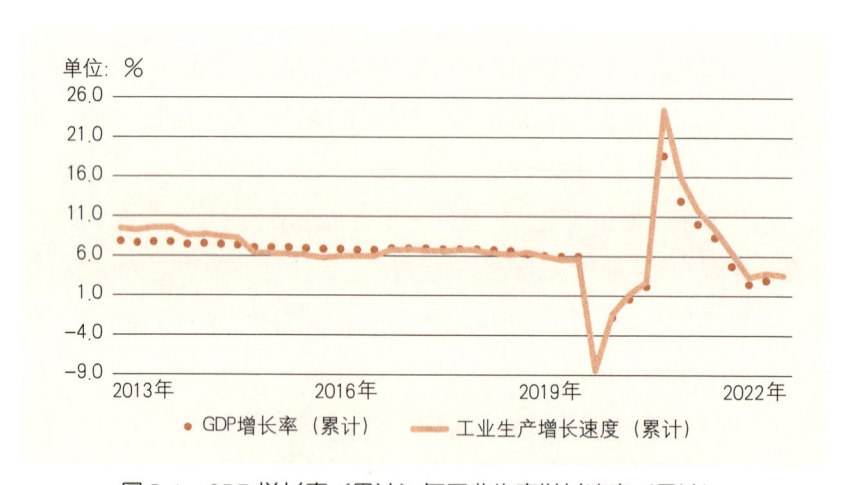

图5-1 GDP增长率（累计）与工业生产增长速度（累计）

第一，工业生产增长速度与GDP增长率同趋势变动。从图5-1可以看出，GDP增长率曲线与工业生产增长速度曲线两者变化趋势基本相同。在经济处于上升通道时，两者均呈上升趋势；在经济处于下行通道时，两者均呈下降趋势。这是因为：工业生产与总体经济之间有着非常密切的关系。一方面，工业是国民经济的支柱产业，GDP中工业占30%左右；另一方面，工业部门为其他经济部门输送重要的能源、原材料和设备，与各经济部门均有紧密的联系。

第二，工业生产增长速度比GDP增长率更为敏感。经济处于上升通道时，工业生产增长速度比GDP增长率上升幅度更大；经济处于下行通道时，工业生产增长速度比GDP增长率下降幅度更大。这是因为相对于农业部门、服务业部门而言，工业生产活动对经济景气程度、社会总需求状况、利率和汇率等因素都高度敏感，工业企业的经营者会因为这些因素的变化作出判断，决定何时生产、生产什么、生产多少。因而，工业生产活动与总体经济紧密相连，是经济周期与经济波动中相对活跃的一部分。

因此，工业生产增长速度不仅能够反映工业部门的变动趋势，对于总体经济的周期与波动也是一个敏感的指示性指标。实际上，在发达国家，工业生产指标由于具有"领先周期性"的特点，常被当作比GDP季度数据更及时的经济指针来参考使用。

二、如何正确解读2013年至2022年工业增长速度

表5-1、表5-2列出了2013年2月至2022年12月分月工业增加值增长速度及累计工业增加值增长速度。

表5-1 2013年至2022年分月工业增加值增长速度

单位：%

年份	1月	2月	3月	4月	5月	6月	7月	8月	9月	10月	11月	12月
2013			8.9	9.3	9.2	8.9	9.7	10.4	10.2	10.3	10.0	9.7
2014			8.8	8.7	8.8	9.2	9.0	6.9	8.0	7.7	7.2	7.9
2015			5.6	5.9	6.1	6.8	6.0	6.1	5.7	5.6	6.2	5.9
2016			6.8	6.0	6.0	6.2	6.0	6.3	6.1	6.1	6.2	6.0
2017			7.6	6.5	6.5	7.6	6.4	6.0	6.6	6.2	6.1	6.2
2018			6.0	7.0	6.8	6.0	6.0	6.1	5.8	5.9	5.4	5.7
2019			8.5	5.4	5.0	6.3	4.8	4.4	5.8	4.7	6.2	6.9
2020			-1.1	3.9	4.4	4.8	4.8	5.6	6.9	6.9	7.0	7.3
2021			14.1	9.8	8.8	8.3	6.4	5.3	3.1	3.5	3.8	4.3
2022			5.0	-2.9	0.7	3.9	3.8	4.2	6.3	5.0	2.2	1.3

注：为了消除春节日期不固定因素带来的影响，增强数据的可比性，按照国家统计制度，自2013年起，1—2月工业数据一起调查，一起发布，不再单独发布2月当月数据。
数据来源：国家统计局。

表 5-2 2013 年至 2022 年累计工业增加值增长速度

单位：%

年份	1-2月	1-3月	1-4月	1-5月	1-6月	1-7月	1-8月	1-9月	1-10月	1-11月	1-12月
2013	9.9	9.5	9.4	9.4	9.3	9.4	9.5	9.6	9.7	9.7	9.7
2014	8.6	8.7	8.7	8.7	8.8	8.8	8.5	8.5	8.4	8.3	8.3
2015	6.8	6.4	6.2	6.2	6.3	6.3	6.3	6.2	6.1	6.1	6.1
2016	5.4	5.8	5.8	5.9	6.0	6.0	6.0	6.0	6.0	6.0	6.0
2017	6.3	6.8	6.7	6.7	6.9	6.8	6.7	6.7	6.7	6.6	6.6
2018	7.2	6.8	6.9	6.9	6.7	6.6	6.5	6.4	6.4	6.3	6.2
2019	5.3	6.5	6.2	6.0	6.0	5.8	5.6	5.6	5.6	5.6	5.7
2020	-13.5	-8.4	-4.9	-2.8	-1.3	-0.4	0.4	1.2	1.8	2.3	2.8
2021	35.1	24.5	20.3	17.8	15.9	14.4	13.1	11.8	10.9	10.1	9.6
2022	7.5	6.5	4.0	3.3	3.4	3.5	3.6	3.9	4.0	3.8	3.6

数据来源：国家统计局。

党的十八大以来，以习近平同志为核心的党中央高度重视实体经济，出台了一系列推动工业经济平稳健康发展的重大决策部署，我国工业经济迈上了更高质量、更可持续的发展之路。

2013—2022 年，我国规模以上工业增加值年均增长 6.4%，远高于世界其他主要经济体增长水平，其间，工业结构不断优化，各种经济类型蓬勃发展，质量效益显著提升。近年看，2020 年初，由于新冠疫情冲击，工业生产受到较大影响，短期内增速出现明显下滑，随后稳步恢复；2020—2022 年，受局部地区散发疫情、自然灾害以及基数抬高影响，部分月份工业生产增速出现较大波动，但期间各地区各部门在以习近平同志为核心的党中央坚强领导下，高效统筹疫情防控和经济社会发展，不断加大宏观调控力度，畅通经济循环，增强工业经济内生动力，工业生产从总体看仍保持稳定恢复态势。

三、如何正确解读 2022 年工业生产增长速度

下面就以 2022 年工业生产增长速度为例，具体示范工业生产增长速度的解读方法。表 5-3 是 2022 年按工业行业大类分类的工业生产增长速度。

表5-3　2022年各大类行业月度工业生产增长速度

单位：%

	1-2月	3月	4月	5月	6月	7月	8月	9月	10月	11月	12月
总计	7.5	5.0	-2.9	0.7	3.9	3.8	4.2	6.3	5.0	2.2	1.3
煤炭开采和洗选业	11.1	16.7	13.2	8.2	11.2	11.0	5.8	7.7	3.0	5.5	3.7
石油和天然气开采业	6.3	5.7	7.2	6.6	3.6	4.5	2.3	4.5	6.7	7.2	6.7
黑色金属矿采选业	11.9	12.2	3.8	5.8	16.2	4.0	9.6	22.3	16.7	25.8	21.0
有色金属矿采选业	13.8	11.4	8.9	9.9	8.0	6.8	8.3	-2.2	-2.1	-3.0	-1.0
非金属矿采选业	5.4	4.2	-4.5	-2.4	-1.7	-1.1	-3.6	2.1	-3.6	-5.0	-4.1
开采专业及辅助性活动	10.0	2.4	8.9	3.3	2.0	10.9	14.4	2.4	16.7	8.1	22.1
其他采矿业	-11.9	76.7	-6.2	13.9	20.4	36.3	25.2	21.3	34.7	45.3	47.7
农副食品加工业	6.5	6.1	-0.1	1.6	-0.3	-0.8	-2.3	1.5	-2.0	-2.9	-2.0
食品制造业	7.4	3.8	0.1	3.5	3.0	2.8	2.5	2.7	0.3	-2.0	-0.1
酒、饮料和精制茶制造业	15.4	7.0	0.5	7.0	7.1	10.8	7.6	5.5	1.5	-0.7	3.4
烟草制品业	11.1	5.0	8.7	10.6	-8.0	8.9	8.2	9.1	5.4	4.0	-1.7
纺织业	4.9	0.7	-6.3	-3.5	-3.9	-4.8	-5.1	-1.6	-4.2	-4.7	-3.0
纺织服装、服饰业	11.3	5.1	-0.3	1.2	1.5	-0.2	-1.3	-3.7	-10.0	-12.4	-11.4
皮革、毛皮、羽毛及其制品和制鞋业	11.3	5.2	0.6	5.1	-0.5	-0.5	-0.1	-5.7	-6.4	-7.6	-8.0
木材加工和木、竹、藤、棕、草制品业	7.7	4.8	-2.8	-1.8	-2.6	-3.7	-3.9	-2.7	-2.5	0.1	-1.5
家具制造业	7.4	0.1	-8.8	-9.7	-5.3	-9.5	-7.8	-5.2	-9.9	-13.8	-13.5
造纸和纸制品业	1.9	1.4	-5.6	0.5	1.4	-0.9	-3.0	2.5	-0.4	-2.1	-3.4
印刷和记录媒介复制业	6.2	3.9	-6.0	4.0	4.3	0.6		2.5	-1.9	-4.7	-5.1
文教、工美、体育和娱乐用品制造业	12.8	3.4	-6.0	-3.9	2.8		-3.4	-6.0	-8.0	-12.8	-13.6
石油、煤炭及其他燃料加工业	-2.4	-3.3	-6.6	-7.3	-9.6	-9.5	-4.6	-2.6	-2.8	-3.2	-8.3
化学原料和化学制品制造业	5.9	3.0	-0.6	5.0	5.4	4.7	3.8	12.1	9.4	10.8	11.0
医药制造业	12.9	10.1	-3.8	-12.3	-8.5	-10.3	-13.1	-7.5	1.6	-3.2	-1.4
化学纤维制造业	3.0	1.2	-4.1	-0.1	2.5	-3.6	-3.3	5.0	6.9	2.4	-3.4
橡胶和塑料制品业	2.0	0.8	-8.1	-2.7	1.0	-1.5	-1.1	1.4	-0.8	-3.4	-7.3
非金属矿物制品业	1.3	1.6	-6.2	-5.4	-3.7	-3.8	-5.0	0.8	3.1	1.6	-1.8
黑色金属冶炼和压延加工业	-2.9	-1.6	-4.2	-2.7	0.6	-4.3	-1.3	10.6	10.2	9.4	2.8
有色金属冶炼和压延加工业	4.4	6.2	1.4	3.4	4.9	2.3	3.6	7.8	6.8	9.4	6.3
金属制品业	6.8	2.1	-6.6	-2.3	0.1	-2.3	-2.3	1.3	-3.1	-0.3	-1.2
通用设备制造业	5.0	-0.7	-15.8	-6.8	1.1	-0.4	0.8	2.3	2.0	-0.9	-3.4
专用设备制造业	8.8	7.6	-5.5	1.1	6.0	4.0	4.5	4.9	3.0	2.3	-0.5
汽车制造业	7.2	-1.0	-31.8	-7.0	16.2	22.5	30.5	23.7	18.7	4.9	-5.9
铁路、船舶、航空航天和其他运输设备制造业	4.2	1.1	-6.0	-0.1	6.7	7.6	5.8	7.6	0.5	-2.9	2.0
电气机械和器材制造业	13.6	10.6	1.6	7.3	12.9	12.5	14.8	15.8	16.3	12.4	10.8
计算机、通信和其他电子设备制造业	12.7	12.5	4.9	7.3	11.0	7.3	5.5	10.6	9.4	-1.1	1.1
仪器仪表制造业	10.6	4.4	-8.8	4.1	6.5	7.2	7.0	9.5	8.9	1.2	-1.2
其他制造业	16.5	19.6	16.6	15.2	10.8	8.8	5.0	1.4	-2.8	0.5	0.7
废弃资源综合利用业	34.6	26.7	18.3	19.1	25.0	8.6	14.2	16.0	21.1	28.6	30.0
金属制品、机械和设备修理业	20.0	22.2	0.8	13.2	8.5	19.6	20.3	16.6	14.1	7.5	-0.4
电力、热力生产和供应业	6.0	3.9	0.0	-0.8	3.2	10.4	15.3	2.2	4.1	-1.0	8.6
燃气生产和供应业	15.7	11.0	7.1	7.7	5.8	6.7	6.5	9.2	3.4	-7.9	1.3
水的生产和供应业	3.8	4.7	2.0	3.1	2.5	2.6	2.6	2.7	3.9	1.4	-0.8

数据来源：国家统计局。

（一）总观

2022年各月，工业生产增长速度波动较大，主要是受疫情短期冲击影响。但受益于产业不断优化升级，工业生产具有较强韧性，保证了全年增长呈现平稳态势。

（二）透视

2022年工业生产总体平稳增长，在41个工业大类行业中，有27个行业增加值较上年增长，有10个行业增加值增速较上年加快。其中，装备制造行业中计算机通信和其他电子设备制造业、电气机械及器材制造业、汽车制造业等行业增加值增速均高于全部规模以上工业平均水平，彰显出我国工业生产的韧性；在大宗商品价格高位运行、输入性通货膨胀压力较大背景下，由于保供稳价政策措施不断落地显效，煤炭开采和洗选业、石油和天然气开采业、电力热力的生产和供应业等能源行业生产稳定，保障了经济社会正常运行。

（撰稿：汤魏巍　王新）

第六章
单位国内（地区）生产总值能耗

> **阅读提示**
>
> 公布机构：国家统计局
>
> 调查频率：每年一次
>
> 公布时间：次年 9 月（初步数），隔年 1 月（最终数）
>
> 公布渠道：国家统计局网站（www.stats.gov.cn）
>
> 《中国统计年鉴》
>
> 《中国能源统计年鉴》
>
> 数据修订情况：有修订

第一节 什么是单位国内（地区）生产总值能耗

一、单位国内（地区）生产总值能耗的基本定义

单位国内（地区）生产总值能耗（Energy Consumption per Unit of GDP，以下简称单位 GDP 能耗），是指一定时期内一个国家（地区）每生产一个单位的国内（地区）生产总值所消耗的能源数量。当国内（地区）生产总值单位为万元时，即为万元国内（地区）生产总值能耗。

自"十一五"起，单位 GDP 能耗指标作为约束性指标之一，连续被纳入我国"十一五""十二五""十三五"和"十四五"国民经济和社会发展五年规划纲要。党的十八大以来，党中央、国务院大力推进生态文明建设，坚定落实节能优先方针，实行能源消费总量和强度双控制度，把节能指标纳入生态文明建设、高质量发展和美丽中国等评价指标体系，作为衡量和反映能源革命进程的核心指

标之一，单位 GDP 能耗指标的作用越来越重要。

影响单位 GDP 能耗因素众多，主要有以下五个方面：

一是能源消费构成。由于各种能源自然禀赋有所不同，同等量的不同品种能源的热值和利用程度是不同的。生产同样单位的 GDP，如果使用的能源品种不同，则消耗的能源量也会不同。例如，原煤和天然气分别用来发电，产出同样价值的电，因原煤热值和发电效率比天然气低，发电损耗比天然气高，所以用原煤发电消耗的能源量要比天然气多。因此，各品种能源消费占能源消费总量比重不同，即能源消费构成影响单位 GDP 能耗的大小。

二是经济增长方式。粗放型经济增长方式主要依靠增加生产要素投入来扩大生产规模，实现经济增长。集约型经济增长方式则是主要依靠科技进步和提高劳动者的素质等来增加产品的数量和提高产品的质量，推动经济增长。以粗放型经济增长方式实现的经济增长，相对于集约型的经济增长方式，能源消耗较高，单位 GDP 能耗较大。

三是由自然条件、地域产业分工等原因形成的产业结构或行业结构。一般来说，在国民经济各产业中，第一产业、第三产业单位增加值能耗[1]较第二产业小得多。在国民经济各行业中，工业[2]单位增加值能耗比其他行业大得多；其中，重工业又较轻工业大得多，重工业中的六大高耗能行业[3]是各行业单位增加值能耗较高的。因此，第三产业增加值占 GDP 比重高的国家或地区，单位 GDP 能耗较小；主要以重工业甚至是高耗能行业拉动经济增长的国家或地区，单位 GDP 能耗必然较大。

四是设备技术装备水平、能源利用技术水平和能源生产、消费的管理水平。设备技术装备水平、能源利用技术水平和能源生产、消费的管理水平越高，所消耗的能源量则会越少，单位 GDP 能耗也必然越小。

五是自然条件。自然条件，如自然资源分布、气候、地理环境等对能源消费

---

[1] 当具体描述到某个产业或行业时，单位 GDP 能耗则称为单位增加值能耗。
[2] 工业行业包括三个门类，分别为采矿业，制造业，电力、热力、燃气及水生产和供应业。
[3] 六大高耗能行业为石油、煤炭及其他燃料加工业，化学原料和化学制品制造业，非金属矿物制品业，黑色金属冶炼和压延加工业，有色金属冶炼和压延加工业，电力、热力生产和供应业。

结构、产业结构等产生一定影响，也间接地影响了单位 GDP 能耗的大小。例如，有色金属矿聚集的地区，相应进行有色金属的开采、冶炼、压延活动，以有色金属冶炼和压延加工业这个高耗能行业来推动经济增长，由此带来能源消耗较大，产出的 GDP 相对较小，从而导致单位 GDP 能耗较大。

从以上影响单位 GDP 能耗的因素来看，不同国家或地区由于经济发展阶段不同、能源消费结构不同以及自然条件的差异，加上汇率等因素影响，使得国家或地区之间单位 GDP 能耗存在较多的不可比性。

二、单位 GDP 能耗指标的主要用途

一是直接反映经济发展对能源的依赖程度。单位 GDP 能耗是将能源消耗除以 GDP，反映一个国家（地区）经济发展与能源消费之间的强度关系，即每创造一个单位的社会财富需要消耗的能源数量。单位 GDP 能耗越大，说明经济发展对能源的依赖程度越高。

二是间接反映产业结构状况、设备技术装备水平、能源消费构成和利用效率等多方面情况。从影响单位 GDP 能耗的因素可以看到，单位 GDP 能耗的大小也或多或少地间接反映了这些方面的情况。

三是间接计算出社会节能量或能源超耗量。将上年单位 GDP 能耗与本年单位 GDP 能耗的差与本年 GDP（可比价）相乘，可以计算出本年的社会节能量或能源超耗量。当结果为正数时，表示本年比上年节能；结果为负数时，表示本年比上年多用了能源。

四是间接反映各项节能政策措施所取得的效果。将本年单位 GDP 能耗与上年单位 GDP 能耗相除后，再乘以 100，减去 100，可以计算出单位 GDP 能耗本年比上年上升或下降的程度。当结果为正数时，表示单位 GDP 能耗本年比上年上升；结果为负数时，表示单位 GDP 能耗本年比上年下降。

三、单位 GDP 能耗指标的局限性

单位 GDP 能耗虽然能较直观综合地反映能源消费所获得的经济成果，但无法全面反映能源利用效率和产品能耗降低等情况。

一是单位 GDP 能耗指标无法按化石能源和可再生能源细分。目前，单位 GDP 能耗指标中分子采用的是全部能源消费量，未区分化石能源和非化石能源，

可再生能源的开发利用以及回收能源的循环利用在目前的指标中得不到体现，不能有效反映能源清洁低碳转型。

二是单位 GDP 能耗指标无法按能源消费用途细分。能源消费量中，不仅包括作为能源直接消耗掉的部分，也包括用作原材料投入生产的能源，如用石油生产化工原料，用天然气、煤炭生产化肥等。由此计算的单位 GDP 能耗不能准确反映哪些是作为能源消耗的，哪些是作为原材料消耗的，不能有效反映能源高质量发展。

近年来，为满足高质量发展合理用能需求，我国相继出台政策文件，明确原料用能、可再生能源和核电消费不纳入能源消费总量和强度控制。同时，单位 GDP 能耗指标计算方法也在相应优化完善，以更好服务于能源消费差别化管理，推动能耗双控向碳排放双控转变。

第二节 单位 GDP 能耗核算方法

一、基本情况

国家统计局制定《能源统计报表制度》，对统计范围、计算方法、统计口径和填报内容等作出统一规定。根据现行制度，中国单位 GDP 能耗核算采取分级核算的方式，即国家统计局负责核算全国单位 GDP 能耗，地方统计机构核算本地区单位 GDP 能耗，并报上一级统计机构审核。其中，能源消费总量的核算方法，国家采取以能源供应统计为主、辅之以能源消费统计的核算方法，省（区、市）、市、县采取以能源消费统计为主的核算方法。

二、单位国内（地区）生产总值能耗的计算方法

单位 GDP 能耗由能源消费总量和国内（地区）生产总值两个指标计算得出。其中，分母 GDP 采用不变价格。计算公式为：

$$单位 GDP 能耗（吨标准煤/万元）= \frac{能源消费总量（吨标准煤）}{国内（地区）生产总值（万元）}$$

能源消费总量是指在一定时间内，一个国家（地区）国民经济各行业和居民生活消费的各种能源的总和。能源包括一次能源，一次能源通过加工、转换产生

的二次能源和同时产生的其他二次能源。

其中，一次能源是指自然界中以天然形式存在，不经任何改变或转换的天然能源资源，包括原煤、原油、天然气、水能、核能、风能、太阳能、地热能、海洋能、生物质能等。二次能源是指为了满足生产工艺或生活的特定需要以及合理利用能源，将一次能源直接或间接加工转换产生的其他种类和形式的人工能源，如由原煤加工转换产出的洗煤、焦炭、煤气等，由原油加工产出的汽油、煤油、柴油、燃料油、液化石油气等，由原煤或石油或天然气转换产出的电力、热力等。在核算能源消费总量过程中，一次能源、二次能源不能重复计算。

三、能源消费总量核算方法

国内（地区）生产总值（GDP）核算方法详见本书第三章，这里简要介绍能源消费总量的核算方法。

能源消费总量是通过能源核算，即编制能源平衡表的方法取得。能源平衡表全面系统地反映了一定时期内能源的生产、加工转换、输送、分配、储备、使用的能源系统流程全貌，反映了能源系统内各运行环节的特征以及相互之间的联系和能源经济运行中所形成的总量、速度、比例、效益之间的制约和平衡状况。能源平衡表是国家制定能源和国民经济及社会发展政策、编制能源规划、加强能源科学管理、分析能源供需状况、建立能源投入产出模型、进行能源生产和需求预测等工作的重要基础和依据之一。

能源平衡表一般采用行列的矩阵正向平衡形式，主要分为三大部分：可供消费的能源量核算部分、能源加工转换核算部分、最终消费（终端消费）核算部分。主栏（列）表示能源的来源和流向，宾栏（行）表示能源种类。

（一）能源平衡表编制原则

一是能量守恒原则。编制能源平衡表所遵循的基本原则是能量守恒定律，即在能量转换和使用的过程中，能源的总量保持不变，有来源（资源供应）就要有去向（消费或者损失）；反之，有能源消费，就要有资源供应（来源）。平衡表的纵列与横行的相关数据以及各子矩阵必须形成相互之间的平衡关系。

二是投入、产出、使用的对应一致原则。能源平衡表的加工转换，坚持投入、产出、使用对应一致原则，即有投入，就一定要有产出，同时也应该有使用，缺一不可。使用包括消费、销售（销售数量在其他报表中反映）、出口（地区间调出）或增加库存。

三是协调与统一的原则。所谓协调，就是数字之间要衔接，包括表内的数字、附表的数字、其他表的数字、历史的数字；所谓统一，就是所涉及的产品标准、行业分类标准、指标划分标准、折算标准、数字计算口径要统一。

（二）能源平衡表主要指标含义及平衡关系

下面以全国能源平衡表[①]为例进行说明。

1. 可供本地区消费的能源量

可供本地区消费的能源量是指一定时期内可供本地区实际消费的能源量。

可供本地区消费的能源量＝年初库存量＋一次能源生产量＋进口量＋境内飞机和轮船在境外的加油量－出口量－境外飞机和轮船在境内的加油量－年末库存量

（1）年初（末）库存量。年初（末）库存量即年初（年末）实际拥有的某种能源待用的储备量。从宏观上看，它是反映能源国情国力的一项重要指标，对研究能源库存构成、合理调剂和充分利用现有能源资源、保证社会再生产正常进行、改善能源供应、调剂市场供需、加速能源周转等方面有着重要意义。

填写库存量的能源产品主要有原煤、洗精煤、其他洗煤、煤制品、焦炭、原油、汽油、煤油、柴油、燃料油、液化石油气等，其余的气体燃料、热力、电力、其他能源等，没有或不计算库存量。

库存量的核算原则包括以下四点：①时点性原则。库存量是指企业在报告期某时间点所拥有的各种能源数量，所以必须按照制度规定的时间点盘点库存，不得提前或推后。②实际数量原则。企业在库存盘点后，可能出现账面数字与实际库存数量不一致的现象，在这种情况下，应以盘点数量为准来调整账面数字，差额作盘盈或盘亏处理。③库存量的核算，以验收合格、办理完入库手续为准，未经验收或不合格的，不能计入库存。④能源生产企业产成品库存和能源经销企业

[①] 全国能源平衡表与地区能源平衡表的表式、指标、编制方法等基本相同，主要区别是为反映各地区能源资源的形式和流向，在地区能源平衡表的主栏中增设外地区调入量及本地区调出量两项指标。

（批发、零售企业）用于经营销售的库存按照能源的所有权原则统计，能源使用企业用于消费的库存按照能源的使用权原则统计。

能源平衡表中的库存量为社会库存量。从理论上讲，社会库存量应包括三大部分，即能源生产企业的产成品库存、能源批发零售贸易企业用于经营销售的库存、能源产品使用单位用于消费的库存。

在能源平衡表中，库存增（-）、减（+）量即等于年初库存量减去年末库存量，负数表示年末库存大于年初库存，可供本地区消费的能源量减少，正数则相反。

（2）一次能源生产量。一次能源生产量指原煤、原油、天然气和一次电力的产出量[①]。

（3）进口、出口量。进口、出口量是指报告期内进出中国国境的各种能源的数量，不通过中国过境的转口能源贸易数量不包括在内。平衡表涉及的所有能源均填写，包括一次能源和二次能源。

在计算可供本地区使用消费的能源量时，加上进口量，减去出口量。

（4）境内飞机和轮船在境外的加油量，境外飞机和轮船在境内的加油量。在计算可供本地区使用消费的能源量时，加上境内轮、机在境外的加油量，同时减去境外轮、机在境内的加油量。

2. 加工、转换投入量和产出量

加工转换投入量和产出量反映从一次能源转换为二次能源的数量关系。投入量是指生产二次能源的加工、转换企业投入到发电、炼焦、炼油、制气等装置的能源数量。产出量是指各种能源加工转换设备所产生的二次能源及非能源石油制品和焦化产品的数量。加工转换损失量是指在能源加工转换过程中产生的各种损失量，即加工转换过程中投入的能源和产出的能源之间的差额。主要加工转换过程见图6-1。

由图6-1可以看到不同类型能源加工转换的过程，如火力发电主要是投入原煤，产出电力；炼油是投入原油，产出汽油、煤油、柴油、燃料油、液化石油气、

[①] 一次电力的产出量包括水电、核电、利用风能、地热、太阳能发电等，即除火力发电以外其他形式的发电量。

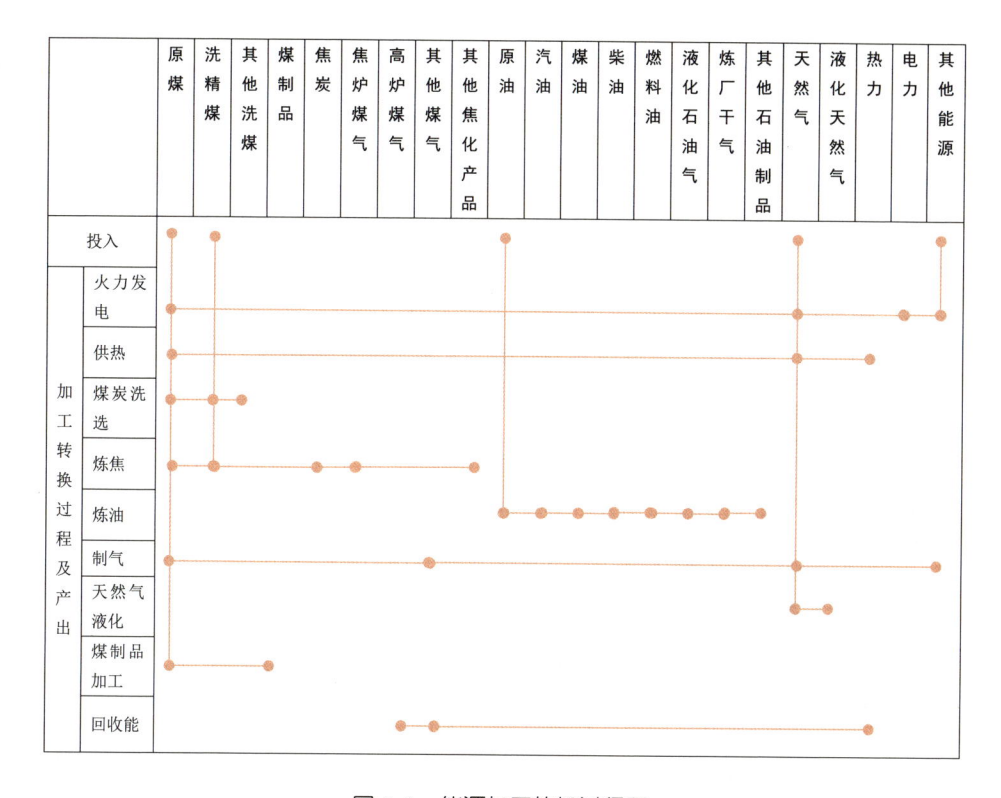

第六章 单位国内(地区)生产总值能耗

图 6-1 能源加工转换过程图

炼厂干气和其他石油制品;较为特殊的是回收能①,因为是在其他生产工艺中回收利用的,故没有投入量。

在能源平衡表中,加工转换投入(-)产出(+)量即等于加工转换投入量减去加工转换产出量。简单来说,负数表示某种能源投入用于加工转换的数量大于其被加工转换产出的数量,正数则相反。

3. 损失量

损失量是指能源在经营管理和生产、输送、分配、储存等过程中发生的损失以及由于自然灾害等客观原因造成的损失量,不包括加工转换的损失量。在能源平衡表中,损失量主要是指运输过程中的损失,主要涉及的品种有油、电力和热力等。

---

①回收能指企业反复循环使用的能源(如余热余能)或作为燃料和能源消费的工业废料(如高炉煤气、甘蔗渣和造纸黑液等)。这部分作为加工转换的产出在最终消费量计算时会扣除,故并不包括在能源消费总量中。

4. 终端消费量

终端消费量又称最终消费，是指各行业和居民生活直接消费的各种能源在扣除了用于加工转换二次能源的消费量和损失量以后的数量，直接消费的方式只有三个：一是用作燃料，二是用作动力，三是用作原材料，不包括用于加工转换的能源。此消费过程体现了能源消费的终止，不会再重新作为能源投入使用。

5. 平衡差额

平衡差额是指各种能源供应与消费进行平衡时产生的差额，造成平衡差额的主要原因是统计误差和在途能源年初年末的差额。

6. 消费量合计

消费量合计 = 加工转换投入 − 加工转换产出 + 终端消费量 + 损失量

可供本地区消费的能源量 = 消费量合计 + 平衡差额

根据以上消费量合计公式即可以计算出全国或各地区能源消费总量。

第三节 单位 GDP 能耗的基础数据来源

这里简要介绍终端能源消费基础数据来源。

一、农、林、牧、渔业能源消费

农、林、牧、渔业能源消费主要根据普查有关数据和该行业常规统计调查所取得的营业额，以及从电力公司或电力管理部门取得的电力消费数据推算。

二、工业能源消费

规模以上工业[1]能源消费年度数据通过国家统计局制发的《工业企业能源购进、消费与库存》获得。该报表调查范围是辖区内规模以上工业法人单位，调查频率是月度，12 月份调查全年数据，调查方式是全面调查。

规模以下工业[2]能源消费，常规年份通过规模以下工业抽样调查有关数据推

---

[1] 规模以上工业是指年主营业务收入 2000 万元及以上的工业法人企业（2010 年以前为年主营业务收入 500 万元及以上的工业法人企业）。详见本书《第五章 工业生产增长速度》。
[2] 规模以下工业是指年主营业务收入 2000 万元以下的工业法人企业（2010 年以前为年主营业务收入 500 万元以下的工业法人企业）和个体工业生产单位。详见本书《第五章 工业生产增长速度》。

算；经济普查年份，使用经济普查有关数据推算。

三、建筑业能源消费

相对其他行业来说，建筑业能源消费比较少，因此采取调查及合理推算的方法。推算根据历年单位建筑业产值或单位投资额消费量，以及国家统计局制发的《非工业重点耗能单位能源消费情况》获取的年综合能源消费量1万吨标准煤以上的有资质的建筑业法人单位季度能源消费数据进行测算，电力消费数据从电力公司或电力行业协会取得。

四、交通运输业能源消费

铁路、航空运输业能源消费数据通过国家统计局面向铁路运输管理部门和民航部门制发的《铁路企业主要能源消费与库存》《航空企业主要能源消费与库存》年报，分别从有关部门获得。该年报调查范围是铁路运输企业、航空运输企业，不包括部门所管理的工业、建筑业等企业及行政、事业单位，调查频率是年度，调查方法是全面调查。

道路、水上运输业能源消费数据分为两部分统计。一部分是有一定规模专业运输企业的能源消费数据，通过国家统计局制发的《公路、水上运输企业主要能源消费与库存》年报从交通部门获得。该年报调查范围是公路运输企业、水上运输企业和港口，不包括部门所管理的工业、建筑业等企业及行政、事业单位；调查频率是年度，调查方法是全面调查。另一部分是社会运输车辆和个体运输户的能源消费数据，先通过抽样调查取得单车年耗油量，再利用车辆管理部门掌握的车辆情况，推算求得。

五、仓储和邮政业能源消费

根据国家统计局制发的《非工业重点耗能单位能源消费情况》获取的年综合能源消费量1万吨标准煤以上的规模以上服务业法人单位季度能源消费数据、经济普查有关数据和从电力公司或电力管理部门取得电力消费数据进行推算。

六、批发和零售业、住宿和餐饮业能源消费

根据国家统计局制发的《非工业重点耗能单位能源消费情况》获取的年综合能源消费量1万吨标准煤以上的限额以上批发和零售业、住宿和餐饮业法人单位季度能源消费数据、经济普查有关数据和该行业常规统计调查所取得的营业额，

以及从电力公司或电力管理部门取得的电力消费数据进行推算。

七、居民生活能源消费

城镇居民生活用能数据，通过城镇住户调查取得煤炭、汽油、柴油、城市煤气、天然气、液化石油气、电力有关数据并推算；农村居民生活用能数据，通过农村住户调查取得煤炭、汽油、柴油、天然气、液化石油气、电力有关数据并推算。

另外，电力消费基础数据从电力公司或电力管理部门取得；热力消费基础数据从城市热力供应部门或市政管理部门取得；城市锅炉供热不计算加工转换，直接计算投入的煤炭数量，算作煤炭消费，有关数据从城管部门取得；目前，农民自用的薪柴、农作物秸秆、沼气等生物质能消费不包括在能源消费量中。

八、其他数据

石油生产销售数据通过国家统计局制发的《石油生产企业石油产品生产、销售与库存》《石油销售企业石油商品购进、销售与库存》等报表分别取得。以上报表调查范围是中国石油天然气集团公司、中国石油化工集团公司、中国海洋石油公司所属的石油生产和销售企业，调查频率是月度，调查方法是全面调查。

第四节 正确解读单位 GDP 能耗数据

一、解读单位 GDP 能耗数据的注意事项

（一）正确理解单位 GDP 能耗指标内涵

单位 GDP 能耗是强度指标，因能源消费构成、产业、行业结构等不同，会导致不同国家、不同地区该指标在不同的发展阶段有一定差异。不能单纯看该项指标数据的高低、大小，还要客观地分析其指标含义及影响变化因素。当一个国家（地区）经济处于快速发展时期，基础建设投资对高耗能产品的需求旺盛，会表现出单位 GDP 能耗较高。当一个国家（地区）完成了工业化和城镇化进程，经济增长主要靠高新技术产业和服务业拉动时，单位 GDP 能耗则处于较低水平。现阶段，中国正处于工业化、新型城镇化进程中，能源需求相对旺盛，单位 GDP 能耗相比发达国家明显偏高。

（二）正确理解单位 GDP 能耗与相关指标之间的关系

单位 GDP 能耗与单位工业增加值能耗、单位 GDP 电耗等指标关系密切。

单位工业增加值能耗等于工业能源消费量除以工业增加值。因为工业能源消费量和工业增加值在全部能源消费量和 GDP 中所占比重很大，所以单位工业增加值能耗的变化趋势基本应与单位 GDP 能耗一致。由于能耗的核算范围包括全部三次产业的生产、经营及其他活动用能，也包括居民生活用能，而农林牧渔业、建筑业和服务业相对工业单位产出能耗较低，居民生活不直接创造 GDP，所以单位 GDP 能耗下降率一般小于单位工业增加值能耗下降率。

单位 GDP 电耗等于全社会用电量除以 GDP。由于用电量约占全社会能源消费总量的 50%，因此单位 GDP 电耗与单位 GDP 能耗具有较高的相关性，其与单位 GDP 能耗变动幅度之间的差距会随着用电量所占能源消费比重的变化而变化。

二、如何正确解读"十一五"以来单位 GDP 能耗数据

表 6-1 数据显示，2005 年以来我国单位 GDP 能耗逐年下降，反映了 10 多年

表 6-1　2005—2022 年我国单位 GDP 能耗及其降低率

年份	单位 GDP 能耗（吨标准煤/万元）	单位 GDP 能耗上升或下降（%）
2005	国内生产总值按 2005 年可比价格计算 1.40	
2006	1.36	-2.8
2007	1.29	-4.8
2008	1.21	-6.2
2009	1.16	-4.2
2010	1.13	-3.0
2010	国内生产总值按 2010 年可比价格计算 0.88	
2011	0.86	-2.1
2012	0.83	-3.7
2013	0.79	-3.8
2014	0.76	-4.4
2015	0.72	-5.3
2015	国内生产总值按 2015 年可比价格计算 0.63	
2016	0.60	-4.8
2017	0.58	-3.5
2018	0.56	-3.0
2019	0.55	-2.5
2020	0.55	0.0
2020	国内生产总值按 2020 年可比价格计算 0.49	
2021	0.48	-2.7
2022	0.48	-0.1

数据来源：《中国能源统计年鉴 2023》。

来我国产业行业结构、能源消费结构逐步调整和优化，能源技术、管理水平不断进步等经济发展特点，充分彰显了节能降耗各项政策措施取得了巨大成效。

> **知识链接**
>
> **单位 GDP 能耗指标与国际通用能耗强度指标比较**
>
> 中国目前公布的单位 GDP 能耗指标是全社会能源消费总量除以 GDP，单位是吨标准煤/万元。而国际上通用的能耗强度指标一般是能源总供应量除以 GDP，两者的口径不一致，所以并不能直接使用中国公布的单位 GDP 能耗与其他国家作比较。
>
> 如果要与其他国家作比较，则需要对能源消费量做出调整，可以参考国际能源署（IEA）公布的数据。在国际能源署每年发布的年鉴中，有一项指标是能源供应量/GDP（TPES/GDP），单位是吨标准油/千美元。国际能源署将各国的能源消费量数据按统一的格式进行了调整，算出各国总的能源供应量，GDP 采用的是汇率法计算的 2000 年美元价格的 GDP 数据。在这个指标中采用汇率法来计算各国的 GDP 数据，没有考虑到各国消费水平的差异，直接比较各国指标的绝对值意义不大，但可以研究各国历年来该指标的变化来比较各国的降低率和节能情况。

（撰稿：胡汉舟 赵倩）

第七章
全社会固定资产投资

> **阅读提示**
>
> 公布机构：国家统计局
>
> 调查频率：每月一次（1月免报）
>
> 公布时间：月度数据于次月15日公布（遇法定节假日顺延）
>
> 公布渠道：国家统计局网站（www.stats.gov.cn）
>
> 《国民经济和社会发展统计公报》
>
> 《中国统计年鉴》
>
> 《中国固定资产投资统计年鉴》
>
> 《中国经济景气月报》
>
> 《中国信息报》
>
> 数据修订情况：有修订

第一节 什么是全社会固定资产投资

一、全社会固定资产投资的基本定义

全社会固定资产投资也称全社会固定资产投资完成额，是指以货币形式表现的在一定时期内全社会建造和购置固定资产的工作量以及与此有关的费用的总称。该指标是反映全国固定资产规模、结构和发展速度的综合性指标，也是观察工程进度和考核投资效果的重要依据。要准确理解全社会固定资产投资，需要了解以下基本概念。

（一）固定资产

固定资产是指为生产商品、提供劳务、出租、经营或管理而持有，使用期限在一年以上的房屋及建筑物、机器、机械、运输工具以及其他与生产、经营、管理有关的设备、器具、工具等。固定资产作为劳动资料或劳动手段，有些是直接参加生产过程的，起着把劳动者的劳动传导到劳动对象上去的作用，如机器设备和生产工具等；有些在生产过程中起着辅助作用，如运输工具等；有些则作为进行生产的必要条件而存在，如房屋、建筑物、道路、桥梁等。

固定资产主要有三个特点：一是固定资产是为生产商品、提供劳务、出租、经营或管理而持有。企业单位持有的固定资产是企业的劳动工具或手段，而不是直接用于出售的产品。二是使用期限超过一年。固定资产与流动资产不同，它能多次参加生产过程而不改变其实物形态，其价值则随着固定资产的磨损，逐渐地、部分地以折旧形式计入产品成本，随着产品价值的实现而转化为货币资金，并脱离其实物形态。三是固定资产原则上为有形资产。

（二）固定资产投资

固定资产投资是指建造和购置固定资产的经济活动，它是社会增加固定资产、扩大生产规模、优化经济结构、发展国民经济的重要手段，也是提高人民物质文化生活水平的条件。从事固定资产活动的主体包括各级政府和各有关部门、企业事业单位、个人以及境外国家和地区的投资者等。

（三）固定资产投资额

固定资产投资额又称固定资产投资完成额，是以货币形式表现的在一定时期内建造和购置固定资产的工作量以及与此有关的费用的总称。它反映的是运用各种资金完成的用价值体现的实物工作量或与之相匹配的财务支出额。

二、全社会固定资产投资指标的主要用途

固定资产投资在经济社会发展中具有十分重要的作用。固定资产投资是经济发展的基本推动力之一，是提升国民经济物质基础，实现经济社会快速发展，加快实现工业化、城市化的重要途径；投资也是改善经济结构、推动产业升级、提高经济技术水平、提高全社会劳动生产率和国家竞争力的重要手段；投资还是改善民生的重要手段，增加投资可以促进就业增长，促进消费水平的提高，投资中的住房投资与提高城乡居民居住水平有直接的关系。

全社会固定资产投资作为反映全国固定资产投资规模、结构和发展速度的综合性指标，在经济社会生活中具有十分重要的作用。

（一）全社会固定资产投资是判断经济发展形势的重要依据

投资既构成当期需求，拉动当期经济的发展；同时又形成未来的供给能力，对未来的经济增长和经济结构产生积极作用，投资是连接供给与需求两端的关键变量，对经济发展起着重要支撑作用。全社会固定资产投资统计数据也是判断经济发展周期的重要依据，为国家宏观调控提供了重要信息支撑，为社会公众开展科学研究和进行扩大再生产决策提供了重要参考。

（二）全社会固定资产投资是进行国民经济核算的重要基础

在国民经济核算中，固定资本形成总额是支出法 GDP 的重要内容。全社会固定资产投资的有关数据，为核算固定资本形成总额提供了重要基础资料。

三、全社会固定资产投资指标的局限性

目前，全社会固定资产投资指标还存在一些问题：一是全社会固定资产投资在概念上不完全等同于企业会计制度中固定资产原价。固定资产原价反映的是已经建成或购置的固定资产，而全社会固定资产投资反映的是固定资产投资项目在建设过程中的全部费用支出，不仅包括会计制度中的固定资产原价，还包括尚未形成固定资产的在建工程、建设用地费等资产、生产性生物资产、投资性房地产以及开办费等递延资产。二是全社会固定资产投资指标反映投资效益的内容较少，有待进一步改革完善。

第二节 全社会固定资产投资指标的统计和计算方法

一、全社会固定资产投资的主要分类

（一）按统计范围分类

全社会固定资产投资分为固定资产投资（不含农户）[1]和农村住户固定资产投资[2]。

---

[1] "固定资产投资（不含农户）"统计口径自 2011 年起正式使用，等于城镇固定资产投资加上农村企事业组织项目投资（即农村非农户投资）。
[2] 农村住户固定资产投资即农户投资。

1. 固定资产投资（不含农户）

固定资产投资（不含农户）包括计划总投资500万元及以上建设项目[①]投资和房地产开发投资。

计划总投资500万元及以上建设项目投资是指一定时期内城镇和农村各种登记注册统计类别的企业、事业、行政单位、个体户等进行的计划总投资500万元及以上的固定资产投资活动。房地产开发投资是指一定时期内，各种登记注册统计类别的房地产开发法人单位统一开发的住宅、饭店、宾馆、度假村、写字楼等房屋建筑物，配套的服务设施，土地开发工程和土地购置的投资。不包括单纯的土地开发和交易活动。

国家统计局开展的固定资产投资统计主要是围绕固定资产投资（不含农户）进行的。目前，固定资产投资（不含农户）按月度进行全面统计、计算和数据公布。

2. 农村住户固定资产投资

农村住户固定资产投资是指一定时期内，在农村区域由农村居民完成的固定资产投资，包括购置农业生产用机械设备、农田水利基本建设和农村住房建设等方面的投资。

根据《中国统计年鉴2023》数据，2022年全国农村住户固定资产投资约0.7万亿元。农村住户固定资产投资按年度开展抽样调查。

（二）按投资活动构成分类

按投资活动构成分类，全社会固定资产投资分为建筑安装工程、设备工器具购置和其他费用。

1. 建筑安装工程

指各种房屋、建筑物的建造工程和各种设备、装置的安装工程。包括房地产开发企业、单位进行的房屋（商品房）开发建设工程、土地开发工程。在安装工程中，不包括被安装设备本身的价值。

2. 设备工器具购置

指建设单位或企业、事业单位购置或自制的，达到固定资产标准的设备、工具、

[①] 建设项目包括城镇和农村各种登记注册类型的企业、事业、行政单位，以及城镇个体户进行的计划总投资500万元及以上的建设项目，还包括军工、国防、人防建设项目。

器具的价值。设备分为需要安装的设备和不需要安装的设备两种。外购设备、工具、器具除设备本身的价格外，还应包括运杂费、仓库保管费、购买支持设备运行的软件系统的费用等，但不包括软件系统的后续技术服务费。

3. 其他费用

指在项目建设过程中发生的，除建筑安装工程和设备、工器具购置投资完成额以外的费用，不指经营中财务上的其他费用。具体包括：固定资产建造和购置过程中发生的各种应分摊计入固定资产的费用；计入无形资产或房地产开发成本的建设用地费等。

二、全社会固定资产投资的统计方法

根据统计范围，全社会固定资产投资可划分为固定资产投资（不含农户）和农村住户固定资产投资两部分。下面分别介绍这两部分固定资产投资的统计方法。

（一）固定资产投资（不含农户）的统计方法

固定资产投资（不含农户）分为计划总投资 500 万元及以上建设项目投资和房地产开发投资两部分。

1. 计划总投资 500 万元及以上建设项目的统计方法

对于计划总投资 500 万元及以上建设项目，采取按月全面调查的方法，按项目逐一进行统计。

2. 房地产开发投资的统计方法

对于房地产开发投资，亦采取按月全面调查的方法，按企业对房地产开发企业的开发项目投资情况逐一进行统计。

（二）农村住户固定资产投资的统计方法

农村住户固定资产投资在住户收支与生活状况调查网点上采用抽样调查的方法获取数据，对相关农户价值 1000 元及以上、使用年限 2 年及以上的房屋建筑物、机器设备、器具等固定资产进行调查。

三、全社会固定资产投资的计算方法

计算全社会固定资产投资，首先分别计算固定资产投资（不含农户）和农村住户固定资产投资。

（一）固定资产投资（不含农户）的计算方法

1. 计划总投资 500 万元及以上建设项目投资的计算方法

对于计划总投资 500 万元及以上建设项目，先按项目由项目填报单位对每一项建设项目投资完成额进行计算后，再由各级统计局层层加总出所辖区域内所有建设项目的投资完成额。计算步骤如下：

（1）按项目由项目填报单位对每一项建设项目投资完成额进行计算。每一项建设项目的投资完成额按照建筑工程、安装工程、设备工器具购置和其他费用等四部分构成分别计算，再将四部分投资完成额相加，用公式表示为：

项目投资完成额 = 建筑工程投资完成额 + 安装工程投资完成额 + 设备工器具购置投资完成额 + 其他费用

①建筑工程投资完成额和安装工程投资完成额的计算方法。建筑工程完成额和安装工程完成额的计量依据有两种：一是项目建设单位、施工单位、监理单位共同确认的工程结算单或进度单，一般根据已经完成的实物工作量乘以预算单价计算投资额；二是会计科目或相关支付凭证，对应会计科目为：在建工程——建筑安装工程。以工程形象进度为依据计算建筑、安装工程投资完成额的基本方法有两种：单价法和部位进度法。主体工程可以分解成单个固定资产的，投资完成额一般采用单价法计算；主体工程不可分解的一般采用部位进度法计算。

一是单价法。单价法根据单价的确定方式不同又分为预算定额单价法和综合单价法两种计算方法。

预算定额单价法是根据已经完成的分部分项工作量乘以相应的预算定额单价，汇总得出工程的全部直接费，再加上间接费、利润和税金，即得出该工程的投资完成额。将所有分部分项工程投资额相加，可得出建筑安装工程的全部投资额。用公式表示为：

建筑工程投资完成额 = ∑（实际完成的工作量 × 预算单价）×（1 + 间接费率）×（1 + 利润率）×（1 + 税率）

安装工程投资完成额 = ∑［（实际完成工作量 × 预算单价）+（人工费 × 间接费率）］×（1 + 利润率）×（1 + 税率）

或：安装工程投资完成额 = ∑［（实际完成的工作量 × 预算单价）+（人

工费×间接费率)+(人工费×利润率)]×(1+税率)

综合单价法是根据已经完成的分部分项工作量乘以综合单价，汇总得出工程的投资完成额。再将所有分部分项工程投资额相加，可得出建筑安装工程的全部投资额。用公式表示为：

建筑工程投资完成额=∑(实际完成的分部分项工作量×综合单价)

安装工程投资完成额=∑(实际完成的分部分项工作量×综合单价)

实际完成的分部分项工作量以工程招标时的工程量清单为基础，由建设单位（业主）、施工方、监理方三方共同确认。

综合单价法是在预算定额单价法基础上演变发展而来，实际工作中已经有较多应用。综合单价以中标合同中的价格为基础，可根据实际情况（物价变动等因素）调整确定。综合单价包括直接费用、间接费用、税金、利润四部分，一般按照各行业的概预算管理办法计算，各行业略有区别。

二是部位进度法。部位进度法是将单位工程分成几个部位，先求得每个部位预算价格占单位工程预算造价（包括直接费用、间接费用、利润和税金）的比例，然后根据实际完成的各部位的进度求得其占单位工程完成进度的百分比，再乘以单位工程预算造价，即得出该单位工程的投资完成额。将各单位工程投资额相加，可得出建筑安装工程的全部投资完成额。用公式表示为：

单位工程建筑安装工程完成进度（%）=∑[各部位完成进度百分比（%）×各部位占单位工程建筑安装工程造价的比例（%）]

建筑安装工程投资完成额=∑[单位工程预算造价×单位工程建筑安装工程完成进度百分比（%）]

公路、铁路等建设项目，通常都划分标段招标。投标方以某标段的工程总价竞标。这类工程一般以标段中标总价作为单位工程预算造价。

各部位的完成进度以招标时的设计文件为基础，由建设单位（业主）、施工方、监理方三方按实际完成进度共同确定。

②设备工器具购置投资完成额的计算方法。设备、工具、器具购置投资根据需要安装和不需要安装，采取不同的计算方法。

设备工器具购置依据会计科目或支付凭证计算，根据明细科目本年借方累计或相关会计分录借方发生额加总填报。对应会计科目为：在建工程——在安装设备（需安装设备）；固定资产下相关二级科目（不需安装设备）。

需要安装的设备、工具、器具，其投资完成额应在设备正式开始安装以后才能计算投资完成额。设备正式开始安装必须具备以下三个条件：一是设备的基础或支架已经完成；二是安装设备所必需的图纸资料已具备；三是按照正常的施工程序，设备运至现场开箱检验完毕、吊装就位并继续进行安装。符合这三个条件的设备才能计算投资完成额。大型联动设备如蒸汽锅炉、压缩机、发电机、轧钢机等，因施工期较长，可以按照上述开始安装条件分段计算投资完成额。施工单位在施工现场（包括所属车间）为建设单位加工制作的和建设单位自制的非标准设备（如塔、炉体、容器、分离干燥器等），应在设备制造完成并吊装就位正式开始安装后，才能计算设备投资完成额。

不需要安装的设备、工具、器具，一般在设备、工具、器具运到建设单位的仓库或指定地点，经验收合格后，即可计算投资完成额。虽然已经付款，但尚在运输途中或上级管理部门的仓库内的设备，不应计算投资完成额。购置飞机、船舶等制造期较长的设备，其投资可按合同规定分期付款，分期计算投资完成额。备品、备件和备用设备的投资完成额，应在到货并验收合格后计算投资完成额。

有些项目中大型机电设备及金属结构设备制造期比较长，经统计部门同意，可以按合同中分期付款的进度计算设备投资完成额。

③其他费用的计算方法。其他费用一般按财务部门实际支付的金额计算，填报依据为会计科目或支付凭证，根据明细科目本年借方累计或相关会计分录借方发生额加总填报。主要对应会计科目为：在建工程——待摊支出；无形资产——土地使用权等。

项目前期费用（如设计勘察费、土地购置费等）在项目正式开工动土时计入投资。

国内贷款利息按报告期实际支付的利息计算投资完成额，并作为增加固定资产的费用处理。利用国外资金或国家自有外汇购置的国外设备、工具、器具、材料以及支付的各种费用，按实际结算价格折合人民币计算。

其他费用的分摊问题：若多个项目统一征地拆迁，土地费用按照项目实际用地面积占比分摊，不得重复报送；若一笔贷款用于多个项目建设，且无法区分每个项目实际使用贷款数额，则利息支出按项目工程进度占比分摊。

④每一项建设项目投资完成额的计算。每一项建设项目投资完成额等于上述四个部分的投资完成额之和。公式如下：

每一项建设项目投资完成额＝建筑工程投资完成额＋安装工程投资完成额＋设备工器具购置投资完成额＋其他费用

（2）由各级统计局对所辖区域内所有建设项目的投资完成额进行加总，得出各层级行政区域所有建设项目的投资完成额。

其中，全国计划总投资500万元及以上建设项目投资＝∑[各省（区、市）辖区内除跨省（区、市）项目的固定资产投资项目的投资完成额]＋国务院有关部门跨省（区、市）固定资产投资项目的投资完成额

2. 房地产开发投资的计算方法

由每一个房地产开发公司对本企业房地产开发项目投资完成额进行计算后，通过联网直报平台上报，各级统计部门通过联网直报平台进行分级审核、汇总。投资完成额计算步骤和计算方法与计划总投资500万元及以上建设项目投资相同。

3. 固定资产投资（不含农户）的计算方法

各层级行政区域固定资产投资（不含农户）＝各层级行政区域内计划总投资500万元及以上建设项目投资＋各层级行政区域内房地产开发投资

全国固定资产投资（不含农户）＝全国计划总投资500万元及以上建设项目投资＋全国房地产开发投资

（二）农村住户固定资产投资的计算方法

农户固定资产投资计算方法的基本原则是，先分别推算各省（区、市）农户的非建房投资和建房投资；再将两者相加，得到各省（区、市）农户固定资产投资；再将各省（区、市）农户固定资产投资相加，得到全国农户固定资产投资。

1. 农户非建房投资推算

$$\text{全省（区、市）调查户人均非建房投资额} = \frac{\text{全省（区、市）调查户非建房投资额}}{\text{全省（区、市）调查户总人口}}$$

$$\text{全省（区、市）农户非建房投资推算数} = \text{全省（区、市）调查户人均非建房投资额} \times \text{全省（区、市）乡村总人口}$$

2. 农户建房投资推算

$$调查村人均建房投资额 = \frac{调查村建房投资额}{调查村总人口}$$

$$\begin{matrix}全省（区、户）农户\\建房投资推算数\end{matrix} = \frac{调查村人均建房投资额之和}{全省（区、市）调查村数} \times \begin{matrix}全省（区、市）\\乡村总人口\end{matrix}$$

3. 全省（区、市）农户固定资产投资的计算

全省（区、市）农户固定资产投资 = 全省（区、市）农户非建房投资推算数 + 全省（区、市）农户建房投资推算数

4. 全国农户固定资产投资的计算

全国农户固定资产投资 = $\sum$ [各省（区、市）农户固定资产投资]

（三）全社会固定资产投资的计算方法

全社会固定资产投资 = 固定资产投资（不含农户）+ 农村住户固定资产投资

其中：固定资产投资（不含农户）= 计划总投资 500 万元及以上建设项目投资 + 房地产开发投资

知识链接

房地产开发投资是固定资产投资的一部分

在现行固定资产投资统计中，房地产开发投资是一个重要的组成部分。首先，根据联合国《2008 年国民经济核算体系》固定资本形成核算的内容：住宅属于固定资产。"住宅是指完全或基本作为居住使用的房屋及房屋的指定部分，包括各种附属结构，如车库和在住所中习惯安装的所有永久性固定装置。作为住户主要居住场所的船只、移动设施和大蓬车也包括在内。基本可视为住宅的公共纪念物同样也包括在内。"因此，把住房和所有房屋投资纳入固定资产投资统计，是符合经济理论和国际通行做法的。其次，事实上，长期以来，住宅投资一直是中国固定资产投资统计的一部分。过去，中国的住宅供应采取福利分房的方式，住房建设由政府、企事业单位负责，住房建设投资列入基本建设投资，城乡居民自行建造的住宅也列入固定资产投资统计。实行住房制度改革以后，住房建设由原来分散在各个单位和部门集中到房地产开发部门，但住房投资作为固定资产投资的属性并没有发生根本的变化。目前在中国，房地产开发投资约占全社会固定资产投资的 25%。

第三节 全社会固定资产投资基础数据收集

全社会固定资产投资基础数据包括四部分：一是跨省（区、市）项目及军工、国防、人防建设项目投资基础数据；二是计划总投资 500 万元及以上固定资产投资项目数据，包括城镇计划总投资 500 万元及以上固定资产投资项目和农村非农户进行的计划总投资 500 万元及以上固定资产项目，不含跨省（区、市）及军工、国防、人防建设项目；三是房地产开发投资基础数据；四是农村住户固定资产投资基础数据。

一、调查对象和调查范围

（一）跨省（区、市）项目投资

跨省（区、市）项目通过调查铁路、交通、林业、石油、水利、气象、电力、地质等部委跨省（区、市）项目和统一购置设备投资取得相关基础数据。

（二）计划总投资 500 万元及以上固定资产投资项目投资

计划总投资 500 万元及以上固定资产投资项目通过调查城镇和农村各种登记注册类型的企业、事业、行政单位，以及城镇个体户进行的计划总投资 500 万元及以上的建设项目投资取得相关基础数据。

（三）房地产开发投资

房地产开发投资通过调查单位库中房地产开发经营业法人单位及所属的产业活动单位的房地产开发投资取得相关基础数据。

（四）农村住户投资

调查在农村地区的住户收支与生活状况调查网点上进行，调查对象是调查村的相关住户。其中，农户生产性固定资产投资从住户收支与生活状况调查资料中取得，农户建房投资调查本网点所有建房户情况。

二、调查方法和调查单位确定

（一）调查方法

1. 全面调查

跨省（区、市）项目投资、计划总投资 500 万元及以上固定资产投资项目投资和房地产开发投资采用全面调查方式收集数据。

2. 抽样调查

农村住户投资采用抽样调查方法收集数据。

（二）调查单位确定

1. 跨省（区、市）项目投资

根据投资统计制度的规定，跨省（区、市）项目为跨省（区、市）建设的、计划总投资在500万元以上的固定资产投资项目。跨省（区、市）项目由各部门从本部门负责建设的项目中确定，并直接向国家统计局报送这些项目的相关信息及投资数据。

2. 计划总投资500万元及以上固定资产投资项目投资

根据投资统计制度的规定，计划总投资500万元及以上固定资产投资项目的调查单位为各省（区、市）辖区内除跨省（区、市）建设项目及军工、国防、人防建设项目以外的计划总投资在500万元及以上的全部建设项目。计划总投资500万元及以上固定资产投资项目先由县级统计局确定辖区内符合固定资产投资统计要求的项目名单，上报市级统计局；再由市级统计局确定辖区内跨县（区、市、旗）项目名单，与县级统计局上报的项目名单一并上报省级统计局；然后省级统计局确定辖区内跨市（区、地、州、盟）项目名单，与市级统计局上报的项目名单一并上报国家统计局；最后国家统计局汇总各省（区、市）及各部门报送的项目名单，确定为当期固定资产投资统计调查单位。

每年年初，国家统计局组织各级统计机构针对上年项目进行审核，对于上年施工且尚未完工的投资项目，允许在本年度继续报送投资完成额，这部分项目为续建项目；并于每月下旬对新开工项目进行严格审核，核实确实开工的项目允许次月开始报送投资完成额。新入库项目和续建项目构成本年投资项目库。

3. 房地产开发投资

根据房地产开发统计报表制度规定，房地产开发投资调查对象为有开发经营活动的房地产开发经营业法人单位及所属的产业活动单位。根据一套表制度的规定，房地产开发投资通过调查单位库维护来确定调查单位。在国家统计局普查中心的组织下，房地产开发投资统计部门通过资料审核确认调查单位库的增减变动。省级统计机构按《全国统计系统基本单位名录库建设维护与使用管理暂行办法实施细则》规定负责年定报调查单位增减变动和基本信息的更新维护，对符合条件的新建单位，每月度调整一次；对规模变动、破产、关闭等调查单位及基本信息的变更，每月度调整一次。

4.农村住户投资

农村住户投资根据国家统计局制定的《住户收支与生活状况调查方案》确定调查样本。分省住户调查样本的抽选，以省（区、市）为总体，综合采用分层、多阶段、与人口规模大小成比例（PPS方法）和随机等距抽样相结合的方法抽选住宅，确定调查对象。

三、组织实施机构及调查工作流程

（一）跨省（区、市）项目投资

跨省（区、市）项目投资统计由国家统计局组织实施调查，国家统计局向有关部委布置基层统计报表，各有关部委根据《固定资产投资统计报表制度》规定时间向国家统计局报送数据。

（二）计划总投资500万元及以上固定资产投资项目投资

根据国家统计局制定的《固定资产投资统计报表制度》，在国家统计局的统一组织下，由地方各级统计局以项目为单位，对本地区计划总投资500万元及以上固定资产投资项目进行全面调查。为了取得全社会固定资产投资统计数据和确保数据的全面、及时、准确，统计部门采取了从省→市→县（区）→乡（镇）逐级布置报表填报任务和从乡（镇）→县（区）→市→省→国家同步采集和审核数据的数据收集方式。具体数据收集过程如下：

首先，由基层统计机构（一般为县级统计局）确定投资统计调查单位，即固定资产投资建设项目。有项目审批行政记录的，县级统计部门要根据报告期当地固定资产投资管理部门的行政记录确定纳入固定资产投资统计调查的投资项目。与投资活动有关的部门行政记录包括各级发改委系统和有关部门下达的固定资产投资项目审批、核准和备案目录，建设部门发放的建设工程施工许可名单以及自然资源部门的建设用地计划和环保部门的建设项目环评名单。没有项目审批行政记录的，要由基层统计人员现场核实项目。

其次，基层统计机构（一般为县级统计局）根据上述部门的行政记录记载的和现场核实的有关投资项目资料，确定纳入投资统计的项目名单，并向这些项目的建设单位布置固定资产投资统计报表。

最后，纳入统计的投资项目根据统计制度的要求填报统计报表，并按时间要求通过联网直报平台直接向国家统计局报送统计资料，省、市、县各级统计机构按照权限在线同步审核、验收该统计资料。

（三）房地产开发投资

根据国家统计局制定的《房地产开发统计报表制度》，房地产开发投资通过网上填报的方式采集数据，即由国家统计局通过联网直报平台直接向调查单位布置报表填报任务，调查单位通过互联网直接向国家统计局报送统计资料，省、市、县各级统计机构按照权限在线同步审核、验收该统计资料。

（四）农村住户投资

根据国家统计局制定的《住户收支与生活状况调查方案》及《农村住户固定资产投资抽样调查方案》，在国家统计局的统一组织下，由国家统计局调查队系统，通过对农村住户的抽样调查取得相关基础数据，再通过国家统计局调查队系统上报国家统计局。

四、数据汇总与计算

（一）跨省（区、市）项目投资

跨省（区、市）项目投资由有关部委直接向国家统计局报送，国家统计局负责数据的汇总与计算。

（二）计划总投资500万元及以上固定资产投资项目投资

省、市、县各级统计机构根据各级基层报表数据汇总计算各级计划总投资500万元及以上固定资产投资项目投资。国家统计局根据各省汇总表数据汇总计算全国计划总投资500万元及以上固定资产投资项目投资。

（三）房地产开发投资

国家统计局根据通过联网直报平台采集数据汇总计算全国房地产开发投资；省、市、县各级统计机构汇总计算本级房地产开发投资。

（四）农村住户投资

农村住户投资由国家统计局根据《农村住户固定资产投资抽样调查方案》，

在样本数据的基础上推算所得。

第四节 正确解读全社会固定资产投资统计数据

一、正确解读固定资产投资统计数据应注意的问题

（一）固定资产投资价格问题

固定资产投资增长速度包括名义增长速度和实际增长速度。当前国家统计局发布的固定资产投资增长速度一般都是名义增长，主要原因是由于受统计力量不足的限制，目前固定资产投资价格的编制和发布还不能与固定资产投资统计同步进行。例如，目前固定资产投资（不含农户）是按月统计，而固定资产投资价格指数是按季编制。从历史数据来看，固定资产投资统计数据可以追溯到1952年，而固定资产投资价格指数是从1991年开始编制。由于其他经济指标如GDP、工业增加值等一般都使用扣除价格因素后的实际增长速度，因此，在使用和研究固定资产投资统计数据与其他经济指标关系时，要注意考虑固定资产投资价格因素的影响。

（二）固定资产投资不等同于固定资本形成

详见本书《第三章 国内（地区）生产总值》。

（三）固定资产投资的统计方法问题

在目前固定资产投资月度统计中，主要是按照累计统计的方法，是统计从年初开始到当月累计完成的投资，并与上年同月累计投资相比，计算出累计投资同比增长速度。同时，为了便于测算环比增长速度，通过倒减的方式计算当月完成投资。由于投资经济活动的波动性和季节性较强，为提高统计数据的可比性，当前，国家统计局除发布月度固定资产投资累计完成投资和累计同比增长速度外，还按月发布固定资产投资额环比增长速度。

二、如何解读1981—2022年全社会固定资产投资统计数据

图7-1展示了1981—2022年中国全社会固定资产投资数据的变动情况。从图中可以看出，中国固定资产投资共经历了五个比较明显的发展周期，五个发展周期所呈现的不同特点，也显示了在改革开放和社会主义市场经济发展过程中，

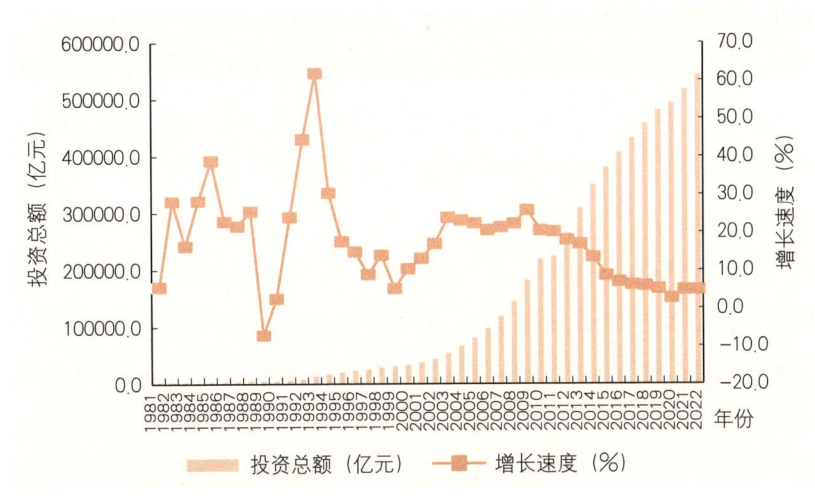

注：全社会固定资产投资总量数据最早可以追溯到1980年，增速到1981年。
数据来源：《中国统计年鉴2023》。

图 7-1　1981—2022 年全社会固定资产投资和增长速度

国家宏观调控政策日趋合理和不断完善。

▲第一个周期：1981—1989 年

这是中国投资发展的起步阶段。改革开放以后，中国经济社会领域百废待兴，为使经济快速发展，国家加大了固定资产投入，1978 年全民所有制基本建设投资仅为 478 亿元，1981—1989 年，全社会固定资产投资年平均增长 21.1%。

这一时期乡镇企业投资如雨后春笋般蓬勃发展，农村投资高速增长。1981—1989 年，农村投资年均增长 33.8%，比城镇投资年均增幅高 16 个百分点。9 年中，有 6 年农村投资增长速度快于城镇投资，而稍后的 1990—2007 年的 18 年中，仅有 1995 年和 1996 年两年农村投资增长速度高于城镇投资增长速度。

在这一发展周期中，投资呈现出频繁波动的态势，8 年中出现了 1982 年、1985 年、1988 年三年快速发展的波峰，也出现了 1981 年增长仅 5.5% 和 1989 年的负增长（改革开放以来唯一的一次负增长）。改革开放初期，国家进行了新中国成立以后第二次较大规模的清理项目和压缩投资，全民所有制单位基本建设投资规模增长大幅回落，1981 年全社会投资呈低速增长。随后，市场和投资体制改革激发了巨大的投资热情，1982 年投资增速达 28%，1985 年、1988 年全社会投

115

资分别比上年增长38.8%和25.4%。针对投资过度膨胀，国家采取了治理整顿措施。1988年9月底，国务院发出《关于清理固定资产投资在建项目、压缩投资规模、调整投资结构的通知》，并于10月底派出10个工作组赴全国各地进行检查。受治理整顿措施影响，1989年中国全社会投资当年下降7.2%。

▲第二个周期：1990—1999年

这一时期投资以特区投资、沿海投资和开发区投资为重点，是改革开放以来中国固定资产投资发展最快的时期。1990—1999年，全社会累计固定资产投资年均增长24.1%，比1981—1989年均增幅提高3个百分点；城镇投资年均增长25.7%，增幅提高7.9个百分点；农村投资年均增长19.5%，增幅回落14.3个百分点。

这一周期投资增长速度先升后降，呈倒"V"字曲线。20世纪90年代前期，在房地产和特区、开发区投资高速增长的带动下，全社会投资创下了1992年、1993年分别增长44.4%和61.8%的超高速度。投资膨胀加剧了当时已非常严峻的物价形式，1994年居民消费价格涨幅达24.1%，是改革开放以来通货膨胀最为严重的一年。为避免经济出现大波动，1993年6月国务院出台了16条措施，主要运用经济办法，也采取必要的行政手段和组织措施进行宏观调控。1994年国务院组织检查组，进行了新开工项目检查，1995年又进行了投资大检查。在坚决控制新开工项目、加强投资资金源头控制、加强项目审批工作管理、加强检查监督等严格的宏观调控政策的影响下，投资增幅逐渐回落。1997年，亚洲金融危机爆发，中国经济受到很大影响，当年全社会投资增长速度降至8.8%。为保证经济健康发展，从1998年开始，国家连续九年发行了万亿元以上的特别国债进行基础设施投资，以刺激经济的增长。然而，1999年中国投资增长速度仍只有5.1%。

▲第三个周期：2000—2008年

经历了上一个投资高速发展又快速回落的周期以后，2000年开始，中国固定资产投资步入了平稳快速发展的时期。2000—2008年，全社会累计固定资产投资年均增长18.1%。

这一周期投资增长的特点是平稳、快速增长持续时间长，并实现了由东部地区为主的快速增长向以中、西部地区为主的快速增长转变。经过了2000—2002年三年的启动后，从2003年开始，全社会固定资产投资连续6年增速在20%以上，这是建立在投资经历了多年快速发展、在庞大基础之上实现的高速度。

这一周期的投资平稳快速增长得益于国家更加娴熟地运用有保有压、充分利用市场对投资进行调节的宏观调控政策，调控更加注重运用了经济和法律手段，收到了良好的效果。

▲第四个周期：2009—2014 年

经过上一周期投资连续 6 年的平稳快速增长，这一周期投资增速稳中趋降，但各年增速均保持在 13% 以上。2009—2014 年，全社会累计固定资产投资年均增长 16.8%。

2008 年以来，为应对国际金融危机的冲击，中央先后出台了"四万亿投资计划"、"十大产业"振兴规划、《关于加快培育和发展战略性新兴产业的决定》、"新非公 36 条"等一系列扩大内需、促进经济增长的政策措施，同时出台了相应的财政金融政策予以支持，保证了投资的较快增长。特别是 2009 年，在国有及国有控股投资的强力拉动下，全社会固定资产投资实现了 25.7% 的快速增长。但随着国际市场需求减弱，外贸环境恶化，国内人工、原材料成本大幅上涨，部分行业产能过剩等因素的影响，投资增速逐年放缓。

▲第五个周期：2015—2022 年

从 2015 年开始，全社会固定资产投资增速结束了自 2000 年开始连续 15 年两位数增速的高增长态势，转为个位数低增长。2015—2022 年，全社会累计固定资产投资年均增长 6.2%。

2015 年以来，投资增速总体保持平稳降档的态势。2020 年，受新冠疫情暴发影响，全社会固定资产投资增速回落至 2.7%，为 1991 年以来最低增速。随着地方政府专项债券加快发行、政府和社会资本合作（PPP）模式有序推广等一系列政策发力，2021 年以来投资保持恢复态势，投资规模不断扩大，投资结构持续优化，但受制造业承压加剧、房地产投资下行、地方债高压、社会融资需求走弱等突出问题制约，稳投资压力依然较大。

（撰稿：翟善清 邓亚景）

领导干部应知应会主要统计指标诠释

第八章
社会消费品零售总额

> **阅读提示**
>
> 公布机构：国家统计局
>
> 调查频率：每月一次（1月除外）
>
> 公布时间：次月15日（遇法定节假日顺延，季度数据发布除外）
>
> 公布渠道：国家统计局网站（www.stats.gov.cn）
>
> 　　　　　国家统计局月度、季度或年度国民经济运行情况新闻发布会
>
> 　　　　　《中国经济景气月报》
>
> 　　　　　《中国信息报》
>
> 　　　　　《中国统计年鉴》
>
> 　　　　　《中国统计摘要》
>
> 　　　　　《中国贸易外经统计年鉴》
>
> 数据修订情况：有修订

第一节 什么是社会消费品零售总额

一、社会消费品零售总额的基本定义

社会消费品零售总额（Total Retail Sales of Consumer Goods）是指企业（单位、个体户）通过交易直接售给个人、社会集团非生产、非经营用的实物商品金额，以及提供餐饮服务所取得的收入金额。该指标所涉及的商品包括售给个人用于生活消费的商品，也包括售给社会集团用于非生产、非经营的商品。其中，个人包括城乡居民和入境人员，社会集团包括机关、社会团体、部队等。

需要注意的是，纳入社会消费品零售总额统计的商品金额不包括企业和个体经营户用于生产经营和固定资产投资所使用的原材料、燃料和其他消耗品的价值量，也不包括居民用于购买商品房的支出和农民用于购买农业生产资料的支出费用。另外，由于餐饮服务属于一种特殊的商品销售形式，因此，提供餐饮服务取

得的收入也被统计在社会消费品零售总额中。

二、社会消费品零售总额指标的主要用途

社会消费品零售总额是反映宏观经济运行状况的重要指标，主要用于反映全社会实物商品的消费情况。它是从商品流通的最终环节入手，观察进入城乡居民生活消费和社会集团公共消费的商品销售变化情况。其用途主要有以下三个方面：

一是反映国内消费品市场的总规模和地域分布情况，为分析判断国内消费品市场运行总体状况、地域特点、商品类别供给及未来市场走势提供参考，为国家宏观调控提供依据。

二是反映城乡居民和社会集团对实物商品消费需求的总量和变化趋势，可用于分析判断消费需求对经济运行的影响程度。

三是反映经济景气状况，作为判断经济运行情况的重要参考。零售是商品流通的最终环节，零售市场的变化最直接也最灵敏地反映经济运行的变化。发达国家通常把零售市场的统计指标作为判断经济运行情况的晴雨表。另外，社会消费品零售总额的增长变化也可以在一定程度上反映国家扩大内需、促进消费的政策效应。

三、社会消费品零售总额指标的局限性

一是社会消费品零售总额指标只能大体反映实物商品消费，不能全面反映最终消费支出情况，与最终消费支出在口径、范围上都有很大不同。因为社会消费品零售总额只包括通过商品流通最终环节进入城乡居民生活消费和社会集团公共消费的实物商品销售情况，不包括最终消费支出中未经交易取得商品的消费，也不包括城乡居民和社会集团用于教育、医疗、文化、娱乐等方面的服务性消费支出。因此，社会消费品零售总额指标只能大体地反映消费需求的变化状况，而不能等同于最终消费支出指标使用。

二是社会消费品零售总额指标主要反映消费品市场的总体变化情况，不能很好反映实物商品消费的结构变化。消费品包括耐用消费品和非耐用消费品。耐用消费品包括家用电器、汽车等在一段较长时间内使用的消费品，其需求弹性比较大；非耐用消费品包括食品、燃料、服装等一次性或使用时间较短的消费品，其需求弹性较小。在经济发展的不同阶段，居民和社会集团对两类消费品的需求不

尽一致，消费品零售额也会因价格变动等因素而表现各异。由于社会消费品零售总额是一个总量指标，单纯应用这一指标不能很好反映消费品的结构特征和变化情况，还需要结合城乡居民人均消费支出等相关指标进行分析。

第二节 社会消费品零售总额的统计和计算方法

一、基本情况

社会消费品零售总额统计工作由国家统计局组织实施。国家统计局制定《批发和零售业统计报表制度》《住宿和餐饮业统计报表制度》《限额以下零售业和餐饮业"金样本"调查方案》和《"四下"单位抽样调查统计报表制度》，对社会消费品零售总额的统计范围、计算方法、统计口径和填报内容等作出统一规定，组织地方各级统计局开展基础数据搜集整理和审核验收工作，并编制和公布全国社会消费品零售总额数据。

社会消费品零售总额的调查对象主要是从事消费品零售活动的批发和零售业、住宿和餐饮业法人企业与个体经营户，以及其他行业法人单位附营的从事消费品零售活动的批发和零售业、住宿和餐饮业产业活动单位（以下简称产业活动单位）。

在统计调查中，批发和零售业、住宿和餐饮业的统计调查对象被划分为两部分：一部分是限额以上[①]批发和零售业、住宿和餐饮业法人单位、产业活动单位与个体经营户（以下简称限额以上单位），对这类调查对象实施全面调查，2023年全国共有56万多家；另一部分是限额以下批发和零售业、住宿和餐饮业法人单位、产业活动单位与个体经营户（以下简称限额以下单位），对这类调查对象实施抽样调查，2023年全国共有样本单位8万多家。

二、社会消费品零售总额的统计和计算方法

社会消费品零售总额统计主要采用全面调查和抽样调查相结合的方法，同时

[①] 统计限额标准为：批发业为年主营业务收入2000万元及以上、零售业为年主营业务收入500万元及以上、住宿和餐饮业为年主营业务收入200万元及以上。

辅之以科学推算。

（一）全面调查

对限额以上单位，通过布置统计报表进行全面调查。按照国家统计局统一要求，实施联网直报，由单位通过网络直接向国家统计局报送各项指标数据。

国家统计局得到全部限额以上单位的基础数据资料后，经审核查询，直接对这些单位的零售额数据进行超级汇总，得出限额以上单位消费品零售额。

（二）抽样调查

对限额以下单位，实施抽样调查，由地方统计局搜集样本单位数据，并逐级报送至国家统计局。

限额以下单位抽样调查采用二阶段目录抽样方法。第一阶段，以村级单位（社区居委会、村委会）为第一阶段整群抽样框，综合考虑各种单位的分布状况，抽取一定数量的村级单位作为第一阶段整群样本；第二阶段，以第一阶段整群样本内的限额以下企业和个体经营户、限额以下产业活动单位分别建立第二阶段企业和个体经营户抽样框、第二阶段产业活动单位抽样框，按规模分层后抽取一部分企业和个体经营户、产业活动单位作为第二阶段限额以下企业和个体经营户样本、限额以下产业活动单位样本。具体抽样过程如下：

（1）建立整群抽样框并分层。

（2）确定样本群数量并抽取样本群。

（3）建立第二阶段目录抽样框。

（4）确定第二阶段样本量并分层。

（5）抽取样本单位。

国家统计局每个季度按照抽样调查方案规定，采用加权方法进行汇总推算；月度以季度抽样数据为基础，利用相关调查数据和相关资料进行推算，得出限额以下单位消费品零售额。

（三）科学推算

对行业分类不属于批发和零售业、住宿和餐饮业的产业活动单位以及重点网上零售单位发生的消费品零售活动，采用重点调查及利用相关资料科学推算的方法取得零售额数据。

在这里需要指出的是，在上述统计中，批发和零售业、住宿和餐饮业法人企业按法人经营地原则统计，即按法人企业主要经营活动所在地进行统计，其所属全部产业活动单位（含异地）由法人企业统一组织填报；个体经营户和非批发和零售业法人单位附营的批发和零售业产业活动单位、非住宿和餐饮业法人单位附营的住宿和餐饮业产业活动单位均按单位经营地原则统计。

综上所述，对于限额以上单位，采用超级汇总方法，直接通过对基层单位原始数据进行汇总，得到限额以上单位消费品零售额；对于限额以下样本单位，采用加权方法，根据样本单位的基层原始数据进行汇总推算，得到限额以下单位消费品零售额；对于其他零售活动零售额，则根据相关调查数据和大数据等科学推算得到。将以上这三部分零售额加总，就得到全国的社会消费品零售总额。

第三节 社会消费品零售总额的基础数据来源

根据国家统计局制定的《批发和零售业统计报表制度》《住宿和餐饮业统计报表制度》《限额以下零售业和餐饮业"金样本"调查方案》和《"四下"单位抽样调查统计报表制度》，地方各级统计局具体承担基础数据的收集审核工作。限额以上单位和限额以下单位基础数据收集均采用联网直报平台报送的方式。基础数据收集工作流程如下：

一、限额以上单位基础数据的收集

按照国家统计局企业一套表统计报表制度与非一套表统计报表制度的要求，限额以上单位采用联网直报平台报送的方式，由被调查企业（单位、个体户）通过网络直接将数据报送至国家统计局。具体工作流程如下：

第一步，国家统计局制定全国统一的企业一套表统计报表制度与非一套表统计报表制度，地方统计机构按照国家统计局的统一要求，向全部限额以上法人企业、产业活动单位与个体经营户布置统计报表任务。

第二步，被调查企业（单位、个体户）按照统计制度的要求，建立统计台账，整理统计数据；然后按照统计制度规定的时间，登录国家统计联网直报门户网站，在线填报电子报表，向国家统计局数据中心或国家统计局认定的省级数据中心直接报送原始数据。

第三步，地方各级统计机构按照设定的管理权限，对辖区范围内调查单位填报的报表数据，在统一的数据处理平台上进行在线审核、查询和验收。

第四步，国家统计局对各地统计机构审核、验收后的调查单位原始数据进行复核，并进行超级汇总，得到限额以上法人企业、产业活动单位与个体经营户消费品零售额数据。

二、限额以下单位基础数据的收集

根据国家统计调查制度要求，限额以下样本单位采用联网直报平台报送的方式，由样本单位直接报送至国家统计局，或由样本单位将基础数据报送至基层统计人员再由统计人员报送至国家统计局。具体工作流程如下：

第一步，国家统计局制定统计报表制度，明确填报内容和相关要求。

第二步，地方统计机构按照国家统一报表制度规定，向样本单位布置调查任务；样本单位按照统计制度的要求，直接报送或将基础数据报送至基层统计人员。

第三步，地方各级统计机构按照设定的管理权限，对辖区范围内样本单位数据进行在线审核、查询和验收。需基层统计人员报送的样本数据，由基层统计机构按照统计制度规定的时间，登录国家统计联网直报门户网站，在线填报样本单位调查内容，向国家统计局数据中心或国家统计局认定的省级数据中心直接报送原始数据。

第四步，国家统计局对各地统计机构审核、验收后的样本单位原始数据进行复核和汇总推算，得出全国限额以下单位消费品零售额数据。

第四节 正确解读社会消费品零售总额

一、解读社会消费品零售总额的注意事项

在利用社会消费品零售总额指标观察分析国内消费品市场和消费需求的变化时，一定要了解社会消费品零售总额的内涵及与相关指标的关系，正确地运用该指标，以免产生质疑或发生误解，得出错误的结论。这既要了解该指标在反映最终消费方面的局限性（见本章第一节），又要知悉在指标运用时应当注意的一些

问题。

（一）社会消费品零售总额既包括个人对实物商品的购买，还包括社会集团对实物商品的购买

由于社会消费品零售总额是通过商业零售（含餐饮）环节进行统计的总量指标，其中不仅包括个人对生活所需实物商品的购买，也包括社会集团非生产非经营所需实物商品的购买。居民实物性商品消费支出增长变化对社会消费品零售总额影响较大，社会集团用于满足非生产非经营需求购买的实物商品消费对社会消费品零售总额也有一定的影响。同时，入境人员（含旅游、探亲、公务或商务活动等）对实物商品的购买也体现在社会消费品零售总额中。

（二）社会消费品零售总额增长变动存在着个体感受和总体变化不完全一致的情况

2022年末我国城乡总人口有14.1亿，这14亿多消费者中既有农村居民，也有城镇居民；既有高收入家庭，也有低收入家庭；既有生活在较发达地区的沿海居民，也有相对欠发达的内地居民。不同地区不同居民或同一地区不同收入阶层的居民的购买力或潜在消费能力千差万别，而且消费习惯、消费结构、消费行为等也存在很大差距。但社会消费品零售总额是一个总量的概念，其增长速度反映的是全国各零售环节实物商品销售的平均水平。由于个体与总体之间差异的存在，决定了个人对社会消费品零售总额增减变化的感受不可能是一致的，个体感受往往会与平均水平的实物消费增减有差异。

（三）社会消费品零售总额与居民收入的关系长期看变动一致，但短期看不一定完全吻合

收入决定支出，没有收入就无法支出，收入是支出的基础。由于居民对于实物商品的购买构成了社会消费品零售总额的绝大部分，因此，社会消费品零售总额与居民收入的关系在较长的一段时期内观察，两者的变动趋势是一致的。但是，由于居民收入与支出之间存在着时间上和数量上的间隔，即当期的收入不一定完全用于当期的支出，当期的支出也不一定完全来源于当期的收入，加之还有社会集团消费因素的影响，因此，社会消费品零售总额与居民收入在短期内变动方向和幅度有时存在着一些差异。

（四）社会消费品零售总额应与相关统计指标结合起来观察

社会消费品零售总额与城乡居民收入（消费支出）、主要消费品的生产与进口以及一些相关行业的税务指标都有较强的相关性。虽然城乡居民收入与社会消费品零售总额存在着时间上的差异性，城乡居民消费支出与社会消费品零售总额在指标内涵、统计范围等方面也不尽相同，但从较长时期来看，城乡居民收入与社会消费品零售总额有较强的正相关性，城乡居民消费支出与社会消费品零售总额的趋势应该大体一致。生产和消费是社会再生产过程中循环进行的两个重要环节，生产决定消费，消费带动生产。消费品生产的增长必然会影响消费的增长，消费的增长也会促进消费品生产的增长。因此，社会消费品零售总额的变化与消费品的生产速度具有较强的相关性。从税收的角度看，流通和消费过程中产生的税收变化，也可以从一个侧面反映商品流通和社会消费状况的变化趋势。

（五）社会消费品零售总额的增长变化具有相对的稳定性，与生产、建设统计指标的变动相比在时间上具有一定的滞后性

由于社会消费品零售总额受人口总量、个人基本生活消费和社会集团基本公共消费需求等基础性（刚性）因素影响较大，因此，其增长变化具有相对的稳定性；又由于经济的波动往往先从生产、建设领域开始，进而才能影响到消费领域，所以，社会消费品零售总额指标的变动往往发生在生产、建设统计指标变动之后。与生产、建设统计指标的变化相比，社会消费品零售总额指标变动的迟滞性正是消费具有相对稳定性的表现。

（六）扣除价格因素的零售额增长不能完全准确地反映消费品零售额的实际增长情况

在分析社会消费品零售总额时，需要注意的另一个问题是其实际增长速度的应用，在计算社会消费品零售总额实际增速时，一般用相关价格指数等合成指数来扣减。考虑到这两个指标在统计范围、商品结构变化等方面的差异，在使用实际增长速度时需要慎重。一是社会消费品零售总额的统计范围与消费品零售价格指数统计范围不完全一致；二是当商品销售结构短期内发生较大变化时，特别是在某些特定商品（粮食、石油等）价格快速变动时期，社会消费品零售总额与消费品零售价格指数的商品结构可能就会出现差异，这时候用总指数扣除价格因素

的零售额实际增速就不能准确反映消费品零售额的实际变动情况。

（七）社会消费品零售总额与批发和零售业商品销售额是两个不同的指标

社会消费品零售总额与批发和零售业商品销售额是两个内涵与外延都不相同的指标，在具体应用时要注意区分它们的不同。批发和零售业商品销售额是批发和零售业法人企业、个体经营户对本单位以外的单位和个人出售的商品金额（含增值税），以及售给本单位且开具增值税发票的商品金额，既包括售给城乡居民和社会集团消费用的商品金额，也包括售给外单位生产用、经营用（包括转卖或加工后转卖）的商品金额，以及对国（境）外直接出口的商品金额。商品销售额是一个行业统计指标，它反映的是批发和零售业国内的销售商品以及出口商品的总价。而社会消费品零售总额是一个活动统计指标，其统计对象是消费品零售活动，即所有从事消费品零售活动的单位（包括法人企业、产业活动单位和个体经营户）都在其统计调查范围之内，它反映的是通过各种商品流通渠道向城乡居民和社会集团提供的消费品的总价。对于批发和零售业单位个体来讲，其商品销售额不仅包括零售额，还包括批发额，零售额只是其商品销售额的一部分。

二、如何正确解读1978—2022年全国社会消费品零售总额数据

改革开放以来，我国经济社会快速发展，人民生活需求由解决温饱向追求美好生活转变，居民消费发生历史性巨变，市场化改革成效显著，流通方式创新发展，消费市场规模持续扩大、结构优化升级，消费逐步成为经济增长的第一驱动力。

改革开放为国内市场的发展开辟了广阔空间，我国消费品市场活力快速释放，发展动能空前强劲。反映消费品市场发展水平的统计指标——社会消费品零售总额，由1978年的1559亿元增加到2022年的439733亿元，44年间增长281倍，年均增长13.7%。

纵观40多年来改革开放历程，按照市场体制、商品供求、加入世界贸易组织和流通方式等特征，我国消费品市场发展可以划分为四个不同的阶段：

（一）改革开放的起步阶段（1978—1990年）

这一阶段的主要特征是商品供应紧缺，传统百货店为主体，国合商业占主导，私营个体刚起步。党的十一届三中全会的召开和改革开放基本国策的确立，为我国经济和消费品市场的发展带来了前所未有的发展机遇。到1990年，全国社会

消费品零售总额达到 8300 亿元，比 1978 年增长 4.3 倍，年均增长 15%。但由于在计划经济体制下，市场运行僵滞，流通渠道单一，供应明显短缺，不少重要商品仍然实行有计划的凭票限量供应。商品短缺是这一时期消费品市场的主要特征，这种情况一直持续到 20 世纪 80 年代末期。

（二）流通体制改革及市场经济确立阶段（1991—2001 年）

这一阶段的鲜明特点就是经济体制改革日益深化，有计划的商品经济逐步向社会主义市场经济过渡。在这一阶段，随着社会主义市场经济体制的确立，多种所有制经济迸发生机活力，我国国民经济实现了快速增长，有效供给能力显著增强，社会商品不断丰富，逐步由限量供应的"卖方市场"进入充分供应的"买方市场"，国民经济发展过程中长期存在的商品短缺状态结束。到 20 世纪 90 年代中后期，一般性消费品和生产资料普遍供不应求的局面基本扭转，买方市场格局初步形成。到 2001 年，全国社会消费品零售总额突破 4 万亿元，达到 42240 亿元，比 1990 年增长 4.1 倍，年均增长 15.9%。

（三）消费品市场持续快速发展阶段（2002—2016 年）

2001 年，中国加入世界贸易组织后，掀起了改革开放的新高潮，消费品市场生机勃勃，发展速度持续处于高速水平，私营个体经济蓬勃发展、不断壮大，逐步形成多层次、多元化、多渠道的城乡市场新格局和网络化、现代化、国际化的商品流通新体系。2016 年，全国社会消费品零售总额突破 30 万亿元，达到 315806 亿元，比 2001 年增长 6.5 倍，年均增长 14.4%。特别是随着现代信息技术广泛应用，物流配送体系不断完善，网络购物从悄然兴起到欣欣向荣，"在家买全国"逐渐成为居民消费新时尚。

（四）消费品市场高质量创新发展阶段（2017 年至今）

2017 年以后，商贸领域新产品新业态新模式方兴未艾，特别是网络购物在创新开展线上线下融合、跨境电商推广及农村电商发展等方面不断取得新进展。2019 年，全国社会消费品零售总额突破 40 万亿元，2017—2019 年年均增长 8.9%，实物商品网上零售额占社会消费品零售总额的比重首次突破 20%。2020—2022 年，受超预期因素冲击，消费市场呈现恢复发展态势。2022 年，市场总体规模稳定在 44 万亿元左右，实物商品网上零售额占社会消费品零售总额的比重为 27.2%，占比达到历史新高，网络购物日益成为拉动消费增长的新动能。

回顾历史，消费市场发生了翻天覆地的变化，从居民购买力低下、商品极度匮乏、流通方式单一的市场发展成为居民消费水平持续提高、市场供给极大丰富、流通方式创新发展的市场。当前，我国迈进了全面建成社会主义现代化强国新征程，要坚定实施扩大内需战略，加快构建以国内大循环为主体、国内国际双循环相互促进的新发展格局；展望未来一段时期，消费仍是保持经济平稳运行的"压舱石"和"稳定器"，消费市场将在居民消费优化升级同现代科技和生产方式相结合的进程中不断成长壮大。

三、如何正确解读 2022 年全国社会消费品零售总额数据

2022 年，在以习近平同志为核心的党中央坚强领导下，各地区各部门高效统筹疫情防控和经济社会发展，推动促消费政策显效发力，我国消费市场总体保持恢复态势，乡村市场恢复好于城镇，新型消费模式较快发展，必需类商品增势良好，升级类消费需求持续释放。

表 8-1　社会消费品零售总额及增速

	总额（亿元）	增速（%）	占比（%）
社会消费品零售总额	439733	-0.2	100.0
按经营地分			
城镇	380448	-0.3	86.5
乡村	59285	0.0	13.5
按消费形态分			
餐饮收入	43941	-6.3	10.0
商品零售	395792	0.5	90.0

数据来源：《中华人民共和国 2022 年国民经济和社会发展统计公报》。

2022 年，社会消费品零售总额 439733 亿元，规模接近上年水平。分城乡看，全年三个季度乡村市场销售表现好于城镇。一季度乡村消费品零售额同比增速高于城镇 0.3 个百分点，二季度和四季度乡村消费品零售额降幅分别较城镇小 0.6 和 0.7 个百分点。县乡市场体系的逐步完善带动县乡消费市场发展。全年包含镇区和乡村地区的县乡消费品零售额占社会消费品零售总额的比重达 38.1%，比上年提高 0.1 个百分点。

网上零售较快增长。随着移动互联网技术成熟应用，物流配送体系不断健全，网络购物作为消费市场增长动力源的态势持续巩固。2022 年，全国实物商品网上零售额比上年增长 6.2%。其中，吃、穿和用类商品分别增长 16.1%、3.5% 和 5.7%。实物商品网上零售额占社会消费品零售总额的比重为 27.2%，比上年提高 2.7 个百分点。

限额以上实体零售保持增长。伴随传统零售业持续推进数字化转型升级、不断拓展消费场景、提升消费体验，实体店铺商品零售保持恢复态势。2022 年，限额以上零售业实体店商品零售额比上年增长 1%。其中，生活必需品供应更为集中的生活便利店、超市商品零售额分别增长 3.7% 和 3%，品质化升级类消费相对较多的专业店、专卖店商品零售额分别增长 3.5% 和 0.2%。

必需类商品销售较好。2022 年，商品零售额比上年增长 0.5%，限额以上单位十八类商品类值中近五成商品类值零售实现正增长。吃类和中西药品类商品销售增长较快。2022 年，限额以上单位粮油食品类、饮料类和中西药品类零售额比上年分别增长 8.7%、5.3% 和 12.4%，增速比限额以上单位商品零售额分别高 6.8、3.4 和 10.5 个百分点。

绿色升级类消费需求持续释放。随着市场供给不断优化提升以及绿色环保理念持续推广，居民对品质化消费、绿色消费的需求逐步增加。2022 年，限额以上单位书报杂志类和文化办公用品类零售额分别增长 6.4% 和 4.4%，增速明显高于商品零售平均水平。新能源汽车销售呈高速增长态势，据汽车流通协会统计，2022 年新能源乘用车零售约 567 万辆，比上年增长约 90%。

（撰稿：俞炳彬 袁彦）

领导干部应知应会主要统计指标诠释

第九章
服务业生产指数

> **阅读提示**
>
> 公布机构：国家统计局
>
> 公布频率：每月一次（1月除外）
>
> 公布时间：次月15日左右
>
> 公布渠道：国家统计局网站（www.stats.gov.cn）
>
> 国家统计局国民经济运行情况新闻发布会
>
> 《中国第三产业统计年鉴》
>
> 数据修订情况：不修订

第一节 什么是服务业生产指数

一、服务业生产指数的基本定义

服务业生产指数（Index of Service Production，ISP）是指剔除价格因素后，服务业报告期相对于基期的产出变化，主要反映服务业生产的短期变动情况：以基期为100，如果指数大于100，表明服务业生产总体在增长；小于100，表明服务业生产总体在下降。目前，我国服务业生产指数以上年为基期。

二、服务业生产指数的涵盖范围

我国服务业生产指数涵盖范围包括《国民经济行业分类》（GB/T 4754—2017）中批发和零售业，交通运输、仓储和邮政业，住宿和餐饮业，金融业，房地产业，信息传输、软件和信息技术服务业，租赁和商务服务业，科学研究和技术服务业，水利、环境和公共设施管理业，居民服务、修理和其他服务业，教育，卫生和社会工作，文化、体育和娱乐业门类共 13 个行业门类中的 40 个行业大类的市场性活动。不包括公共管理、社会保障和社会组织，国际组织 2 个行业门类，农、林、牧、渔专业及辅助性活动，开采专业及辅助性活动，金属制品、机械和设备修理业这 3 个行业大类，以及科学研究和技术服务业，教育，卫生和社会工作这 3 个行业门类中的非市场性活动。

三、服务业生产指数的生产和发布

我国服务业生产指数按月编制，其中 1 月、2 月合并编制 1—2 月累计指数，不单独编制当月指数，其他月份均编制当月指数和累计指数。

2017 年 3 月起，我国服务业生产指数通过国家统计局国民经济运行情况新闻发布会按月公开发布。同时，公众也可通过国家统计局官方网站进行查询。

四、服务业生产指数的主要作用

服务业生产指数的编制填补了我国缺少月度服务业综合性统计数据的空白，成为及时监测服务业短期生产运行态势的重要统计产品。编制服务业生产指数对于科学、全面、及时地监测我国服务业生产总体状况、量化服务业发展水平、分析服务业发展结构等有着非常重要的现实意义。

第二节 服务业生产指数的编制方法

一、服务业生产指数的编制步骤

我国服务业生产指数计算选用拉氏算法（用基期数量作权数），基本步骤：一是搜集各行业大类的代表性指标和缩减指数，对行业代表性指标进行预处理，包括异常值处理、缺失值的预测和插补等。二是对分行业大类（房地产业为行业中类）代表性指标进行价格缩减，得到分行业大类代表性指标的不变价（以上年为基期）增速。三是根据代表性指标不变价增速，以及以前年度不变价增加值增速和代表性指标不变价增速之间的数量关系，确定分行业大类的生产指数。四是按照每个行业大类在所属门类的增加值占比作为权重加权合成分行业门类生产指数。五是根据各行业门类在服务业增加值中占比作为权重加权计算服务业生产指数。

二、服务业生产指数的代表性指标与缩减指数选取

（一）代表性指标的选取

代表性指标有价值量指标和实物量指标（或不变价指标）两种。价值量指标如企业营业收入、股票成交额等，实物量指标如货物周转量、股票成交量等，不变价指标如电信业务总量、邮政行业业务总量等。价值量指标需要使用价格缩减指数剔除价格变化因素后才可进行比较，实物量指标（或不变价指标）则可直接比较。

按照是否有对应的价格缩减指数以及实物量指标的类别把可供选择的代表性指标分为四类，并按照选取优先顺序排列如下：一是有完全匹配的产出价格指数缩减的营业额或者销售额；二是只有不完全匹配（如范围口径不完全一致等）的产出价格指数缩减的营业额或者销售额；三是有代表性的实物量代表性指标（如货物运输周转量、旅客运输周转量等）；四是实物量或价值量（也涉及价格缩减指数问题）的投入量（如劳动投入量等）指标。

按照以上顺序和数据的可获取性，服务业生产指数确定了如下选择各行业代表性指标的标准：首选计算指标是第一类指标，当没有完全匹配的产出价格缩减指数时，选用第二类指标或第三类指标，当价值量和实物量代表性指标都缺乏时，采用第四类指标。

（二）缩减指数的选取

缩减指数的作用是剔除价值量指标的价格影响因素使其与基期可比。理论上，如果产出最主要用于中间消耗、政府消费或出口，则最理想的产出价格缩减指数是该行业的服务业生产者价格指数（SPPI）；对于产出有一部分被住户部门消耗的行业，应将SPPI和居民消费价格指数（CPI）结合起来编制一个混合价格指数作为缩减指数。

鉴于目前我国的SPPI尚在研究发展阶段，在实际编制中，计算服务业生产指数使用CPI等相应价格指数为基础，兼顾一些与行业发展密切相关的参考指标如工资总额、从业人员等综合生成缩减指数。该缩减指数应尽量与相应行业不变价增加值缩减指数保持一致。

（三）权重的确定

权重是各行业生产指数在服务业生产指数中所占的比重，根据上一年服务业

各行业大类增加值占 GDP 的比重确定。其基础资料是年度国民经济核算资料，采用分摊行业增加值权重的方法，先按行业门类确定权重，然后再分到行业大类。权重于每年年初确定，并固定使用一年。对部分含有较大比例非市场性活动的行业，需要结合经济普查资料进行适当的调整，剔除其中非市场性活动部分，只有市场性活动部分才参与服务业生产指数的计算。

第三节 服务业生产指数的基础数据来源

编制服务业生产指数的基础数据来源主要包括两部分：

一是国家统计局调查资料。主要指国家统计局组织实施国家统计调查项目所获得的统计资料，如批发和零售业统计资料、规模以上服务业企业财务状况统计资料、房地产开发项目经营统计资料等。

二是部门统计资料。主要包括工业和信息化部、交通运输部、中国人民银行、国家金融监督管理总局等部门的统计数据。

编制服务业生产指数各行业代表性指标的基础数据来源详见表 9-1。

表 9-1 服务业生产指数相关指标的基础数据来源

行业门类	行业大类	国家统计局调查资料	部门统计资料
批发和零售业	批发业	国家统计局批发和零售业统计资料	
	零售业		
住宿和餐饮业	住宿业	国家统计局住宿和餐饮业统计资料	
	餐饮业		
交通运输、仓储和邮政业	铁路运输业		国家铁路集团有限公司铁路运输业客货运周转量统计资料
	道路运输业		交通运输部公路、水路运输业客货运周转量统计资料
	水上运输业		
	航空运输业		中国民用航空局航空运输业客货运周转量统计资料
	管道运输业	国家统计局规模以上服务业企业财务状况统计资料	
	多式联运和运输代理业		
	装卸搬运和仓储业		
	邮政业		国家邮政局邮政业统计资料
信息传输、软件和信息技术服务业	电信、广播电视和卫星传输服务		工业和信息化部电信业统计资料
	互联网和相关服务	国家统计局规模以上服务业企业财务状况统计资料	
	软件和信息技术服务业		

续表

行业门类	行业大类	国家统计局调查资料	部门统计资料
金融业	货币金融服务		中国人民银行金融业统计资料
	其他金融业		
	资本市场服务		中国证券监督管理委员会证券交易统计资料
	保险业		国家金融监督管理总局保险业统计资料
房地产业（中类）	房地产开发经营、房地产租赁经营、其他房地产业（中类）	国家统计局房地产业开发项目经营统计资料	
	居民自有住房		
	物业管理（中类）		
	房地产中介服务（中类）		
租赁和商务服务业	租赁业	国家统计局规模以上服务业企业财务状况统计资料	
	商务服务业		
科学研究和技术服务业	研究和试验发展		
	专业技术服务业		
	科技推广和应用服务业		
水利、环境和公共设施管理业	水利管理业		
	生态保护和环境治理业		
	公共设施管理业		
	土地管理业		
居民服务、修理和其他服务业	居民服务业		
	机动车、电子产品和日用产品修理业		
	其他服务业		
教育	教育		
卫生和社会工作	卫生		
	社会工作		
文化、体育和娱乐业	新闻和出版业		
	广播、电视、电影和影视录音制作业		
	文化艺术业		
	体育		
	娱乐业		

第四节 正确解读服务业生产指数

一、解读服务业生产指数的注意事项

（一）服务业生产指数是不变价数据

服务业生产指数是指剔除价格因素后，服务业报告期相对于基期的产出变化。目前，我国服务业生产指数以上年为基期，例如2022年的服务业生产指数是以2021年同期为基期。

（二）服务业生产指数是同比数据

目前，我国服务业生产指数以上年同期为基期测算，仅有同比增速，开展分析时需充分考虑基期数据变化、周期性因素、非经济因素等的影响。利用服务业生产指数开展分析时，还应兼顾其他经济指标综合判断，更加全面准确地分析服务业经济走势。

（三）服务业生产指数与服务业增加值的差异

1. 行业范围

服务业生产指数涵盖《国民经济行业分类（GB/T 4754—2017）》中从批发和零售业到文化、体育和娱乐业共13个行业门类中的40个行业大类。服务业增加值涵盖全部服务业行业门类。

2. 经济活动范围

综合考虑月度数据的可获得性以及生产指数与经济周期的关联性，目前服务业生产指数仅包含各行业的市场性活动，不包含科学研究和技术服务业、教育、卫生和社会工作等3个行业门类的非市场性活动。服务业增加值涵盖市场性和非市场性活动。

二、如何解读服务业生产指数

（一）如何解读2020—2022年服务业生产指数

表9-2和图9-1显示了2020—2022年我国服务业生产指数月度增速的走势情况。

2020年，受严峻复杂的国内外环境特别是新冠疫情严重冲击，我国服务业生产在年初大幅下滑后，下半年实现稳步复苏。2021年，面对国内疫情散发多发等挑战，服务业经济凸显韧性，服务业生产总体保持恢复性增长态势。2022年，受国内疫情散发频发等因素冲击，服务业承压运行，总体延续恢复态势。

表9-2　2020—2022年月度服务业生产指数

单位：%

年份	1—2月	3月	4月	5月	6月	7月	8月	9月	10月	11月	12月
2020	-13.0	-9.1	-4.5	1.0	2.3	3.5	4.0	5.4	7.4	8.0	7.7
2021	31.1	25.3	18.2	12.5	10.9	7.8	4.8	5.2	3.8	3.1	3.0
2022	4.2	-0.9	-6.1	-5.1	1.3	0.6	1.8	1.3	0.1	-1.9	-0.8

数据来源：国家统计局数据发布库。

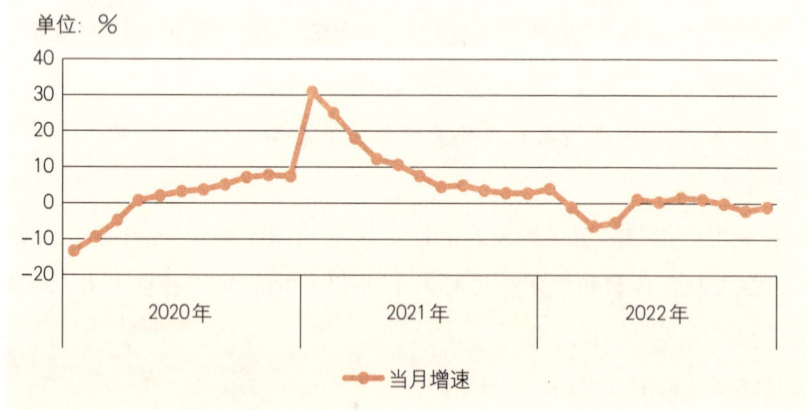

数据来源：国家统计局数据发布库。

图9-1　2020—2022年服务业生产指数走势图

（二）如何解读2022年服务业生产指数

图9-2显示了2022年我国服务业生产指数当月增速和累计增速的走势情况。

从当月增速看，服务业生产指数运行受疫情影响较明显，全年呈波动运行态势。除1—2月服务业经济增长较快、服务业生产指数同比增长4.2%外，其他月份基本在低位运行，4月服务业生产指数为年内最低点，同比下降6.1%。从变动趋势看，3—5月，受国内多地出现聚集性疫情影响，服务业下行压力加大，恢复势头受到抑制，服务业生产指数同比分别下降0.9%、6.1%和5.1%。6—10月，随着稳经济一揽子政策和接续措施的落实落地，以及疫情防控形势好转，服务业重拾恢复势头，服务业生产指数由负转正，8月生产指数同比增长1.8%，为年内的次高点。11月，全国疫情形势严峻复杂，多地疫情持续反弹，对服务业发展造成较大影响，服务业生产指数同比下降1.9%。12月，随着疫情防控平稳转段，服务业发展边际改善，服务业生产指数同比下降0.8%，降幅比11月收窄1.1个百分点。

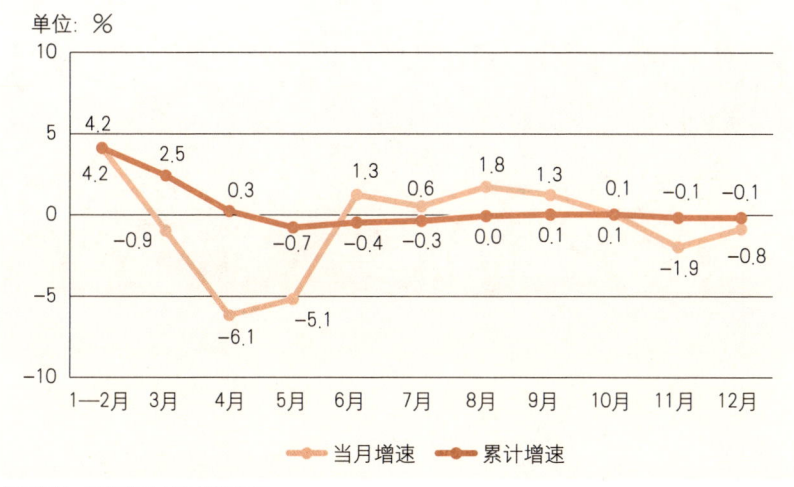

数据来源：国家统计局数据发布库。

图9-2　2022年服务业生产指数走势图

从累计增速看，2022年服务业生产指数比上年下降0.1%，是2017年指数发布以来的首次年度负增长。

（撰稿：李锁强　李娜）

领导干部应知应会主要统计指标诠释

第十章
财政收入和财政支出

> **阅读提示**
>
> 公布机构：财政部
>
> 公布频率：每月一次
>
> 公布时间：次月中下旬（季度数据和年度数据公布除外）
>
> 公布渠道：财政部网站（www.mof.gov.cn）

第一节 什么是财政收入和财政支出

目前，中国政府预算包括一般公共预算、政府性基金预算、国有资本经营预算和社会保险基金预算四类。

一、财政收入和财政支出基本概念

（一）财政收入

财政收入是指国家凭借政治权力，以社会管理者、国有资产所有者身份筹集到的归国家支配的资金，是国家参与国民收入分配的主要形式，是政府履行职能的财力保障。

按照现行政府预算体系，财政收入分为：一般公共预算收入、政府性基金收入、国有资本经营收入和社会保险基金收入。一般公共预算收入的主体为税收收入，是国家凭借政治权力向纳税人征收的收入；非税收入是一般公共预算收入的补充形式，反映各级政府行政机关、事业单位、代行政府职能的社会团体及其他组织依法利用政府权力、政府信誉、国家资源、国有资产或通过提供特定公共服务而参与国民收入分配活动。政府性基金收入是国家通过向社会征收基金、收费，以及出让土地、发行彩票等方式取得的收入。国有资本经营收入是国家以所有者身份依法取得的国有投资收益，包括利润收入、股利股息收入、产权转让收入等。社会保险基金收入是根据国家社会保险和预算管理法律法规，政府依法通过社会保险缴费、一般公共预算安排的补助等方式取得的，并专项用于社会保险支出的收入。

（二）财政支出

财政支出是指政府为提供公共产品和服务，满足社会公共需要而安排财政资金的支付，反映政府配置资源的范围和规模。

按照现行政府预算体系，财政支出分为一般公共预算支出、政府性基金支出、国有资本经营支出和社会保险基金支出。一般公共预算支出主要用于：保障和改善民生、推动经济社会发展、维护国家安全、维持国家机构正常运转等方面。政府性基金支出是有特定用途的支出，专项用于特定公共事业发展。国有资本经营支出主要用于支持解决国有企业历史遗留问题、推动国有经济布局优化和结构调整等。社会保险基金支出是指按照国家法律、法规，专门用于支付保险对象的社会保险待遇以及其他规定用途所形成的支出，主要用于包括养老、医疗、工伤、失业等社会保险的支出。

二、财政收入和财政支出指标的社会经济意义

财政收支活动是国民收入分配的重要组成部分。财政通过参与国民收入的初次分配和再分配，履行其资源配置、收入分配和经济稳定等职能。因此，财政收入和财政支出统计指标反映了一定时期内政府参与国民收入分配、支持经济社会发展的范围和规模。

（一）财政收入指标的社会经济意义

第一，从财政职能看，财政收入指标反映了政府对社会经济发展的财力保障程度。政府为实现社会经济管理等职能，必须掌握一定数量的社会产品。财政收

入则是政府筹集资金、满足社会公共需要、支持社会经济发展的重要手段。财政收入不仅通过调节社会再生产过程各个环节，促进社会经济结构的调整优化，而且为政府直接支持社会经济发展提供了财力基础。

第二，从政府间财政关系看，不同级次财政收入指标反映了各级政府之间的财政分配关系。从预算级次上看，财政收入分为中央财政收入和地方财政收入。不同级次财政收入指标，反映了各级政府的收入划分，以及不同级次政府间的财政分配关系。其中，中央财政收入占全国财政收入的比重，反映了中央政府集中财力支持社会经济发展的程度和宏观调控的能力。

第三，从国民收入分配角度看，财政收入指标体现政府与企业（单位）以及居民个人之间的分配关系。国民收入创造出来后，通过分配形成国民收入分配格局。财政收入既参与国民收入的初次分配，也参与国民收入的再分配。比如，增值税、消费税等间接税，是政府参与国民收入初次分配而取得的收入；企业所得税、个人所得税、房产税等直接税，则是政府参与国民收入再分配取得的收入。因此，财政收入指标反映了政府与企业（单位）以及居民个人之间占有和支配社会资源的关系，反映政府调控经济运行和调配社会资源的情况。

（二）财政支出指标的社会经济意义

第一，从财政职能看，财政支出指标反映了政府满足社会公共需要的程度。财政支出的目的，是保证政府履行其职能，在市场经济条件下，它表现为满足社会公共需要。一是保证国家机构运转的需要。一般公共服务、外交、国防、公共安全等财政支出指标，反映财政资金用于维持国家机器正常运转的规模。二是教育、卫生健康、科学技术等社会公共需要。国家通过安排教育、卫生健康、科学技术、文化体育等财政支出，促进各项社会事业的发展。三是公平收入分配的需要。社会保障和就业、住房保障支出等财政支出指标，反映国家调节居民收入分配的活动。四是公共设施以及经济建设等公共需要。国家通过安排财政投资和其他经济事务支出，提供公共产品和准公共产品，促进经济结构调整。因此，财政支出指标既反映政府介入经济社会生活的广度和深度，也反映财政在经济社会生活中的地位和作用。

第二，从政府间财政关系看，财政支出指标体现不同级次政府的社会经济发展职责范围。不同级次政府在经济和社会活动中承担着不同的职责,相应地,财政支出也体现了不同级次政府的职责划分情况。按现行财政管理体制规定,中国财政支出分为中央财政支出和地方财政支出。其中,中央财政支出指标反映中央政府用于国防、外交、公共安全、节能环保和各项社会事业,以及调整国民经济结构、协调区域发展、实施宏观调控等方面的支出规模,反映中央政府对全国社会经济发展介入和支持的程度。地方财政支出指标反映地方政府利用地方本级收入和中央对地方的税收返还、转移支付收入用于行政管理、保障和改善民生以及经济和社会事业发展等方面的支出规模,反映地方政府对地方社会经济发展介入和支持的程度。

知识链接

财政数据生产管理的国际准则

国际货币基金组织(以下简称IMF)发布的《2014年政府财政统计手册》,是财政数据生产的一个国际指导准则,为构建一个全面完整的、适用于财政政策分析和数据质量评估的政府财政统计体系,作出了有关设计或规定。

一、财政统计范围的界定。IMF制定的政府财政统计体系力求全面反映政府收支活动,涵盖范围是广义政府部门和公共公司,一方面,反映所有政府单位和所有由政府单位控制并主要由政府单位提供融资的非市场非营利机构的信息;另一方面,反映由广义政府部门拥有或控制的、主要从事商业活动的企业的信息。

二、会计核算基础的选择。为真实反映特定会计期间政府收支活动状况和结果,IMF选择以权责发生制为基础的会计核算原则。凡是当期已经实现的收入和已经发生或应当负担的费用,不论款项是否收付,都作为当期的收入和费用;凡是不属于当期的收入和费用,即使款项已在当期收付,也不作为当期的收入和费用。

三、政府收支分类的结构。政府收入定义为增加政府权益的交易,相应地,政府支出是指减少政府权益的交易。财政收入按经济性质分为四大类,即税收、社会缴款、赠与和其他收入。财政支出有两种分类方法,一种是按照政府生产公共产品的成本投入进行分类,即通常所说的按经济性质分类;另一种是按照政府生产公共产品的产出性质,即提供的公共产品功能进行分类,即通常所说的按支出功能分类。

四、财政统计的分析框架。政府资产、负债和权益纳入统计范围,并编制四张统计表格,即政府运营表、其他经济流量表、政府资产负债表、现金来源与使用表。这四张表格相互联系和相互补充,将政府活动的存量与流量有机地统一起来,有利于全面反映政府收支活动的规模和结构变化,评估政府支付能力和偿债能力,评价政府财政的稳健性。

第三，从国民收入分配角度看，财政支出指标反映了政府对收入分配调节的程度。在市场经济条件下，由于每个人占有的财产多少不等、受教育的程度不同以及个人能力和机会的差异等原因，个人收入高低是不一样的，这就会造成贫富悬殊，出现社会分配不公。根据公开、公平和效率原则，国家将财政收入通过预算安排为财政支出，在有关部门、领域及地区间进行配置，可以起到再分配的作用。特别是通过转移支付，实现基本公共服务均等化，缩小区域差距；通过对居民个人和家庭的转移性支出，如社会保障支出、救济支出和补贴等，提高其收入及生活和福利水平。从这种意义上讲，财政用于教育、卫生健康、社会保障和就业、保障性住房等方面的支出指标，都反映了政府对居民收入分配的调节，有利于提高居民特别是低收入居民的收入水平，缩小收入分配差距，促进社会和谐。

第二节 财政收支数据的编制和计算方法

一、财政收支分类

（一）财政收入分类

1. 一般公共预算收入

一般公共预算收入分为税收收入和非税收入两部分。税收收入是一般公共预算收入的主要来源，占85%左右，非税收入占15%左右。按现行分税制财政管理体制，税收收入分为中央固定收入、地方固定收入以及中央与地方共享收入。其中，中央固定收入包括进口环节增值税和消费税、关税、国内消费税、车辆购置税、船舶吨税、海洋石油资源税、证券交易印花税等。中央与地方共享收入包括国内增值税中央分享50%，地方分享50%；企业所得税（中国工商银行等企业缴纳的企业所得税为中央固定收入，不纳入共享范围）和个人所得税中央分享60%，地方分享40%。地方固定收入包括环境保护税、房产税、城镇土地使用税、城市维护建设税（部分银行总行和保险总公司等集中缴纳的城市维护建设税为中央固定收入）、土地增值税、资源税（不含海洋石油资源税）、印花税（不含证券交易印花税）、车船税、耕地占用税、契税、烟叶税等。

2. 政府性基金收入

政府性基金收入分为中央收入、地方收入。其中，中央收入包括中央农网还贷资金收入、铁路建设基金收入、民航发展基金收入、旅游发展基金收入、国家电影事业发展专项资金收入、中央水库移民扶持基金收入、中央特别国债经营基金财务收入、彩票公益金收入、中央重大水利工程建设资金、核电站乏燃料处理处置基金收入、可再生能源电价附加收入、船舶油污损害赔偿基金收入、废弃电器电子产品处理基金收入、彩票发行和销售机构业务费收入、抗疫特别国债财务基金收入等。地方收入包括地方农网还贷资金收入、海南省高等级公路车辆通行附加费收入、国家电影事业发展专项资金收入、国有土地使用权出让金收入、国有土地收益基金收入、农业土地开发资金收入、彩票公益金收入、城市基础设施配套费收入、地方水库移民扶持基金收入、地方重大水利工程建设资金、车辆通行费收入、彩票发行和销售机构业务费收入、污水处理费收入、专项债务对应项目专项收入等。

3. 国有资本经营收入

国有资本经营收入包括：利润收入、股利和股息收入、产权转让收入、清算收入以及其他国有资本经营收入。其中，利润收入是指国有独资企业按规定应当上缴国家的利润；股利、股息是指国有控股、参股企业国有股权（股份）上缴的股利、股息收入；产权转让收入是指转让国有产权、股权（股份）获得的收入；清算收入是指国有独资企业清算收入（扣除清算费用），国有控股、参股企业国有股权（股份）分享的公司清算收入（扣除清算费用）。

4. 社会保险基金收入

从性质上看，社会保险基金收入包括：社会保险费收入、财政补贴收入、集体补助收入、利息收入、委托投资收益、转移收入、上级补助收入、下级上解收入、其他收入等。社会保险费收入指用人单位和个人按规定缴纳的社会保险费，或其他资金（含财政资金）代参保对象缴纳的社会保险费收入。财政补贴收入指财政给予基金的补助、对参保人员的缴费补贴、对参保对象的待遇支出补助。集体补助收入指村（社区）等集体经济组织对参保人的补助。利息收入是指社会保险基金在收入户、财政专户及支出户中银行存款产生的利息收入或社会保险基金购买国债取得的利息收入。委托投资收益指社会保险基金按照国家有关规定委托国家授权的管理机构进行投资运营所取得的净收益或发生的净损失。转移收入指参保对象跨统筹地区或跨制度流动而划入的基金收入。上级补助收入指下级接收上级拨付的补助收入。下级上解收入指上级接收下级上解的基金收入。其他收入指滞纳金、违约金，跨年度退回或追回的社会保险待遇，及公益慈善等社会经济组织和个人捐助，以及其他经统筹地区财政部门核准的收入。分项来看，社会保险基金收入包括企业职工基本养老保险基金收入、城乡居民基本养老保险基金收入、机关事业单位基本养老保险基金收入、职工基本医疗保险基金收入、城乡居民基本医疗保险基金收入、工伤保险基金收入和失业保险基金收入。

> **知识链接**
>
> **国际货币基金组织的政府收入分类**
>
> 在IMF发布的《2014年政府财政统计手册》中，政府收入被划分为税收收入、社会缴款、赠与和其他收入四类。
>
> 一、税收收入。包括对所得、利润和资本收益征收的税收，对工资和劳动力征收的税收，对财产征收的税收，一般商品和服务税，对国际贸易和交易征收的税收，其他税收等。
>
> 二、社会缴款。包括社会保险缴款和其他社会缴款。其中，社会保险缴款又按缴款人细分为雇员缴款、雇主缴款、自营职业者或无业人员缴款、不可分配的缴款。
>
> 三、赠与。包括来自外国政府赠与、国际组织和其他广义政府单位的赠与。
>
> 四、其他收入。包括财产收入、出售商品和服务、罚金、罚款和罚没收入、除赠与外的其他自愿转移、杂项和未列明的收入等。

（二）财政支出分类

1. 一般公共预算支出

从功能分类[①]看，根据2023年政府收支分类科目，中国一般公共预算支出功能分类包括27个类级科目，"类"下设"款"级和"项"级科目（"类""款"级科目详见表10-1）。

[①] 财政支出功能分类，指按政府主要职能活动分类，反映政府活动的不同功能和政策目标。2007年中国实施政府收支分类改革后，建立了一套包括收入分类、支出功能分类和支出经济分类在内的完整规范的政府收支分类体系，有利于准确、清晰地反映市场经济条件下政府的收支活动，提高预算透明度，强化财政监督，推进国际合作与交流。

表 10-1　中国 2023 年政府支出功能分类表

类级科目名称	款级科目名称
一、一般公共服务	人大事务、政协事务、政府办公厅（室）及相关机构事务、发展与改革事务、统计信息事务、财政事务、税收事务、审计事务、海关事务、纪检监察事务、商贸事务、知识产权事务、民族事务、港澳台侨事务、档案事务、民主党派及工商联事务、群众团体事务、党委办公厅（室）及相关机构事务、组织事务、宣传事务、统战事务、对外联络事务、其他共产党事务支出、网信事务、市场监督管理事务、其他一般公共服务支出
二、外交	外交管理事务、驻外机构、对外援助、国际组织、对外合作与交流、对外宣传、边界勘界联检、国际发展合作、其他外交支出
三、国防	军费、国防科研事业、专项工程、国防动员、其他国防支出
四、公共安全	武装警察部队、公安、国家安全、检察、法院、司法、监狱、强制隔离戒毒、国家保密、缉私警察、其他公共安全支出
五、教育	教育管理事务、普通教育、职业教育、成人教育、广播电视教育、留学教育、特殊教育、进修及培训、教育费附加安排的支出、其他教育支出
六、科学技术	科学技术管理事务、基础研究、应用研究、技术研究与开发、科技条件与服务、社会科学、科学技术普及、科技交流与合作、科技重大项目、其他科学技术支出
七、文化旅游体育与传媒	文化和旅游、文物、体育、新闻出版电影、广播电视、其他文化旅游体育与传媒支出
八、社会保障和就业	人力资源和社会保障管理事务、民政管理事务、补充全国社会保障基金、行政事业单位养老支出、企业改革补助、就业补助、抚恤、退役安置、社会福利、残疾人事业、红十字事业、最低生活保障、临时救助、特困人员救助供养、补充道路交通事故社会救助基金、其他生活救助、财政对基本养老保险基金的补助、财政对其他社会保险基金的补助、退役军人管理事务、财政代缴社会保险费支出、其他社会保障和就业支出
九、卫生健康	卫生健康管理事务、公立医院、基层医疗卫生机构、公共卫生、中医药、计划生育事务、行政事业单位医疗、财政对基本医疗保险基金的补助、医疗救助、优抚对象医疗、医疗保障管理事务、老龄卫生健康事务、其他卫生健康支出
十、节能环保	环境保护管理事务、环境监测与监察、污染防治、自然生态保护、天然林保护、退耕还林还草、风沙荒漠治理、退牧还草、已垦草原退耕还草、能源节约利用、污染减排、可再生能源、循环经济、能源管理事务、其他节能环保支出
十一、城乡社区	城乡社区管理事务、城乡社区规划与管理、城乡社区公共设施、城乡社区环境卫生、建设市场管理与监督、其他城乡社区支出
十二、农林水	农业农村、林业和草原、水利、巩固脱贫攻坚成果衔接乡村振兴、农村综合改革、普惠金融发展支出、目标价格补贴、其他农林水支出

续表

类级科目名称	款级科目名称
十三、交通运输	公路水路运输、铁路运输、民用航空运输、邮政业支出、车辆购置税支出、其他交通运输支出
十四、资源勘探工业信息等事务	资源勘探开发、制造业、建筑业、工业和信息产业监管、国有资产监管、支持中小企业发展和管理支出、其他资源勘探工业信息等支出
十五、商业服务业等支出	商业流通事务、涉外发展服务支出、其他商业服务业等支出
十六、金融支出	金融部门行政支出、金融部门监管支出、金融发展支出、金融调控支出、其他金融支出
十七、援助其他地区支出	一般公共服务、教育、文化旅游体育与传媒、卫生健康、节能环保、农业农村、交通运输、住房保障、其他支出
十八、自然资源海洋气象等支出	自然资源事务、气象事务、其他自然资源海洋气象等支出
十九、住房保障支出	保障性安居工程支出、住房改革支出、城乡社区住宅
二十、粮油物资储备支出	粮油物资事务、能源储备、粮油储备、重要商品储备
二十一、灾害防治及应急管理支出	应急管理事务、消防救援事务、矿山安全、地震事务、自然灾害防治、自然灾害救灾及恢复重建支出、其他灾害防治及应急管理支出
二十二、预备费	
二十三、其他支出	年初预留、其他支出
二十四、转移性支出	返还性支出、一般性转移支付、专项转移支付、上解支出、调出资金、年终结余、债务转贷支出、安排预算稳定调节基金、补充预算周转金、区域间转移性支出
二十五、债务还本支出	中央政府国内债务还本支出、中央政府国外债务还本支出、地方政府一般债务还本支出
二十六、债务付息支出	中央政府国内债务付息支出、中央政府国外债务付息支出、地方政府一般债务付息支出
二十七、债务发行费用支出	中央政府国内债务发行费用支出、中央政府国外债务发行费用支出、地方政府一般债务发行费用支出

从经济分类[①]看，财政支出经济分类是按支出的经济性质和具体用途所作的一种分类。按照中国2023年政府收支分类科目，中国政府支出经济分为15类，"类"下设"款"级和"项"级科目（"类""款"级科目详见表10-2）。

[①] 财政支出经济分类是按支出的经济性质和具体用途所作的一种分类。在支出功能分类反映政府职能活动的基础上，支出经济分类明细反映政府的钱究竟是怎么花出去的，是支付了人员工资、会议费还是购买了办公设备等。

表 10-2　中国 2023 年政府支出经济分类表

类级科目名称	款级科目名称
一、机关工资福利支出	工资奖金津补贴、社会保障缴费、住房公积金、其他工资福利支出
二、机关商品和服务支出	办公经费、会议费、培训费、专用材料购置费、委托业务费、公务接待费、因公出国（境）费用、公务用车运行维护费、维修（护）费、其他商品和服务支出
三、机关资本性支出（一）	房屋建筑物购建、基础设施建设、公务用车购置、土地征迁补偿和安置支出、设备购置、大型修缮、其他资本性支出
四、机关资本性支出（二）	房屋建筑物购建、基础设施建设、公务用车购置、设备购置、大型修缮、其他资本性支出
五、对事业单位经常性补助	工资福利支出、商品和服务支出、其他对事业单位补助
六、对事业单位资本性补助	资本性支出（一）、资本性支出（二）
七、对企业补助	费用补贴、利息补贴、其他对企业补助
八、对企业资本性支出	资本金注入（一）、资本金注入（二）、政府投资基金股权投资、其他对企业资本性支出
九、对个人和家庭的补助	社会福利和救助、助学金、个人农业生产补贴、离退休费、其他对个人和家庭补助
十、对社会保障基金补助	对社会保险基金补助、补充全国社会保障基金、对机关事业单位职业年金的补助
十一、债务利息及费用支出	国内债务付息、国外债务付息、国内债务发行费用、国外债务发行费用
十二、债务还本支出	国内债务还本、国外债务还本
十三、转移性支出	上下级政府间转移性支出、债务转贷、调出资金、安排预算稳定调节基金、补充预算周转金、区域间转移性支出
十四、预备费及预留	预备费、预留
十五、其他支出	国家赔偿费用支出、对民间非营利组织和群众性自治组织补贴、经常性赠与、资本性赠与、其他支出

2. 政府性基金支出

按照基金用途，政府性基金支出分为以下几类：一是用于交通基础设施建设，包括铁路建设基金、民航发展基金、农网还贷资金、海南省高等级公路车辆通行附加费、车辆通行费等安排的支出。二是用于水利建设，包括国家重大水利工程建设基金等安排的支出、中央和地方水库移民扶持基金。三是用于城市维护建设，包括国有土地收益基金，以及城市基础设施配套费、国有土地使用权出让金收入、农业土地开发资金。四是用于教育、文化、体育等社会事业发展，包括旅游发展基金以及国家电影事业发展专项资金、彩票公益金等安排的支出。五是用于生态环境建设，包括废弃电器电子产品处理基金、船舶油污损害赔偿基金等安排的支出。六是用于其他方面，包括核电站乏燃料处理处置基金、抗疫特别国债财务基金支出、可再生能源电价附加收入等和其他政府性基金支出。

> **知识链接**
>
> **国际货币基金组织的政府支出分类**
>
> IMF发布的《2014年政府财政统计手册》将政府支出按功能分为以下类别：
>
> 一、一般公共服务。包括行政和立法机关、金融和财政事务、对外事务，对外经济援助，一般服务，基础研究，一般公共服务研发，未列入其他类别的一般公共服务，公共债务交易，各级政府间的一般性转移等。
>
> 二、国防。包括军事防御、民防、对外军事援助、国防研发、未列入其他类别的国防事务等。
>
> 三、公共秩序和安全。包括警察部门、消防部门、法院、监狱，公共秩序和安全研发，未列入其他类别的公共秩序和安全等。
>
> 四、经济事务。包括一般经济、商业和劳工事务，农业、林业、渔业和狩猎业，燃料和能源，采矿业、制造业和建筑业，交通，通信，其他行业，经济事务研发，未列入其他类别的经济事务等。
>
> 五、环境保护。包括废物管理、废水管理、减轻污染、保护生物多样性和自然景观、环境保护研发、未列入其他类别的环境保护等。
>
> 六、住房和社区服务设施。包括住房开发、社区发展、供水、街道照明、住房和社会福利设施研发、未列入其他类别的住房和社区服务设施等。
>
> 七、医疗卫生。包括医疗产品、器械和设备，门诊服务，医院服务，公共卫生服务，医疗卫生研发，未列入其他类别的医疗卫生等。
>
> 八、娱乐、文化和宗教。包括娱乐和体育服务，文化服务，广播和出版服务，宗教和其他社区服务，娱乐、文化和宗教研发，未列入其他类别的娱乐、文化和宗教等。
>
> 九、教育。包括学前和初等教育、中等教育、中等教育后的非高等教育、高等教育、无法定级的教育、辅助性教育服务、教育研发、未列入其他类别的教育等。
>
> 十、社会保护。包括疾病和残疾、老龄、遗属、家庭和子女、失业、住房、未列入其他类别的社会排斥、社会保护研发、未列入其他类别的社会保护等。

3. 国有资本经营支出

国有资本经营支出，通常依据国家宏观经济政策以及不同时期国有企业改革和发展的任务统筹安排确定。从性质上看，国有资本经营支出可分为资本性支出、费用性支出和其他支出。其中，资本性支出是指根据产业发展规划、国有经济布局和结构调整、国有企业发展要求以及国家战略、安全需要的支出；费用性支出是指弥补国有企业改革成本方面的支出。从具体科目上看，国有资本经营支出分为社会保障和就业、国有资本经营预算支出、转移性支出等三类，主要用于补充全国社会保障基金、解决历史遗留问题及改革成本支出、国有企业资本金注入、国有企业政策性补贴等。

> **知识链接**
>
> **国际货币基金组织的政府支出分类（续）**
>
> 同时，将政府支出按经济性质划分为以下类别：
>
> 一、雇员报酬。雇员报酬是作为对政府雇员在会计期间所做工作的回报而向其支付的现金或实物形式的总报酬，包括工资和薪金、雇主社会缴款。
>
> 二、商品和服务的使用。商品和服务的使用包括为生产市场和非市场性商品和服务使用的商品和服务（用于自有账户资本形成的除外），加上为再销售而购买的商品减去在制品、制成品和为再销售而持有的商品库存的变化。
>
> 三、固定资本消耗。固定资本消耗是指在会计期间内，由于物理损耗、正常淘汰或意外损坏，广义政府单位拥有或使用的固定资产价值的减少。
>
> 四、利息。利息是广义政府单位（债务人）因使用未偿还的本金（债权人提供的经济价值）而产生的开支，包括向非居民、除广义政府外的居民和其他广义政府单位支付的利息。
>
> 五、补贴。补贴是政府以企业的生产活动水平或其生产、销售、出口或进口的商品和服务的数量或价值为基础，向生产者进行的经常性无偿支付，包括向公共公司和向私人企业提供的补贴。
>
> 六、赠与。赠与是一个政府单位向另一政府单位或国际组织进行的非强制性的经常性或资本性转移，包括向外国政府、国际组织和其他广义政府单位提供的赠与。
>
> 七、社会福利。社会福利是现金或实物形式的转移，以保护整个人口或整个人口某一特定部分，防止其遭受某些社会风险，具体包括社会保障福利、社会救济福利和就业相关社会福利。
>
> 八、其他费用。其他费用包括除利息外的财产费用、未列入其他类别的转移和非人寿保险和标准化担保计划相关的保费、收费和赔款。

4.社会保险基金支出

从性质上看，社会保险基金支出包括社会保险待遇支出、转移支出、补助下级支出、上解上级支出、其他支出等。社会保险待遇支出指按规定支付给社会保险对象的待遇支出，包括为特定人群缴纳社会保险费形成的支出。转移支出指参保对象跨统筹地区或跨制度流动转出的基金支出。补助下级支出指上级拨付下级的支出。上解上级支出指下级上解上级的支出。其他支出指经国务院批准或国务院授权省级人民政府批准开支的其他非社会保险待遇性质的支出。从分项来看，社会保险基金支出分为企业职工基本养老保险基金支出、城乡居民基本养老保险基金支出、机关事业单位基本养老保险基金支出、职工基本医疗保险基金支出、城乡居民基本医疗保险基金支出、工伤保险基金支出和失业保险基金支出。

二、财政收支计算方法

根据《中华人民共和国预算法》的规定，中国实行一级政府一级预算，各级预算由本级政府组织执行，具体工作由本级政府财政部门负责。财政部编制年度中央预决算草案并组织预算执行，受国务院委托向全国人大报告中央、地方预算及其执行情况。地方各级财政部门编制本级预决算草案并组织预算执行，定期向本级政府和人大以及上一级财政部门报告本级总预算的编制和执行情况。

财政部定期汇总中央和地方财政收支情况，统计并公布全国财政收支情况。地方各级财政部门定期汇总本级和下级财政收支情况，统计并公布本地区财政收支情况。

（一）财政收入计算方法

1.财政收入数据确认

一般公共预算收入、政府性基金收入、国有资本经营收入数据主要来源于国家金库报表和总会计账务信息。中央和地方各级财政部门根据同级人民银行国库提供的国家金库收入报表和总会计账务信息列报的各项收入数确认本级的财政收入。财政部编制全国财政收入报表时，分别按照中央财政收入和地方本级财政收入进行统计，汇总计算全国财政收入。社会保险基金收入数据主要来源于社会保险经办机构各项社会保险基金会计账目，各地社会保险收入户存款、国库存款、各级财政补助资金及暂存其他账户存款必须在每年12月31日前划入社会保障基金财政专户，社会保险基金经办机构完成全部对账工作后编制决算报告。

2.财政收入的计算

全国财政收入由中央本级财政收入和地方本级财政收入组成，是中央及地方各级政府在预算年度内实现的财政收入。

（1）一般公共预算收入。

中央一般公共预算收入 = 中央本级一般公共预算收入 + 地方上解收入

从2009年起，为简化和理顺中央与地方财政结算关系，将地方上解收入与中央对地方税收返还作对冲处理，中央一般公共预算收入即为中央本级一般公共预算收入。

其中，中央本级一般公共预算收入 = 中央固定收入 + 中央分享收入

地方一般公共预算收入 = 地方本级一般公共预算收入 + 中央对地方税收返还和转移支付收入

从2019年起改革完善转移支付制度后，中央对地方税收返还与固定数额补助合并成为"税收返还及固定补助"，列入一般性转移支付。

其中，地方本级一般公共预算收入 = 地方固定收入 + 地方分享收入

在此基础上，财政部汇总计算全国一般公共预算收入，即：

全国一般公共预算收入 = 中央本级一般公共预算收入 + 地方本级一般公共预算收入

（2）政府性基金收入。全国政府性基金收入由中央本级政府性基金收入和地方本级政府性基金收入组成，是中央及地方各级政府在预算年度内实现的政府性基金收入。

中央政府性基金收入 = 中央本级政府性基金收入 + 地方上解收入

其中，中央本级政府性基金收入 = 中央固定收入 + 中央分享收入

地方政府性基金收入 = 地方本级政府性基金收入 + 中央对地方转移收入

在此基础上，财政部汇总计算全国政府性基金收入，即

全国政府性基金收入 = 中央本级政府性基金收入 + 地方本级政府性基金收入

（3）国有资本经营收入。全国国有资本经营收入由中央本级国有资本经营

收入和地方本级国有资本经营收入①组成，是中央及地方各级政府在预算年度内实现的国有资本经营收入。

国有资本经营收入 = 利润 + 股利、股息 + 产权转让收入 + 清算收入
　　　　　　　　　+ 其他国有资本经营预算收入

全国国有资本经营收入 = 中央本级国有资本经营收入 + 地方本级国有
　　　　　　　　　　　资本经营收入

（4）社会保险基金收入。全国社会保险基金收入由中央社会保险基金收入和地方社会保险基金收入组成，是中央及地方各级政府在预算年度内筹集的社会保险基金收入。

社会保险基金收入 = 社会保险费收入 + 利息收入 + 财政补贴收入 + 转移收入
　　　　　　　　　+ 上级补助收入 + 下级上解收入 + 其他收入

全国社会保险基金收入 = 中央社会保险基金收入 + 地方社会保险基金收入

（二）财政支出计算方法

1. 财政支出数据确认

一般公共预算支出、政府性基金支出、国有资本经营支出数据来源于总会计账务信息。中央和地方各级财政部门根据本级财政总会计账列报的各项支出数确认财政支出。财政部编制全国财政支出报表时，分别按照中央本级财政支出和地方财政支出进行统计，汇总计算全国财政支出。社会保险基金支出数据与社会保险基金收入数据确认方式一致。

2. 财政支出的计算

全国财政支出由中央本级财政支出和地方本级财政支出组成，是中央及地方各级政府在预算年度内实现的财政支出，反映政府在预算年度内的工作或活动的范围、方向和重点。

（1）一般公共预算支出。

中央一般公共预算支出 = 中央本级一般公共预算支出 + 中央对地方转移支付

---

① 目前，地方国有资本经营预算工作稳步推进，2013年地方国有资本经营预算汇总范围包括北京、天津等34个省（自治区、直辖市、计划单列市）本级国有资本经营预算，以及山东、湖北等16个省区市的124个地市级（含地市级以下）国有资本经营预算。

地方一般公共预算支出 = 地方本级一般公共预算支出

全国一般公共预算支出 = 中央本级一般公共预算支出 + 地方本级一般公共预算支出

（2）政府性基金支出。全国政府性基金支出由中央本级政府性基金支出和地方本级政府性基金支出组成，是中央及地方各级政府在预算年度内实现的政府性基金支出。

中央政府性基金支出 = 中央本级政府性基金支出 + 中央对地方转移支付

地方政府性基金支出 = 地方本级政府性基金支出 + 上解中央支出

全国政府性基金支出 = 中央本级政府性基金支出 + 地方本级政府性基金支出

（3）国有资本经营支出。全国国有资本经营支出由中央本级国有资本经营支出和地方本级国有资本经营支出组成，是中央及地方各级政府在预算年度内实现的国有资本经营支出。中央和地方国有资本经营支出的计算方法一致，公式如下：

国有资本经营支出 = 资本性支出 + 费用性支出 + 其他支出

全国国有资本经营支出 = 中央本级国有资本经营支出 + 地方本级国有资本经营支出

（4）社会保险基金支出。全国社会保险基金支出由中央社会保险基金支出和地方社会保险基金支出组成，是中央及地方各级政府在预算年度内实现的社会保险基金支出。

社会保险基金支出 = 社会保险待遇支出 + 转移支出 + 补助下级支出 + 上解上级支出 + 其他支出

全国社会保险基金支出 = 中央社会保险基金支出 + 地方社会保险基金支出

需要说明的是，由于各项社会保险的统筹层次不一致，而社会保险基金预决算按统筹地区编制，在汇总社会保险基金收支数据时，省本级和省级以下地区的上解下拨收支均可能不平衡，但各省（区、市）的上解下拨收支必须平衡，即"上级补助收入 = 补助下级支出，下级上解收入 = 上解上级支出"。

三、财政收入和财政支出的平衡关系

财政收入和财政支出的对比关系表现为三种情形：一是财政收入大于财政支

出，即形成财政结余；二是财政支出大于财政收入，即出现财政赤字；三是财政收入与财政支出持平，即财政收支平衡。

在同一预算年度内，预算编制环节形成的财政收入预算数与预算执行后形成的财政收入决算数有些差异，前者小于后者的差额为财政超收，前者大于后者的差额为财政短收。为加强中央预算管理，2006年设立中央预算稳定调节基金，即中央财政安排部分超收收入，用于弥补短收年度预算执行收支缺口或视预算平衡情况在编制以后年度预算时调入并安排使用的专用基金。中央预算稳定调节基金的安排使用纳入一般公共预算管理，接受全国人民代表大会及其常委会监督。补充中央预算稳定调节基金时在支出方反映，调入中央预算稳定调节基金时在收入方反映。

设立中央预算稳定调节基金后，一般公共预算结余或财政赤字的计算公式为：

全国一般公共预算结余或赤字＝（全国一般公共预算收入＋全国财政调入资金及使用结转结余）－（全国一般公共预算支出＋补充中央预算稳定调节基金）

政府性基金、国有资本经营支出根据当年预算收入规模安排和编制，不列赤字。社会保险基金预算遵循自求平衡的原则，坚持收支平衡，适当留有结余，原则上不列赤字。

第三节 财政收入和财政支出的基础数据来源

一、财政收支基础数据的统计程序

一般公共预算收支、政府性基金收支、国有资本经营收支决算数据均由各级财政部门负责汇总统计，社会保险基金收支决算数据由本级社会保险经办机构编制，统筹地区社会保险行政部门汇总统计，财政部门审核确定。

（一）由财政部门负责的财政收支数据统计

一般公共预算收支、政府性基金收支、国有资本经营收支由财政部负责对中央和地方的上述财政收支分别进行统计，汇总编制全国财政收支数据。中央和地方财政收支主要依据国家金库报表和财政总会计账务信息汇总计算。地方财政收支由全国31个省（区、市）财政收支数据汇总而成。地方各级财政部门对本地区财政收支的统计程序与中央财政统计全国财政收支的程序基本相同，即下一级财政部门汇总计算本地区财政收支，并逐级上报上一级财政部门，最后由省级财政部门汇总后统一上报财政部。

（二）由财政部门等审核的社会保险基金收支统计

全国社会保险基金决算按统筹层次自下而上逐级编报汇总而成。各项社会保险基金决算先是由社会保险经办机构编制，经本级社会保险行政部门汇总编制，报财政部门审核后，由统筹地区财政、社会保险行政部门联合报本级人民政府审批后，报上一级财政、社会保险行政部门。各省级财政、社会保险行政部门将本省（区、市）社会保险基金决算草案报本级人民政府审批后，报财政部和中央社会保险行政部门。全国社会保险基金决算数据由中央社会保险行政部门汇总，财政部审核后联合上报国务院。

二、财政收支基础数据编报实例

财政决算是国民经济活动在财政上的集中反映，体现了政府活动的范围和方向，反映了预算执行的最终结果。全国财政决算按统一的决算体系逐级汇编而成，包括中央决算和地方决算。下面，介绍财政收支数据收集和编报过程。

一是部署编制决算草案的具体事项。每年第四季度，财政部部署编制决算草案的原则、要求、方法和报送期限，以保证决算草案编制格式及口径的统一、规范，保证数据分析的可比性，方便各地区、各部门逐级布置。省、自治区、直辖市政府按照国务院的要求和财政部的部署，结合本地区的具体情况，提出本行政区域编制决算草案的要求。

二是布置本年度财政总决算报表格式及编制说明等具体编报事宜。布置报表格式遵循以下原则：①有利于全面、客观反映年度预算执行情况，有利于加强预算管理；②主要表格的项目和内容应尽可能保持相对稳定，以便口径一致，能在年度间进行分析比较；③要能保证财政决算的统一编制；④既要满足工作需要，又要简便易行。

三是组织年终收支清理工作。年终收支清理是划清预算年度、核实预算收支、保证决算完整编制的重要条件。各级政府财政部门、各部门、各单位在每一预算年度终了时，应当清理核实全年预算收入、支出数据和往来款项，做好决算数据对账工作。

四是决算编报。各级财政部门应当根据本级预算、预算会计核算数据等相关资料编制本级决算草案。决算各项数据应当以经核实的各级政府、各部门、各单位会计数据为准，不得以估计数据替代，不得弄虚作假。地方各级财政部门按照财政部的统一要求，自下而上，逐级审核、汇总和编制决算报表，并报送上一级财政部门。财政部根据中央财政收支情况，编制中央财政决算；审核、汇总各省级财政部门上报的各地区财政决算，并据以汇总编制全国财政决算数据。

第四节 财政收支数据的公布时间、方式及公众获取渠道

一、月度数据公布时间及方式

财政收支月度执行数据主要通过财政部官方网站向社会公布，一般在每月中下旬公布上月财政收支数据（1—2月合并公布）。数据主要包括全国一般公共预算收支和政府性基金预算收支情况。

二、年度数据公布时间及方式

财政收入和财政支出年度数据公布主要有以下几种方式：

一是通过财政部官方网站公布。在每年3月全国人民代表大会批准中央和地方预算执行情况后，由财政部通过官方网站公布上年中央和地方财政年度预算执行情况；在全国人大常委会批准上年中央财政决算后，财政部通过官方网站公布上年中央、地方和全国财政收支决算数据。

二是通过《中国统计年鉴》公布。主要内容包括中央及地方年度财政收支决算数据（收支总额、增长速度以及中央和地方财政收入占比），中央财政债务余额等。

三是通过《中国财政年鉴》公布。主要内容包括更为翔实的中央和地方年度财政收支决算数据（收支总额、增长速度以及中央和地方财政收入占比）、历年财政收支、中央财政债务余额等。

四是通过国际货币基金组织（IMF）出版的《政府财政统计年鉴》公布。财政部按照IMF发布的《2014年政府财政统计手册》中的有关标准，对中国财政

收支数据进行相应转换后，向 IMF 提供滞后两年的中国政府财政统计数据。

第五节 正确解读财政收入和财政支出

一、对财政收入和财政支出的解读

（一）解读财政收入变动

财政收入变动主要取决于以下四个因素：

1. 经济增长

总体上讲，经济决定财政，财政收入来源于经济增长。因为经济是财政的基础和源头，是财政赖以分配的"蛋糕"，经济发展的规模和速度决定着财政收入的规模和增长速度。从经济总量看，生产发展、商品流通的规模和速度以及劳动生产率水平对财政收入的规模和增速具有决定性影响；从经济结构看，由于各个产业部门创造增加值的能力不同，对财政收入的贡献程度存在差异，因而国民经济结构及其变化也影响财政收入的规模和增速。改革开放以来，中国财政收入的快速增长首先得益于国民经济的较快发展。从一般公共预算收入情况看，国内生产总值从 1978 年的 3645.2 亿元增加到 2022 年的 1210207.2 亿元[①]；在税基或财源扩大的基础上，财政收入不断增长，从 1978 年的 1132.3 亿元增加到 2022 年的 203649.3 亿元。从财政收入的产业分布看，第一产业的财政收入所占比重较小，第二产业和第三产业对财政收入的贡献度较高，是财政收入的主要来源。总之，财政收入的规模和增速直接反映了国民经济运行的状况及质量。

2. 财税政策

除经济增长因素外，财税政策对财政收入也具有一定影响。因为 GDP "蛋糕"做大以后，还面临如何"切蛋糕"的问题，而财政收入特别是税收政策确定了政府以多大比例参与国民收入的分配。由于中国财政收入中可统筹使用的财力主要来自税收收入，税收政策的变动会直接影响财政收入规模。比如，税种的设立或取消，税基的扩大和收缩，税率的提高或降低，税收优惠政策范围的大小等，都会引起税收收入的变动。同时，税收政策是政府对经济周期进行逆向调节的重要

---

① 此为 2022 年中国国内生产总值的初步核算数。

手段，经济过热时期，可以采取提高税率等方式增加税收；经济不景气时期，可以实施减税政策扩大总需求，从而也影响财政收入的增长。如2020年，为应对疫情冲击，我国实施大规模减税降费政策，当年共减轻居民和企业负担2.6万亿元。同样，调整收费基金政策、社会保险缴费比例、国有资本经营预算实施范围及收益收取比例等，也会影响到政府性基金、社会保险基金、国有资本经营收入的规模和结构。因此，财税政策也是影响财政收入规模的主要因素，财政收入的规模及其变化，既反映了政府"聚财"的政策，也反映了政府对宏观经济波动的主动调控。

3. 财税体制

财税体制变动涉及国家、企业、个人利益分配格局的调整，同时涉及不同级次政府财政收入分配关系。改革开放之前，中国实行统收统支财政体制，中央财政收入占全国财政收入比重很高。从1978年开始，中国财政体制改革基本沿着"让利—放权—分权"的改革路径进行，中央财政收入占全国财政收入比重逐年降低。直至1994年实施分税制财政管理体制重大改革后，中央财政占全国财政收入比重不断下降的局面才有所改观。因此，在全国财政收入规模一定的情况下，中央和地方财政收入规模从根本上取决于财政管理体制，反映了中央与地方政府之间的财政分配关系。

4. 价格因素

价格变动也是引起财政收入变动的一个因素。由于财政收入按现价计算，随着价格总水平的变动，财政收入绝对量也会发生相应的变化。因此，在通货膨胀时期，其他条件不变的情况下，财政收入增速也会加快；相反，在通货紧缩时期，财政收入增速也会放慢。

另外，预算年度内各季度财政收入分布并不均衡，会有所差异。季节性因素、税收征管制度以及临时性政策调整等是导致财政收入季度数据波动的主要原因。

（二）解读财政支出变动

财政支出变动主要取决于以下三个因素：

1. 财政收入

从世界范围看，各国财政支出规模不断增长是一种普遍现象。经济学家从经济、政治、社会等各种角度研究财政支出规模不断增长的原因，包括军事扩张、国家职能和国家机构的扩大、社会保障制度的完善、人口的增长以及物价的上涨等。虽然这些因素都对财政支出形成了需求，但实际财政支出还要与财政收入基本相适应。特别是在中国"以收定支、量入为出"的预算管理模式下，财政支出规模总体仍由财政收入规模决定。即使进行反周期调控，财政赤字也不能过大，财政支出仍要以财政收入为基础来确定。

2. 体制和政策

财政支出结构变动具有一定规律性，经济体制和国家各项政策决定着财政支出结构。计划经济体制下，财政包揽过多，经济建设支出占财政支出比重较大，而支持社会事业发展的财政支出较少，财政支出结构不尽合理，财政职能"缺位"和"越位"现象并存。随着社会主义市场经济体制的确立，财政逐步退出一般竞争性领域，按照新发展理念和财政体制要求，财政支出更多地转向保障和改善民生，加大对教育、卫生健康、科技、文化等社会事业支持力度，促进扩大就业，支持完善社会保障制度，推进产业结构升级，促进节能环保，财政支出结构相应不断调整优化。因此，财政支出规模和结构也反映了国家经济体制的变化和社会经济政策导向，反映了政府的用财情况。

3. 财政调控

不同的财政政策对财政支出规模和结构都会产生影响。财政政策对经济波动具有逆向调节作用，在经济过热或经济下滑时期，通过实施紧缩性或扩张性财政政策，熨平经济波动，促进经济平稳较快发展。近年来，面对中美经贸摩擦和新冠疫情冲击的严峻形势，积极的财政政策加大跨周期和逆周期调节力度，合理把握赤字率和赤字规模，全国一般公共预算支出从2017年的20.3万亿元增加到2022年的26.1万亿元，保证了必要的财政支出强度，有效降低了经济周期波动影响。因此，财政支出的变化特别是财政赤字规模及其增减变化，反映了政府宏观调控的取向和力度。

（三）解读财政收入与GDP的关系

1. 关于财政收入与GDP的相关性

财政收入包括税收收入和非税收入，中国一般公共预算收入的主体是税收收入。虽然GDP是财政收入增长的基础，但财政收入增长与GDP之间并不存在完全的、直接的量的对应关系。非税收入多是收费项目，其变动主要是源自有关非税收入行政法规的确立或取消。一些政府性基金收入变动也与GDP增长不直接相关，如与房地产市场相关的土地出让金收入的变化。由于GDP与一些税种的税基增长速度不一致，GDP增长并非在任何条件下都与税收增长呈很强的相关性。具体来讲，以投资额、销售额或营业收入为税基的部分税种，如增值税、消费税、城建税等，与GDP一般呈正相关关系；以企业利润和个人收入为税基的部分税种，如企业所得税、个人所得税与GDP有一定的相关关系，但关联度相对较小，它们主要与经济增长质量和收入分配制度密切相关；还有一些税种与GDP没有明显的相关关系，如车辆购置税等行为税，以及房产税等财产税，这类税种的税基是涉税特定经济行为发生的数量和拥有财产的数量。

2. 关于财政收入增长与GDP增长的关系

从理论上讲，经济增长是财政收入增长的基础，财政收入增长总体上与GDP增速保持同向变动，但并不一定同步。一是价格依据不同。财政收入增速是按照现价计算的，没有扣除物价上涨因素，而GDP增长是按照不变价格核算的，两者之间存在因价格变化而带来的差异。二是统计口径不同。相对于税收统计范围而言，GDP统计范围没有完全涵盖产生税收的经济活动。比如，证券交易印花税等行为税和财产税等涉税经济活动并不在GDP的核算范围之内。三是核算方法不同。主要体现在进出口方面，出口额在核算GDP时是增项，进口额在核算GDP时是减项，即计入支出法GDP的是净出口额；而在税收统计中，出口环节形成的出口退税是财政收入减项，进口额提供的进口环节税收（包括关税和进口货物增值税、消费税）对财政收入是增项。四是GDP增长结构与财政收入的来源结构并不直接对应。GDP增长速度是第一、二、三产业的平均增长速度，而中国财政收入主要来源于第二、三产业。随着中国产业结构的升级和工业化进程的加快，第二、三产业增加值一般快于GDP增长，从而造成财政收入增长快于GDP增长。五是反映经济总量的GDP增长与经济质量的变化并不同步。GDP增长可以是粗放式低质量型的，也可以是集约式高质量型的。在经济总量维持稳定的情况下，当经济运行质量和企业经济效益提高时，所得税等直接税收入的增长会超过GDP增长。

第十章 财政收入和财政支出

表 10-3　中国一般公共预算收支增长情况

年份	财政收入（亿元）	财政支出（亿元）	增长速度（%）财政收入	增长速度（%）财政支出	占GDP比重（%）财政收入	占GDP比重（%）财政支出
1978	1132.3	1122.1	29.5	33.0	30.8	30.5
1979	1146.4	1281.8	1.2	14.2	28.0	31.3
1980	1159.9	1228.8	1.2	-4.1	25.3	26.8
1981	1175.8	1138.4	1.4	-7.4	23.8	23.1
1982	1212.3	1230.0	3.1	8.0	22.6	22.9
1983	1367.0	1409.5	12.8	14.6	22.7	23.4
1984	1642.9	1701.0	20.2	20.7	22.6	23.4
1985	2004.8	2004.3	22.0	17.8	22.0	22.0
1986	2122.0	2204.9	5.8	10.0	20.5	21.2
1987	2199.4	2262.2	3.6	2.6	18.1	18.6
1988	2357.2	2491.2	7.2	10.1	15.5	16.4
1989	2664.9	2823.8	13.1	13.3	15.5	16.4
1990	2937.1	3083.6	10.2	9.2	15.6	16.3
1991	3149.5	3386.6	7.2	9.8	14.3	15.4
1992	3483.4	3742.2	10.6	10.5	12.8	13.8
1993	4349.0	4642.3	24.8	24.1	12.2	13.0
1994	5218.1	5792.6	20.0	24.8	10.7	11.9
1995	6242.2	6823.7	19.6	17.8	10.2	11.1
1996	7408.0	7937.6	18.7	16.3	10.3	11.1
1997	8651.1	9233.6	16.8	16.3	10.9	11.6
1998	9876.0	10798.2	14.2	16.9	11.6	12.7
1999	11444.1	13187.7	15.9	22.1	12.6	14.6
2000	13395.2	15886.5	17.0	20.5	13.4	15.8
2001	16386.0	18902.6	22.3	19.0	14.8	17.1
2002	18903.6	22053.2	15.4	16.7	15.5	18.1
2003	21715.3	24650.0	14.9	11.8	15.8	17.9
2004	26396.5	28486.9	21.6	15.6	16.3	17.6
2005	31649.3	33930.3	19.9	19.1	16.9	18.1
2006	38760.0	40422.7	22.5	19.1	17.7	18.4
2007	51321.8	49781.4	32.4	23.2	19.0	18.4
2008	61330.4	62592.7	19.5	25.7	19.2	19.6
2009	68518.3	76299.9	11.7	21.9	19.7	21.9
2010	83101.5	89874.2	21.3	17.8	20.2	21.8
2011	103874.4	109247.8	25.0	21.6	21.3	22.4
2012	117253.5	125953.0	12.9	15.3	21.8	23.4
2013	129209.6	140212.1	10.2	11.3	21.8	23.6
2014	140370.0	151785.6	8.6	8.3	21.8	23.6
2015	152269.2	175877.8	5.8	13.2	22.1	25.5
2016	159605.0	187755.2	4.5	6.3	21.4	25.2
2017	172592.8	203085.5	7.4	7.6	20.7	24.4
2018	183359.8	220904.1	6.2	8.7	19.9	24.0
2019	190390.1	238858.4	3.8	8.1	19.3	24.2
2020	182913.9	245679.0	-3.9	2.9	18.0	24.2
2021	202554.6	245673.0	10.7	0.3	17.6	21.4
2022	203649.3	260552.1	0.5	6.1	16.8	21.5

注：1. 在全国财政收支中，价格补贴1985年以前冲减财政收入，1986年以后列为财政支出。为了可比，本表将1985年以前冲减财政收入的价格补贴改列在财政支出中。

2. 财政收入中不包括国内外债务收入。

3. 从2000年起，财政支出中包括国内外债务付息支出。

数据来源：《中国财政年鉴》《中国统计年鉴》。

六是税收制度特性。一些税种具有一定的累进性，如个人所得税、土地增值税等为累进税，随着纳税人经营规模和收入水平的提高，其适用税率也相应提升，使得这些税种的收入相对于其税基或 GDP 出现更快增长。七是征管水平变化等其他因素。税收、非税收入等征管能力增强，国有资本经营预算实施范围和社会保险覆盖范围扩大，可以在其他因素不变的情况下增加财政收入，从而提高财政收入的增速。

二、对历史数据的解读

改革开放以来，中国财政收支规模不断扩大。由于政府性基金预算建立较晚，国有资本经营预算和社会保险基金预算还在完善过程中，下面以一般公共预算为例，对历史数据进行解读。表 10-3 反映了中国 1978—2022 年多年来一般公共预算收支变化的基本情况。

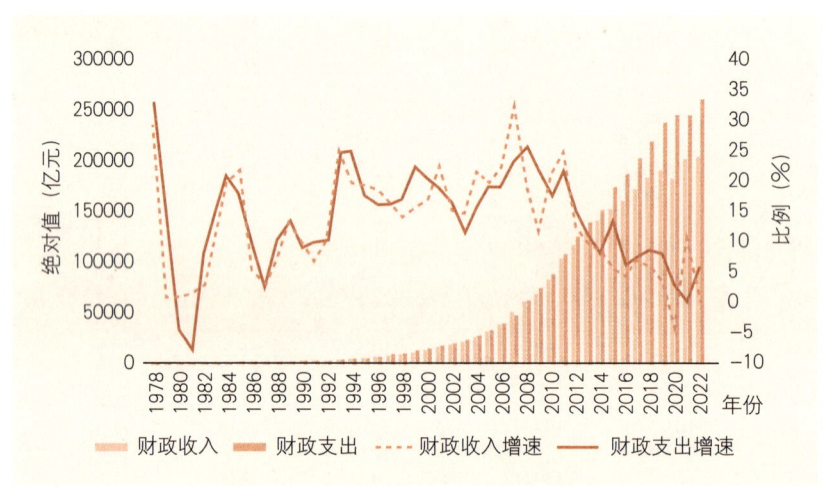

图 10-1　一般公共预算收入和支出情况

从收支总量看，1978 年以来，一般公共预算收支规模总体上呈逐年上升趋势（见图 10-1）。其中，一般公共预算收入从 1978 年的 1132.3 亿元增加到 2022 年的 203649.3 亿元，年均增长 12.5%；一般公共预算支出则从 1122.1 亿元上升到 260552.1 亿元，年均增长 13.2%。1999 年一般公共预算收入首次突破 1 万亿元大关，2011 年突破 10 万亿元，2021 年突破 20 万亿元。与此同时，财政支出规模除 1980 年和 1981 年比上年略有减少外，都呈不断扩大趋势。从财政收支差额及其占GDP比重大小，还可以看出财政政策取向是从紧、扩张还是趋向中性。

从收支增长情况看，改革开放以来，一般公共预算收支持续增长，但有的年份增长快，有的年份增长慢。而且1994年前后几年波动相对较大。从近年情况看，2012—2016年，经济下行叠加产能过剩背景下PPI连续5年负增长，导致财政收入增速较快回落。2017年，随着去产能成效逐步显现，加上国际大宗商品价格反弹带动PPI由负转正，拉动当年财政收入增速回升到7.4%。2018年和2019年，受深化增值税改革和个人所得税改革影响，财政收入增长再次放缓，两年分别增长6.2%、3.8%。2020年，为应对新冠疫情冲击，我国出台了大规模减税降费政策，一般公共预算收入转为下降3.9%。2021年，随着经济回稳，加之低基数效应，一般公共预算收入增速回升至10.7%。为促进国内经济平稳健康发展，2012年以来财政支出总体快于财政收入增长。

从财政收支占GDP比重看，一般公共预算收入占GDP的比重由1978年的30.8%下降到1995年的最低点10.2%，之后逐步回升，2015年达到22.1%；一般公共预算支出占GDP的比重由1978年的30.5%下降到1995年和1996年连续两年的最低点11.1%，之后也逐步回升，2015年提高到25.5%。2016年以来，一般公共预算收入和支出占GDP比重又出现下降。其中一般公共预算收入占GDP比重由2016年的21.4%下降到2022年的16.8%，一般公共预算支出占GDP比重由2016年的25.2%下降到2022年的21.5%（见图10-2）。

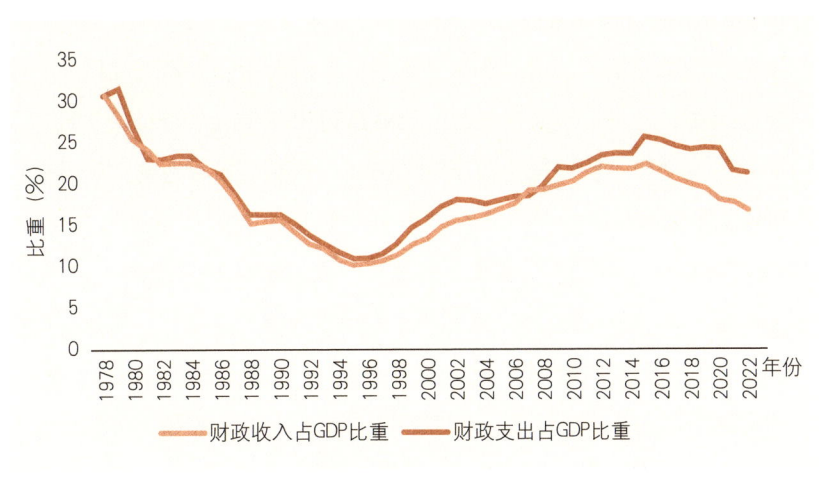

图10-2　一般公共预算收入、支出占GDP比重

一般公共预算收入占 GDP 比重变化的原因主要是：改革开放后，为改变高度集中的计划经济体制模式，中国政府加快了市场化的改革步伐，多次对企业放权让利，在处理国家与企业之间的利润分配关系时向企业倾斜。加之预算外资金膨胀，支解了财政收入，导致一般公共预算收入占 GDP 比重逐年下降。1994 年，中国实行了税制和分税制财政体制改革，初步建立了较为规范的财政收入体系，有效地遏止了一般公共预算收入占 GDP 比重持续下滑的势头，1996 年一般公共预算收入占 GDP 比重开始止跌回升，表明国家财力逐步增强。近年来，我国出台了一系列制度性和阶段性减税措施，税收收入出现明显下降，特别是 2020 年为应对疫情冲击，我国实施大规模减税降费政策，2016—2022 年，减税降费分别拉低税收收入占 GDP 比重 0.8、1.2、1.4、2.4、2.6、1 和 3.5 个百分点。与此相对应，以收定支的财政管理模式决定了一般公共预算支出占 GDP 变化方向与一般公共预算收入占 GDP 变化方向基本一致。

三、对 2022 年数据的解读

以 2022 年中国一般公共预算收入决算表和 2022 年中国一般公共预算支出决算表为例，解读财政收入和财政支出指标。

从 2022 年中国一般公共预算收入决算表（表 10-4）可以看出：

2022 年全国一般公共预算收入 203649.3 亿元，为预算的 96.9%，比 2021 年增长 0.5%，扣除留抵退税因素后增长 9.1%。其中，税收收入 166620.1 亿元，下降 3.5%，扣除留抵退税因素后增长 6.6%；非税收入 37029.2 亿元，增长 24.4%，主要是盘活存量资源资产，国有资源（资产）有偿使用收入等增加较多。税收收入中，国内消费税、进口货物增值税、企业所得税、个人所得税、关税等主体税收均有不同程度增长。国内增值税下降 23.3%，主要是加大力度实施增值税留抵退税政策增加当期减收。

从 2022 年中国一般公共预算支出决算表（表 10-5）可以看出：

全国一般公共预算支出 260552.1 亿元，完成预算的 97.5%，重点支出得到较好保障。其中，教育、科学技术、社会保障和就业、卫生健康、农林水、交通运输、住房保障等支出比上年有较大幅度的增长，为统筹疫情防控和经济社会发展提供了必要财力支撑，民生等重点领域支出得到有力保障。

表10-4 2022年中国一般公共预算收入决算表

单位：亿元

项目	预算数	决算数	决算数为预算数的（%）	决算数为上年决算数的（%）
一、税收收入	180080.0	166620.1	92.5	96.5
国内增值税	63020.0	48717.7	77.3	76.7
国内消费税	14965.0	16698.8	111.6	120.3
进口货物增值税、消费税	18190.0	19994.8	109.9	115.4
进口货物增值税	17430.0	18964.8	108.8	114.2
进口消费品消费税	760.0	1030.0	135.5	143.0
出口货物退增值税、消费税	-18350.0	-16258.1	88.6	89.5
出口货物退增值税	-18328.0	-16220.0	88.5	89.4
出口消费品退消费税	-22.0	-38.1	173.0	186.1
企业所得税	45390.0	43695.4	96.3	103.9
个人所得税	15550.0	14922.9	96.0	106.6
资源税	2505.0	3388.6	135.3	148.1
城市维护建设税	5265.0	5075.3	96.4	97.3
房产税	3420.0	3590.4	105.0	109.5
印花税	3840.0	4390.2	114.3	107.7
其中：证券交易印花税	2150.0	2759.3	128.3	111.4
城镇土地使用税	2210.0	2225.6	100.7	104.7
土地增值税	7260.0	6349.1	87.5	92.1
车船税	1070.0	1072.0	100.2	105.0
船舶吨税	55.0	53.0	96.4	95.1
车辆购置税	3550.0	2398.4	67.6	68.1
关税	2920.0	2860.3	98.0	101.9
耕地占用税	1100.0	1256.8	114.3	118.0
契税	7790.0	5793.8	74.4	78.0
烟叶税	130.0	133.1	102.4	111.5
环境保护税	200.0	211.2	105.6	103.9
其他税收收入		50.9		128.9
二、非税收入	30060.0	37029.2	123.2	124.2
专项收入	8110.0	8451.8	104.2	104.1
行政事业性收费收入	4140.0	4214.8	101.8	101.4
罚没收入	3760.0	4284.0	113.9	115.4
国有资本经营收入	1030.0	2512.3	243.9	254.2
国有资源（资产）有偿使用收入	10340.0	14578.8	141.0	144.6
其他收入	2680.0	2987.5	111.5	108.1
全国一般公共预算收入	210140.0	203649.3	96.9	100.5
全国财政调入资金及使用结转结余	23285.0	24742.3	106.3	222.5
支出大于收入的差额	33700.0	33700.0	100.0	94.4

数据来源：国家统计局。

综合2022年中国一般公共预算收入和支出决算表可以看出：

财政支出大于财政收入的差额，即赤字为33700亿元，与预算数持平。

全国一般公共预算支出大于收入的差额33700亿元＝支出总量262091.6亿元（全国一般公共预算支出260552.1亿元＋补充中央预算稳定调节基金1389.5亿元＋向政府性基金预算调出资金150亿元）－收入总量228391.6亿元（全国一般公共预算收入203649.3亿元＋全国财政调入资金及使用结转结余24742.3亿元）。

表 10-5　2022 年中国一般公共预算支出决算表

单位：亿元

项目	预算数	决算数	决算数为预算数的（%）	决算数为上年决算数的（%）
一、一般公共服务支出	21141.7	20879.4	98.8	105.0
二、外交支出	504.4	490.4	97.2	99.5
三、国防支出	14760.8	14752.2	99.9	107.0
四、公共安全支出	14654.2	14420.2	98.4	104.6
五、教育支出	41520.9	39447.6	95.0	105.5
六、科学技术支出	10361.1	10032.0	96.8	103.9
七、文化旅游体育与传媒支出	4271.0	3913.3	91.6	98.2
八、社会保障和就业支出	37374.6	36609.2	98.0	108.1
九、卫生健康支出	20963.9	22536.7	107.5	117.7
十、节能环保支出	5862.4	5412.8	92.3	97.1
十一、城乡社区支出	20975.1	19425.2	92.6	99.9
十二、农林水支出	24160.3	22499.8	93.1	102.3
十三、交通运输支出	11974.1	12044.1	100.6	105.5
十四、资源勘探工业信息等支出	7036.0	7409.8	105.3	112.5
十五、商业服务业等支出	1726.9	1831.7	106.1	116.3
十六、金融支出	1401.2	1462.6	104.4	93.7
十七、援助其他地区支出	503.5	417.9	83.0	89.3
十八、自然资源海洋气象等支出	2412.6	2452.9	101.7	107.4
十九、住房保障支出	7697.1	7498.7	97.4	105.7
二十、粮油物资储备支出	1849.3	1892.3	102.3	106.7
廿一、灾害防治及应急管理支出	2180.1	2245.3	103.0	111.7
廿二、预备费	500.0			
廿三、其他支出	1951.1	1460.7	74.9	106.1
廿四、债务付息支出	11270.3	11352.7	100.7	108.7
廿五、债务发行费用支出	72.6	64.7	89.2	99.3
全国一般公共预算支出	267125	260552.1	97.5	106.1
补充中央预算稳定调节基金		1389.5		38.5
向政府性基金预算调出资金		150		166.7

数据来源：国家统计局。

（撰稿：财政部综合司）

第十一章
货币供应量

> **阅读提示**
>
> **公布机构**：中国人民银行
>
> **调查频率**：每月一次
>
> **公布时间**：次月 15 日之前
>
> **发布渠道**：中国人民银行网站（www.pbc.gov.cn）

第一节 什么是货币供应量

一、货币供应量的基本定义

货币供应量是全社会的货币存量，是某一时点承担流通和支付手段的金融工具总和。货币供应量依据充当货币的金融工具"货币性"不同划分为 M0、M1、M2、M3、M4 不同层次（见图 11-1）。

金融工具的"货币性"主要是指金融工具的流动性和收益性。

金融工具的流动性是指金融工具在多大程度上能够在短时间内以全部或接近市场的价值出售。充当货币的金融工具因其种类不同，其流动性不同，现金和活期银行存款能够按其全部面值用于购买产品、服务以及金融和非金融工具，其他有价证券则需要花费一定时间在证券市场上出售后转换成现金和活期银行存款后才可用于交换，因此现金和活期银行存款的流动性最强，支票和定期银行存款的流动性稍弱，其他有价证券的流动性最弱。

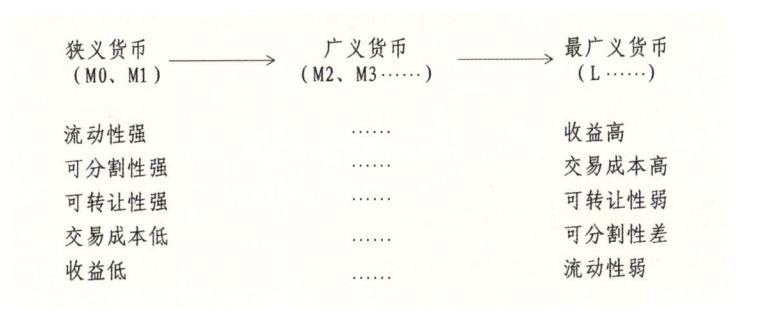

狭义货币 （M0、M1）	→	广义货币 （M2、M3……）	→	最广义货币 （L……）
流动性强		……		收益高
可分割性强		……		交易成本高
可转让性强		……		可转让性弱
交易成本低		……		可分割性差
收益低		……		流动性弱

图 11-1　货币供应量层次特征图

金融工具的收益性是指金融工具不仅本身具有一定面值，而且还可以赢得利息、红利或其他收益。一般来说，现金一般不具有收益性，活期存款可以获得较低的利息，而定期存款和其他有价证券的收益相对较高。

二、中国货币供应量层次划分

1994 年，中国人民银行首次将中国的货币供应量分为 M0、M1、M2 三个层次。此后，货币供应量的口径经过多次修订。2001 年 6 月，将证券公司客户保证金计入 M2；2002 年初，将在中国的外资、合资金融机构的人民币存款业务，分别计入不同层次的货币供应量；2011 年将住房公积金存款和非存款类金融机构在存款类金融机构存款计入 M2；2018 年初，用非存款机构部门持有的货币市场基金取代货币市场基金存款（含存单）；2022 年末，将流通中数字人民币计入 M0。当前，中国货币供应量层次如下：

M0＝流通中现金

M1＝M0＋单位活期存款

M2＝M1＋单位定期存款＋个人存款＋其他存款

三、货币供应量计量方法

世界各国编制货币供应量时一般采取叠加法和加权汇总法两种方法。

叠加法就是将不同层次的货币简单进行加总的方法，其基本思路是以"搭积木"的方式将具有货币性的金融工具纳入不同的货币层次中，分别以 M0、M1、M2、M3 等表示。处在该序列中的位置越低，其货币性越强，相反，处在该序列中的位置越高，其货币性越弱。加权汇总法是对货币总量进行加权汇总的方法。其基本思路是对金融工具尽可能细分，同时选择一定的方法对各种金融工具的"货币性"强弱进行测定，再以测定的结果作为权数，对每一种金融工具进行加权汇总，其实质是一种加权形式的货币总量。显然，在该方法中对每类金融工具"货币性"强弱的判断是关键，由于判断货币性强弱的具体方法较多，且在理论与实践上尚难以达成共识，目前还处于积极的探索之中。

中国货币供应量目前采用叠加法进行计量，其数据来源于各类存款性公司[①]上报的数据（见表11-1）。

表11-1 货币供应量统计月报表式

项目名称	本月余额
货币供应量 (M2)	
货币 (M1)	
流通中货币 (M0)	
单位活期存款	
准货币	
单位定期存款	
个人存款	
其他存款	

第二节 货币供应量基础数据搜集及公布

中国货币供应量一般通过两个层次的统计来搜集基础数据（见图11-2）：第一个层次是以金融机构资产负债统计指标的数据为基础，汇总各相关机构的数据，编制资产负债表，主要包括货币当局资产负债表、其他存款性公司资产负债表；第二个层次是编制概览表，将货币当局资产负债表和其他存款性公司资产负债表进行合并编制存款性公司概览。存款性公司概览中的货币与准货币即是货币供应量的数据。

一、货币当局资产负债表

货币当局资产负债表主要以金融机构资产负债统计指标为基础，汇总人民银

[①] 存款性公司包括主要从事金融中介业务和发行包含在一国广义货币概念中的负债的所有居民金融性公司和准公司。在中国，存款性公司主要包括中国人民银行、银行、农村信用合作社（含联社）和企业集团财务公司等。

第十一章 货币供应量

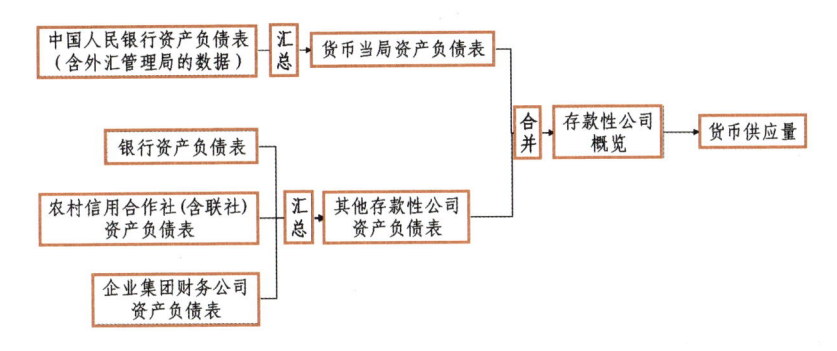

图 11-2 货币供应量的统计流程图

行和外汇管理局的部分数据编制而成。货币当局资产负债表显示了中国人民银行的国外资产、国内信贷以及储备货币构成等数据，不仅反映了中国人民银行与国外、政府、非金融机构的债权债务关系，也反映了与其他存款性公司的债权债务关系。货币当局资产负债表如表 11-2 所示：

表 11-2 货币当局资产负债表（节选）

单位：亿元

项目	2022.09	2022.10	2022.11	2022.12
国外资产	224439.67	224736.66	225813.47	226906.56
外汇	213127.04	213137.49	213773.49	214712.28
货币黄金	2855.63	2855.63	2985.10	3106.57
其他国外资产	8457.00	8743.54	9054.88	9087.71
对政府债权	15240.68	15240.68	15240.68	15240.68
其中：中央政府	15240.68	15240.68	15240.68	15240.68
对其他存款性公司债权	128810.82	129059.88	129030.57	143132.29
对其他金融性公司债权	1754.61	1569.33	1555.92	1557.00
对非金融性部门债权				
其他资产	27156.48	28264.71	29886.98	29947.25
总资产	397402.27	398871.25	401527.62	416783.78
储备货币	341831.63	332953.50	334805.67	360956.03
货币发行	104051.11	103575.52	104835.63	110012.57
金融性公司存款	216253.70	208542.63	208722.10	227876.54
其他存款性公司存款	216253.70	208542.63	208722.10	227876.54
其他金融性公司存款				
非金融机构存款	21526.82	20835.35	21247.93	23066.92
不计入储备货币的金融性公司存款	5315.85	4963.83	5163.92	5208.41
发行债券	950.00	950.00	950.00	950.00
国外负债	1465.69	1686.47	1718.39	1574.47
政府存款	43738.05	53509.52	52363.28	41272.91
自有资金	219.75	219.75	219.75	219.75
其他负债	3881.28	4588.18	6306.62	6602.21
总负债	397402.27	398871.25	401527.62	416783.78

数据来源：中国人民银行网站。

177

二、其他存款性公司资产负债表

其他存款性公司资产负债表根据银行、农村信用合作社（含联社）和企业集团财务公司等机构的资产负债表数据编制而成。其他存款性公司资产负债表显示了其他存款性公司的国外资产、国内债权构成以及国外负债、国内负债构成等数据，反映了其他存款性公司与国外、政府、非其他存款性公司的债权债务关系。其他存款性公司资产负债表如表 11-3 所示。

表 11-3　其他存款性公司资产负债表

单位：亿元

项目	2022.09	2022.10	2022.11	2022.12
国外资产	80498.55	79984.22	79891.94	78344.95
储备资产	225100.61	217280.75	217506.11	236791.01
准备金存款	219721.56	212121.94	212410.60	231484.47
库存现金	5379.05	5158.81	5095.51	5306.54
对政府债权	463522.29	467582.58	473802.84	475892.76
其中：中央政府	463522.29	467582.58	473802.84	475892.76
对中央银行债权	157.69	157.76	134.01	133.01
对其他存款性公司债权	333636.57	326130.26	337965.80	350308.20
对其他金融机构债权	257928.00	248859.30	252693.25	254785.88
对非金融机构债权	1482874.54	1489402.94	1493940.30	1501256.91
对其他居民部门债权	737909.38	737752.68	740467.66	742025.44
其他资产	135828.74	139116.43	140239.11	126755.81
总资产	3717456.37	3706266.92	3736641.03	3766293.96
对非金融机构及住户负债	2319146.56	2303407.49	2324564.83	2340881.21
纳入广义货币的存款	2208764.19	2193320.12	2218537.21	2240663.17
单位活期存款	565863.11	563724.29	567302.49	566968.73
单位定期存款	477617.65	469458.35	468411.98	462001.61
个人存款	1165283.43	1160137.48	1182822.73	1211692.83
不纳入广义货币的存款	58979.61	58307.07	58310.80	56100.68
可转让存款	22645.79	23118.24	23621.06	23349.27
其他存款	36333.82	35188.83	34689.75	32751.41
其他负债	51402.76	51780.30	47716.82	44117.36
对中央银行负债	120054.51	120989.53	118734.80	134995.69
对其他存款性公司负债	119575.39	112290.26	117224.01	122637.02
对其他金融性公司负债	269450.87	270898.45	278585.05	274424.00
其中：计入广义货币的存款	266134.51	267092.54	274636.05	270433.18
国外负债	15264.62	15081.19	15907.89	14547.35
债券发行	377861.11	380025.47	378757.77	382522.43
实收资本	84040.90	84121.80	84331.49	84516.04
其他负债	412062.40	419452.71	418535.19	411770.23
总负债	3717456.37	3706266.92	3736641.03	3766293.96

数据来源：中国人民银行网站。

三、存款性公司概览

存款性公司概览是货币当局资产负债表与其他存款性公司资产负债表的合并，反映的是货币当局和其他存款性公司作为一个整体，其对外的资产负债情况，包括对国外、政府、非金融机构以及对金融机构中的货币当局和其他存款性公司之外的其他金融机构。存款性公司概览如表 11-4 所示：

表 11-4 存款性公司概览（节选）

单位：亿元

项目	2022.09	2022.10	2022.11	2022.12
国外净资产	288207.90	287953.21	288079.13	289129.69
国内信贷	2915491.46	2906897.99	2925337.37	2949485.75
对政府债权（净）	435024.92	429313.74	436680.25	449860.53
对非金融部门债权	2220783.93	2227155.62	2234407.96	2243282.35
对其他金融部门债权	259682.61	250428.63	254249.17	256342.88
货币和准货币	2626600.92	2612914.57	2647008.48	2664320.84
货币	664535.17	662140.99	667042.61	671674.76
流通中货币	98672.06	98416.71	99740.12	104706.03
单位活期存款	565863.11	563724.29	567302.49	566968.73
准货币	1962065.75	1950773.58	1979965.87	1992646.08
单位定期存款	477617.65	469458.35	468411.98	462001.61
个人存款	1165283.43	1160137.48	1182822.73	1211692.83
其他存款	319164.67	321177.75	328731.16	318951.64
不纳入广义货币的存款	58979.61	58307.07	58310.80	56100.68
债券	377861.11	380025.47	378757.77	382522.43
实收资本	84260.66	84341.56	84551.24	84735.79
其他（净）	55997.06	59262.53	44788.20	50935.70

数据来源：中国人民银行网站。

存款性公司概览的编制过程是：①将货币当局和其他存款性公司的国外资产与国外负债分别轧差后相加，得到国外净资产；②将货币当局的对政府债权与政府存款轧差后与其他存款性公司的对政府债权相加，得到对政府债权（净）；③将货币当局和其他存款性公司之间的资产、负债冲销，冲销之后的差值计入存款性公司概览的其他（净）；④将货币当局的货币发行与其他存款性公司的库存现金轧差，得到存款性公司概览的流通中现金；⑤将货币当局和其他存款性公司对他们以外机构的资产、负债项目进行加总，分别按项目列示于存款性公司概览；⑥将不在存款性公司概览中单独列示的货币当局和其他存款性公司的项目计入其他（净）。

四、货币供应量

（一）货币供应量的编制

货币供应量的数据来源于存款性公司概览的货币与准货币，货币供应量如表11-5所示。

表11-5 货币供应量（节选）

单位：亿元

项目	2022.09	2022.10	2022.11	2022.12
货币和准货币（M2）	2626600.92	2612914.57	2647008.48	2664320.84
货币（M1）	664535.17	662140.99	667042.61	671674.76
流通中货币（M0）	98672.06	98416.71	99740.12	104706.03

数据来源：中国人民银行网站。

其中：

M0= 存款性公司概览中的流通中现金

M1= 存款性公司概览中的货币

M2= 存款性公司概览中的货币 + 存款性公司概览中的准货币

（二）货币供应量的公布

货币供应量统计表和存款性公司概览由中国人民银行编制并对外公布，主要有两个渠道：一是中国人民银行官方网站，月后15日内发布新闻稿，发布货币供应量统计表；二是通过《中国人民银行统计季报》《中国人民银行年报》《中国金融年鉴》《中国统计年鉴》等公开刊物，按季、按年刊登货币供应量统计表。

第三节 1994—2022年货币供应量的变化轨迹

1994—2022年中国经济运行大体可分为六个时期[①]：20世纪90年代高通货膨胀时期、亚洲金融危机时期、2002年下半年以来新一轮经济上升期、2008年的国际金融危机时期、2011年以来经济增速换挡时期和新冠疫情时期，货币供应量也经历了"高速增长—增长放缓—增速加快—高速增长—平稳增长—增速回升"

[①] 由于中国对外公布的货币供应量最早从1994年开始，因此，本节的分析也仅限于1994—2022年。

的变化轨迹。

一、20世纪90年代高通货膨胀时期

1992年邓小平南方谈话以后，中国经济迅速升温：1992年，中国GDP增长14.2%，比上年提高5个百分点，1993—1996年，GDP分别增长14%、13.1%、10.9%和10.0%，居民消费价格指数分别为114.7%、124.1%、117.1%和108.3%。与此相适应，货币供应量也快速增长，1994年中国M2增长34.5%，1995—1996年M2增速虽有所回落，仍分别增长29.5%和25.3%，这一时期是中国建立正式统计制度以来货币供应量增长最快的时期（见表11-6）。

表11-6　1994—1997年中国各层次货币供应量增长率

单位：%

时间	M2	M1	M0	时间	M2	M1	M0
1994.03	25.63	17.14	28.01	1996.03	28.26	13.71	12.35
1994.06	29.74	20.24	18.87	1996.06	28.19	14.94	9.45
1994.09	36.85	31.80	26.37	1996.09	26.81	17.09	14.11
1994.12	34.53	26.17	24.28	1996.12	25.26	18.88	11.63
1995.03	35.90	27.92	24.62	1997.03	21.10	18.41	13.60
1995.06	32.74	21.18	21.14	1997.06	19.13	20.61	18.99
1995.09	30.56	18.33	14.91	1997.09	17.14	17.31	12.10
1995.12	29.47	16.78	8.19	1997.12	17.32	16.54	15.63

数据来源：苏宁主编：《中国金融统计（1949-2005）》，中国金融出版社2007年版。

二、亚洲金融危机时期

1997年7月2日，泰国中央银行宣布泰国货币铢的汇率实行浮动，当天泰铢的汇率即下跌了近20%，标志着泰国金融危机的爆发。泰国的金融危机迅速蔓延到马来西亚、印度尼西亚和菲律宾，逐渐波及新加坡、中国台湾地区和香港特别行政区，酿成了亚洲金融危机。亚洲金融危机通过贸易等渠道对中国经济产生了剧烈的冲击：1998年中国出口增长0.5%，比上年回落20.5个百分点，1998年中国GDP增长7.8%，比上年回落1.5个百分点。1998—2002年，国内经济低迷，中国GDP增长基本在8%左右，居民消费价格指数增长几乎为0，1998—2002年末，中国广义货币M2增长分别为14.8%、14.74%、12.27%、14.42%、16.78%，这一时期货币供应量增速放缓。其中，2001年2月中国广义货币M2同比增长12.03%，是1994年中国建立货币供应量统计制度以来M2的最低增速。

三、新一轮经济上升期

2002年下半年以来，随着外需的恢复和固定资产投资的快速回升，中国经济增长进入新一轮上升期。2003—2007年中国GDP增长一直在10%以上，其中，2007年中国GDP增长13%。2003年6月末，广义货币M2同比增长20.82%，这是6年来M2增速第一次超过20%。2003—2007年广义货币M2增长分别为19.58%、14.67%、17.57%、16.94%、16.72%，明显高于亚洲金融危机时期。

在这一时期，中国人民银行调控货币供应面临着国内信贷快速增长和资本流入、外汇占款的双重压力。一般而言，中央银行的外汇占款增加，基础货币增加，商业银行的信贷投放增加，广义货币M2也增加。从历史数据看，货币供应量M2增长率与金融机构（其他存款性公司）对非金融部门债权（即信贷投放）增速相近，这是因为信贷投放仍然是推动货币供应量扩张的主要渠道（见图11-3）。

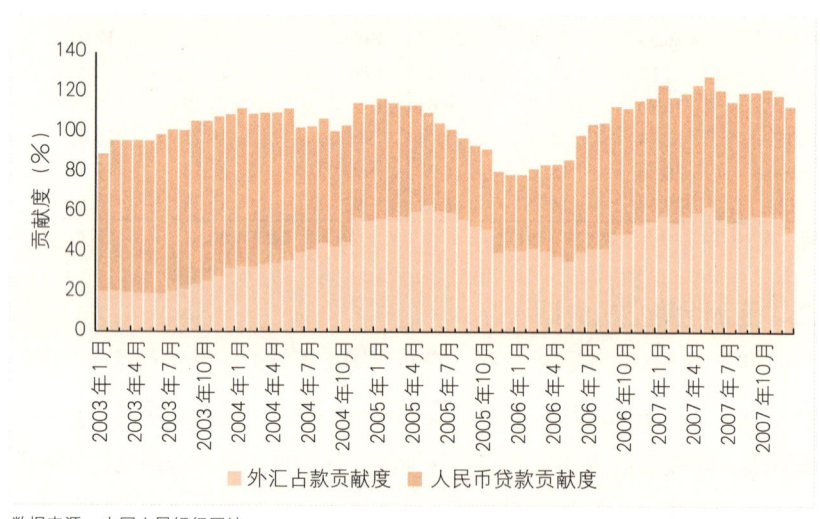

数据来源：中国人民银行网站。

图11-3　2003—2007年人民币贷款、外汇占款对M2的贡献度

外汇占款增加，基础货币增加，中央银行控制基础货币、信贷投放的压力增大。2002年以来，中央银行大规模发行央行票据对冲外汇占款的增加，2005—2007年中央银行发行央行票据分别为2.79万亿元、3.65万亿元、4.07万亿元。从历史上看，2000—2008年外汇占款平均每年增长30.05%，基础货币平均每年增长16.14%，

人民币贷款平均每年增长 13.48%。这表明，中央银行综合运用多种货币政策工具，保持了基础货币和货币信贷的平稳增长。

四、国际金融危机时期

2008 年受国际金融危机影响，国际金融市场流动性萎缩，世界经济深度衰退。在此背景下，中国人民银行及时调整了货币政策的方向、重点和力度，开始逐步实施适度宽松的货币政策，引导金融机构扩大信贷投放，加大金融支持经济发展的力度。2008—2010 年广义货币供应量 M2 增长分别为 17.8%、27.7%、19.7%（见图 11-4）；GDP 增速分别为 9%、8.7%、10.3%；居民消费价格指数分别为 105.9%、99.3%、103.3%。

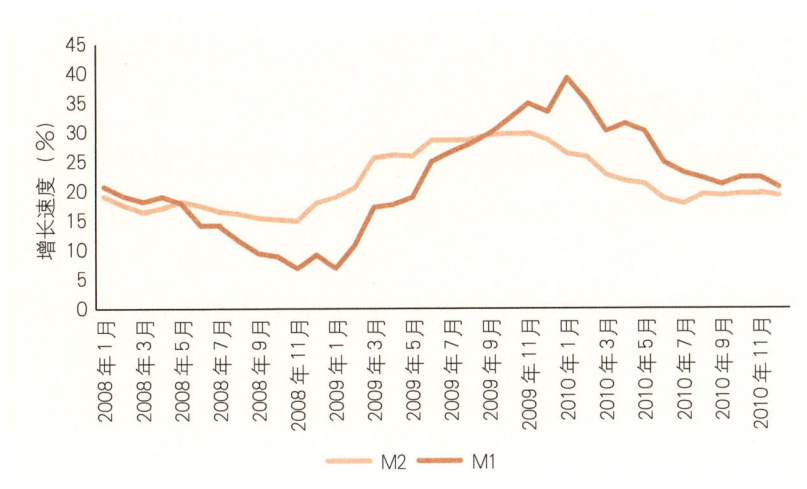

数据来源：中国人民银行网站。

图 11-4 2008—2010 年各层次货币供应量同比增速

在这一时期，为保持银行体系充足的流动性用于信贷扩张，中央银行一方面通过暂停外汇占款对冲操作以投放基础货币增加货币供应量（见图 11-5）。2008—2010 年，中央银行净投放基础货币分别为 2.77 万亿元、1.48 万亿元和 4.13 万亿元。另一方面，通过积极引导金融机构扩大信贷投放来增加货币供应量。2008—2010 年人民币贷款新增额分别为 4.9 万亿元、9.6 万亿元和 7.95 万亿元。

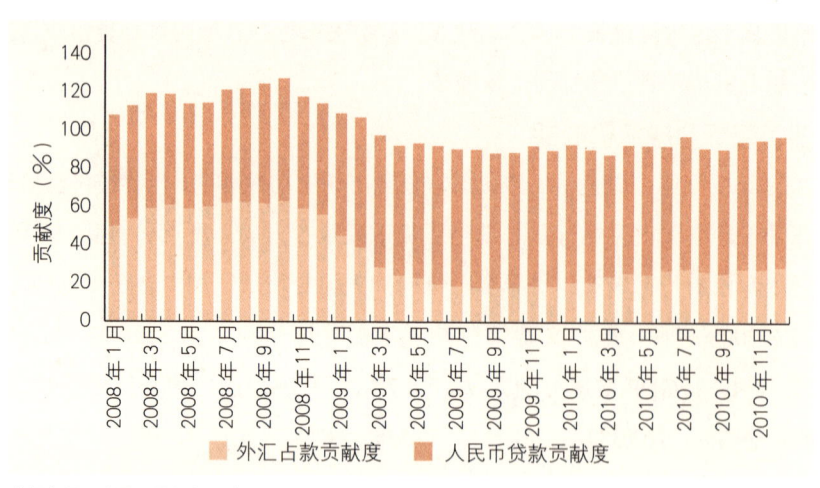

数据来源：中国人民银行网站。

图 11-5　2008—2010 年人民币贷款、外汇占款对 M2 的贡献度

五、经济增速换挡时期

2011 年以来，我国经济由高速增长阶段逐步转向高质量发展阶段，处于增长速度换挡期、结构调整阵痛期和前期刺激政策消化期。总体上，经济仍保持较快增长但呈现平稳减速态势。2011—2019 年，我国 GDP 增长由 9.6% 平稳下降至 6%；居民消费价格指数增长基本保持在 3% 以内，仅 2011 年为 5.4%，物价水平保持基本稳定。

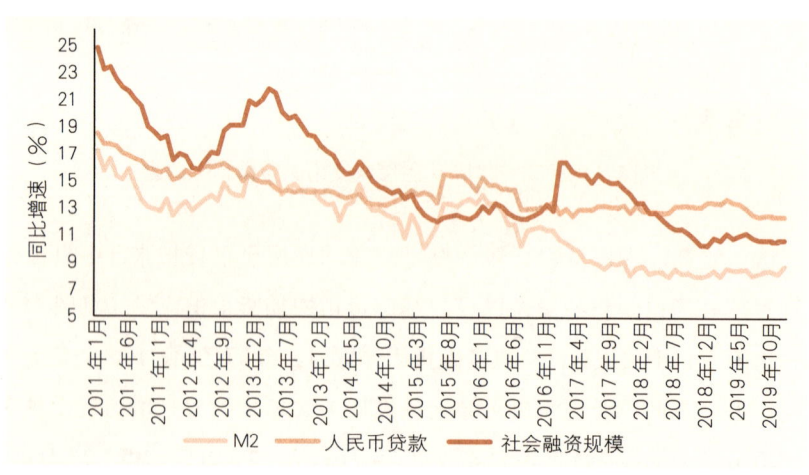

数据来源：中国人民银行网站。

图 11-6　2011—2019 年 M2、人民币贷款和社会融资规模同比增速

这一时期货币供应量增长相应放缓，可分为两个阶段。第一个阶段是2011—2016年末，广义货币供应量M2增速由13.6%逐步下降至11.3%，增速仍保持在10%以上，不过明显低于国际金融危机时期；第二个阶段是2017—2019年末，M2增长分别为8.1%、8.1%和8.7%。这一阶段M2增长更慢，不过，新增贷款和社会融资规模保持了较快增长，对实体经济提供有力支持。2017—2019年，人民币贷款新增额分别为13.53万亿元、16.17万亿元和16.81万亿元；社会融资规模增速分别为14.1%、10.3%和10.7%（见图11-6）。

六、新冠疫情时期

2020年以来，受新冠疫情冲击、俄乌冲突升级、国际贸易保护主义抬头等多种因素影响，全球经济出现深度衰退。在此背景下，中国人民银行加大逆周期调节力度，引导金融机构扩大信贷投放，加大金融对实体经济的支持力度。这一时期，我国经济增长大幅波动，呈现"增长放缓—快速反弹—增速回落"的特征。2020—2022年，我国GDP增长分别为2.2%、8.4%和3%。其中，2020年我国是全球唯一实现经济正增长的主要经济体。同期M2增速分别为10.1%、9%、11.8%，明显高于之前三年。

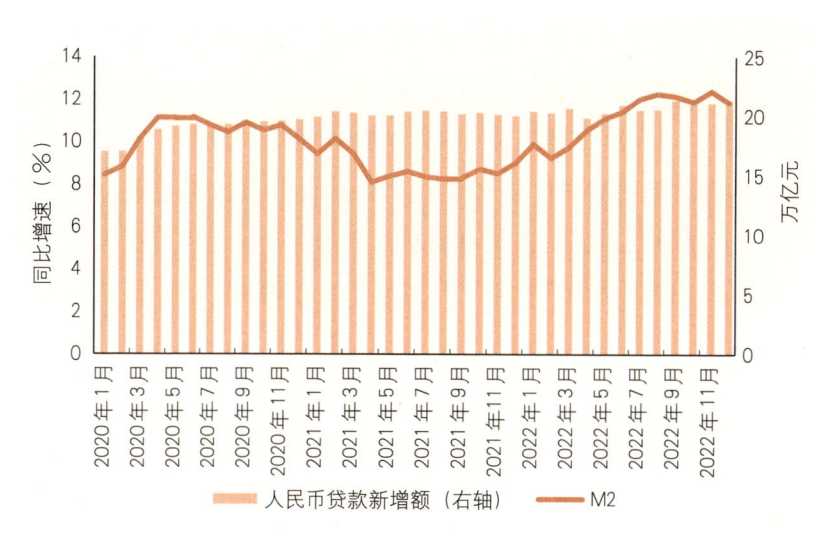

数据来源：中国人民银行网站。

图11-7　2020—2022年M2同比增速和人民币贷款新增额

在这一时期，中国人民银行综合运用多种货币政策工具投放流动性。一是通过降准、中期借贷便利、再贷款、再贴现等工具，向金融体系提供货币支持。二是通过积极引导金融机构扩大信贷投放来增加货币供应量。2020—2022年，人民币贷款新增额分别为19.63万亿元、19.95万亿元和21.31万亿元（见图11-7）。其中，2020年新增人民币贷款比上年多2.82万亿元。

第四节 货币供应量分析

中央银行通过各种货币政策工具来调节货币供应量和利率，进而对经济发展产生影响，以达到价格稳定、充分就业、国际收支平衡和经济增长的政策目标（见图11-8）。但是，中央银行所采取的货币政策工具需要一定时间才能对政策目标产生间接影响，因此有必要选择货币供应量等中介指标来观察政策工具实施效果并判断其对经济变量产生影响的程度。因此，对货币供应量的分析首先要分析货币政策工具与货币供应量之间的关系，其次是对货币供应量与经济关系的分析，最后对货币供应量自身的分析。

一、中国货币政策工具与货币供应量之间关系分析

货币政策工具是中央银行为达到货币政策目标而采取的手段，货币政策工具分为一般性工具、选择性工具和补充性工具。一般性货币政策工具包括公开市场操作、存款准备金和再贴现；选择性货币政策工具包括消费者信用控制、不动产信用控制、优惠利率、对金融企业窗口指导等；补充性工具包括直接信用控制工具、间接信用控制工具等。一般性货币政策工具多属于间接调控工具，选择性货币政策工具多属于直接调控工具。在过去较长时期

货币政策工具	操作指标	中介指标	政策目标
法定存款准备金率 公开市场操作 再贴现 其他货币政策工具	基础货币量 准备金 其他指标	货币供应量 利率 其他指标	稳定价格水平 充分就业 经济增长 国际收支平衡

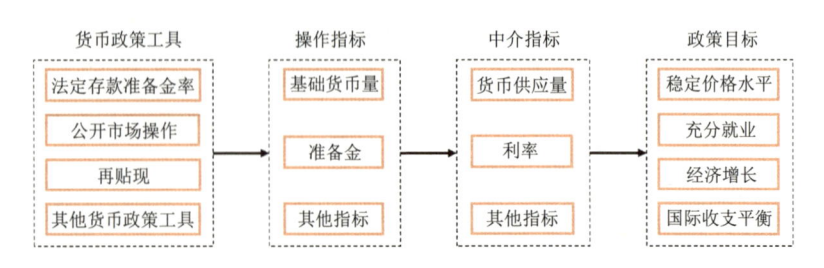

图 11-8 货币政策传导机制图

内,中国货币政策以直接调控为主,即采取信贷规模、现金计划等工具。1998年以后,主要采取间接货币政策工具调控货币供应总量。现阶段,中国人民银行主要采取公开市场操作、存款准备金、再贷款、利率、汇率等货币政策工具。下面分析公开市场操作、存款准备金、再贷款、结构性货币政策工具和其他常用货币政策工具对于货币供应量的影响。

（一）公开市场操作

在多数发达国家,公开市场操作是中央银行吞吐基础货币、调节市场流动性的主要货币政策工具,通过中央银行与指定交易商进行有价证券和外汇交易,实现货币政策调控目标。中国公开市场操作包括人民币操作和外汇操作两部分。外汇公开市场操作于1994年3月启动,人民币公开市场操作于1998年5月26日恢复交易,规模逐步扩大。1999年以来,公开市场操作已成为中国人民银行货币政策日常操作的重要工具,对于调控货币供应量、调节商业银行流动性水平、引导货币市场利率走势发挥了积极的作用。

中国人民银行从1998年开始建立公开市场业务一级交易商制度,选择了一批能够承担大额债券交易的商业银行作为公开市场业务的交易对象,目前公开市场业务一级交易商共包括40家商业银行。这些交易商可以运用国债、政策性金融债券等作为交易工具与中国人民银行开展公开市场业务。从交易品种来看,中国人民银行公开市场业务主要包括回购交易、现券交易、发行中央银行票据和国库定期存款招标。

回购交易分为正回购和逆回购两种。正回购为中国人民银行向一级交易商卖出有价证券,并约定在未来特定日期买回有价证券的交易行为,正回购为央行从市场收回流动性、减少货币供应量的操作,正回购到期则为央行增加货币供应量的操作；逆回购为中国人民银行向一级交易商购买有价证券,并约定在未来特定日期将有价证券卖给一级交易商的交易行为,逆回购为央行向市场上投放流动性、增加货币供应量的操作,逆回购到期则为央行减少市场上货币供应量的操作。

现券交易分为现券买断和现券卖断两种,前者为央行直接从二级市场买入债券,一次性地投放基础货币,进而增加货币供应量；后者为央行直接卖出持有债券,一次性地回笼基础货币,进而减少货币供应量。

中央银行票据即中国人民银行发行的短期债券，央行通过发行央行票据可以回笼基础货币，减少货币供应量；央行票据到期则体现为投放基础货币，增加货币供应量。

国库定期存款招标是国库资金管理的一种方式，也是人民银行向商业银行直接投放货币的一种手段。国库定期存款可以直接增加商业银行的资金来源，增加货币供应量；国库定期存款到期减少商业银行的资金来源，减少货币供应量。

（二）存款准备金

存款准备金是指金融机构为保证客户提取存款和资金清算需要而准备的资金，金融机构按规定向中央银行缴纳的存款准备金占其存款总额的比例就是存款准备金率。从定义中可以看出，存款准备金制度的初始作用是保证存款的支付和清算，之后才逐渐演变成为货币政策工具，中央银行通过调整存款准备金率，影响金融机构的信贷资金供应能力，从而间接调控货币供应量。

中国人民银行存款准备金工具分为人民币存款准备金率和外币存款准备金率。一般来说，中国人民银行提高存款准备金率，商业银行用于放贷的资金减少，投放的货币供应量也随之减少；反之，商业银行用于放贷的资金增加，投放的货币供应量也随之增加。

（三）再贷款

再贷款是中央银行按规定发放的贷款。2003年12月27日修正后的《中国人民银行法》第二十八条规定："中国人民银行根据执行货币政策的需要，可以决定对商业银行贷款的数额、期限、利率和方式，但贷款的期限不得超过一年。"

再贷款包括普通再贷款和再贴现。再贴现系指金融机构为了取得资金，将未到期的已贴现商业汇票再以贴现方式向中国人民银行转让的票据行为，是中央银行的一种货币政策工具。

无论是再贷款还是再贴现都会增加商业银行的资金来源，货币供应量随之增加；再贷款到期或再贴现的票据到期，中央银行从商业银行收回资金，货币供应量随之减少。

（四）其他货币政策工具

其他常用货币政策工具主要有常备借贷便利（SLF）、中期借贷便利（MLF）

和贷款市场报价利率（LPR）等。

一是常备借贷便利（SLF），2013年初，中国人民银行创设了常备借贷便利。常备借贷便利是中国人民银行正常的流动性供给渠道，主要功能是满足金融机构期限较长的大额流动性需求。对象主要为政策性银行和全国性商业银行。期限为1—3个月。利率水平根据货币政策调控、引导市场利率的需要等综合确定。常备借贷便利以抵押方式发放，合格抵押品包括高信用评级的债券类资产及优质信贷资产等。

二是中期借贷便利（MLF），2014年9月，中国人民银行创设了中期借贷便利。中期借贷便利是中央银行提供中期基础货币的货币政策工具，对象为符合宏观审慎管理要求的商业银行、政策性银行，可通过招标方式开展。中期借贷便利采取质押方式发放，金融机构提供国债、央行票据、政策性金融债、高等级信用债等优质债券作为合格质押品。中期借贷便利利率发挥中期政策利率的作用，通过调节向金融机构中期融资的成本来对金融机构的资产负债表和市场预期产生影响，引导其向符合国家政策导向的实体经济部门提供低成本资金，促进降低社会融资成本。

三是贷款市场报价利率（LPR），自2019年8月20日起，中国人民银行授权全国银行间同业拆借中心于每月20日（遇节假日顺延）9时30分公布贷款市场报价利率。贷款市场报价利率报价行应于每月20日（遇节假日顺延）9时前，按公开市场操作利率（主要指中期借贷便利利率）加点形成的方式，向全国银行间同业拆借中心报价。全国银行间同业拆借中心按去掉最高和最低报价后算术平均的方式计算得出贷款市场报价利率。

一般来说，上述货币政策工具利率的下降通常会降低实体经济的融资成本，直接或间接导致货币供应量增加，有助于缓解金融体系的流动性压力。

近年来，人民银行认真贯彻落实党中央、国务院决策部署，发挥好货币政策工具的总量和结构双重功能，围绕支持普惠金融、绿色发展、科技创新等国民经济重点领域和薄弱环节，服务经济高质量发展，逐步构建了适合我国国情的结构性货币政策工具体系。

截至2023年6月末，主要结构性货币政策工具有17种。一是支农再贷款，二是支小再贷款，三是再贴现，四是普惠小微贷款支持工具，五是抵押补充贷款，六是碳减排支持工具，七是支持煤炭清洁高效利用专项再贷款，八是科技创新再贷款，九是普惠养老专项再贷款，十是交通物流专项再贷款，十一是设备更新改造专项再贷款，十二是普惠小微贷款减息支持工具，十三是收费公路贷款支持工具，十四是民营企业债券融资支持工具，十五是保交楼贷款支持计划，十六是房企纾困专项再贷款，十七是租赁住房贷款支持计划。

我国的结构性货币政策工具是人民银行引导金融机构信贷投向，发挥精准滴灌、杠杆撬动作用的工具，通过提供再贷款或资金激励的方式，支持金融机构加大对特定领域和行业的信贷投放，降低企业融资成本。

二、货币供应量与经济关系的分析

货币供应量与经济关系的分析，主要是分析货币供应量的增长速度与经济增长速度、价格上涨率之间的关系。

货币作为商品和劳务交易的支付手段，一定的商品、劳务交易数量乘以价格之和，构成经济交易总量。由于货币在一次交易完成后并不随商品退出流通领域，因而在现实经济交易中，并不需要与商品和劳务交易总量相对应的货币总量，其经济关系可以公式表示：

$$M \times V = P \times T \qquad M = \frac{P \times T}{V}$$

式中：M 表示货币量，V 表示货币流通速度，P 表示商品、劳务的价格，T 表示商品和劳务数量。

在实际分析中，通常把货币供应量与经济增长速度和价格进行比较。即

货币供应量增长率 = GDP 增长率 + 价格上涨率

若货币供应量增长率大于 GDP 增长率和价格上涨率，则说明货币供应充足，反之，则货币供应不足。

三、货币供应量自身分析

（一）货币供应量流动性分析

货币供应量按其流动性强弱，划分为 M0、M1、M2 三个层次，M0、M1 所占比重的大小，反映出货币流动性的强弱。通常用 M1/M2 表示货币流动性。2011—2022 年中国各层次货币供应量统计如表 11-7 所示。

表 11-7　2011—2022 年各层次货币供应量统计表

时间	M2 余额（万亿元）	M2 同比(%)	M1 余额（万亿元）	M1 同比(%)	M1/M2	M0 余额（万亿元）	M0 同比(%)	M0/M1	M0/M2
2011.12	85.16	13.61	28.98	7.85	34.04	5.07	13.76	17.51	5.96
2012.12	97.41	13.83	30.87	6.49	31.69	5.47	7.71	17.71	5.61
2013.12	110.65	13.59	33.73	9.27	30.48	5.86	7.16	17.37	5.29
2014.12	122.84	12.16	34.81	3.19	28.33	6.03	2.88	17.31	4.91
2015.12	139.23	13.34	40.10	15.20	28.80	6.32	4.91	15.77	4.54
2016.12	155.01	11.33	48.66	21.35	31.39	6.83	8.05	14.04	4.41
2017.12	169.02	8.07	54.38	11.76	32.17	7.06	3.43	12.99	4.18
2018.12	182.67	8.08	55.17	1.45	30.20	7.32	3.63	13.27	4.01
2019.12	198.65	8.74	57.60	4.41	29.00	7.72	5.44	13.40	3.89
2020.12	218.68	10.08	62.56	8.61	28.61	8.43	9.23	13.48	3.86
2021.12	238.29	8.97	64.74	3.49	27.17	9.08	7.72	14.03	3.81
2022.12	266.43	11.81	67.17	3.74	25.21	10.47	15.26	15.59	3.93

数据来源：中国人民银行网站。

由表 11-7 可以看出，2011—2021 年中国的货币供应量增长速度整体放缓。特别是 2017 年之后，广义货币（M2）增速与前期相比，维持在较低水平，2017 年 12 月，M2 增速出现小幅下滑，主要反映了去杠杆和金融监管逐步加强背景下，银行资金运用更加规范，金融部门内部资金循环和嵌套减少，资金更多流向实体经济，而缩短资金链条也有助于降低资金成本。从长期看，随着去杠杆深化和金融进一步回归为实体经济服务，比过去低一些的 M2 增速可能成为常态。

（二）货币供应量形成因素分析

货币供应量的形成因素可以通过存款性公司概览反映出来，如表 11-8 所示。

概览中的货币和准货币即广义货币 M2。此概览的资产与负债移项可得：

M2= 国外净资产 + 国内信贷 - 不纳入广义货币的存款 - 债券
　　- 实收资本 - 其他（净）

上述公式描述了外汇占款、国内信贷、实收资本以及其他等因素对货币供应量的影响。通过上述公式可以看出，形成 2022 年货币供应量 2664321 亿元中，国外净资产占 10.85%，其中绝大部分是外汇占款，国内信贷占 110.70%，发行的债券使货币供应量减少 14.35%，不纳入广义货币的存款使货币供应量减少 2.11%，实收资本使货币供应量减少 3.18%。

表 11-8　2022 年 12 月存款性金融公司概览

单位：亿元

资产		负债	
1. 国外净资产	289129.69	1. 货币和准货币	2664320.84
2. 国内信贷	2949485.75	（1）货币	671674.76
（1）对政府债权（净）	449860.53	流通中货币	104706.03
（2）对非金融部门债权	2243282.35	单位活期存款	566968.73
（3）对其他金融部门债权	256342.88	（2）准货币	1992646.08
		单位定期存款	462001.61
		个人存款	1211692.83
		其他存款	318951.64
		2. 不纳入广义货币的存款	56100.68
		3. 债券	382522.43
		4. 实收资本	84735.79
		5. 其他（净）	50935.70

数据来源：中国人民银行网站。

第五节　正确解读 2021—2022 年货币供应量数据

2021—2022 年货币供应量余额合理增长，增速呈现小幅波动的态势，有力支持实体经济。面对复杂多变的国际环境和艰巨繁重的国内改革发展稳定任务，货币政策体现了灵活精准、合理适度的要求，前瞻性、稳定性、针对性、有效性、自主性进一步提升。

一、2021—2022 年货币供应的基本态势

2021—2022 年货币供应量余额合理增长，增速呈现小幅波动的态势（见图 11-9、图 11-10）。2021 年 1 月，受春节存款"搬家"、居民消费需求不足等影响，M0 出现短期下降。2021 年 12 月末，广义货币（M2）余额 238.29 万亿元，同比增长 9%；狭义货币（M1）余额 64.74 万亿元，同比增长 3.5%；流通中货币（M0）余额 9.08 万亿元，同比增长 7.7%。

2022 年 1 月，狭义货币（M1）受上一年同期基数较大影响，同比增速呈现回落态势，为 -1.9%。2022 年全年，货币供应量整体呈上升趋势，12 月末，广义货币（M2）余额 266.43 万亿元，同比增长 11.8%，增速比上年同期高 2.8 个百分点；狭义货币（M1）余额 67.17 万亿元，同比增长 3.7%，增速比上年同期高 0.2 个百

第十一章 货币供应量

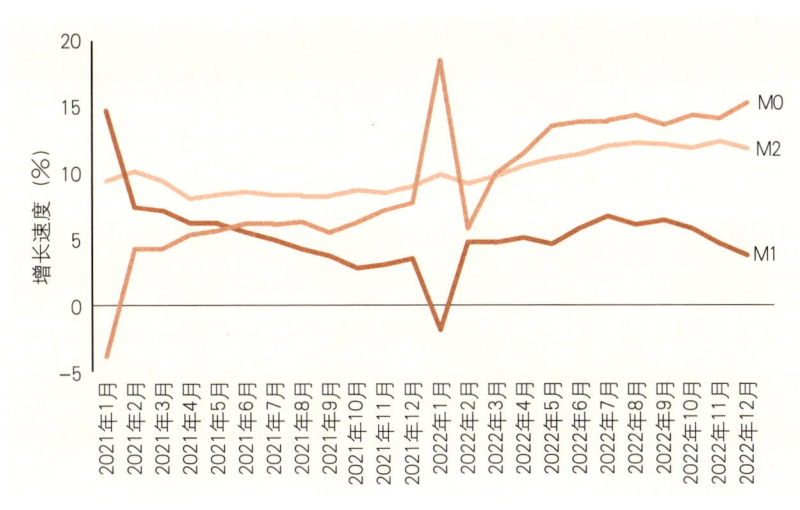

数据来源：中国人民银行网站。

图 11-9　2021—2022 年货币供应量同比增速走势图

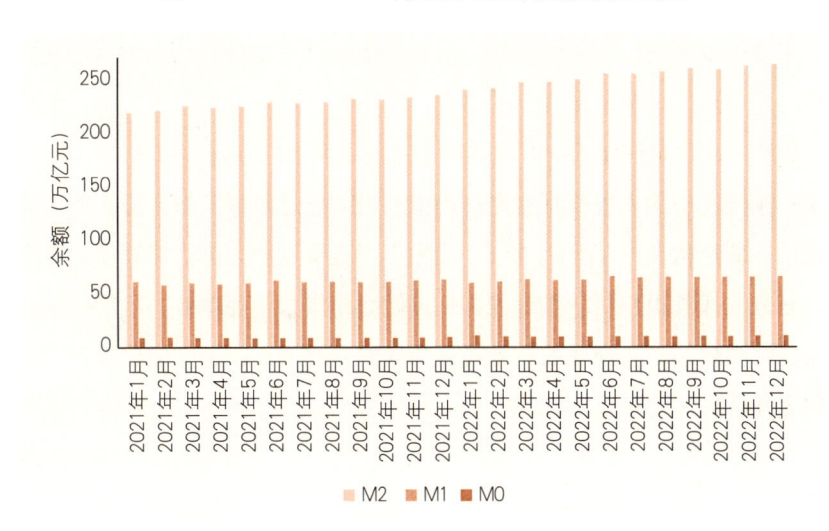

数据来源：中国人民银行网站。

图 11-10　2021—2022 年货币供应量走势图

分点；流通中货币(M0)余额 10.47 万亿元，同比增长 15.3%，增速比上年同期高 7.5 个百分点。

二、2021—2022 年货币供应量分析

2021—2022 年货币供应量呈现上述特征主要与中国人民银行根据国内外复杂

193

多变经济形势所采取的货币政策紧密相关。

近两年，我国经济受到新冠疫情、国际局势变化等多重超预期因素冲击，需求收缩、供给冲击、预期转弱的三重压力持续演化，同时国际地缘冲突加剧，世界经济下行风险加大，发展环境的不确定性上升。

为保持流动性合理充裕，2021年7月和12月两次降准各0.5个百分点，共释放长期资金约2.2万亿元，2022年全年2次降准释放长期资金超1万亿元，上缴央行结存利润1.13万亿元，调增政策性开发性银行信贷额度8000亿元，指导其投放政策性开发性金融工具资金7399亿元，人民银行综合运用再贷款再贴现、中期借贷便利、公开市场操作等多种方式短中长期相结合合理投放流动性，增强信贷总量增长的稳定性。

2022年第四季度，人民银行深入学习贯彻党的二十大精神，按照党中央、国务院决策部署，落实好稳经济一揽子政策和接续措施，保持流动性合理充裕，平滑好年末等关键时点的流动性供给，引导货币信贷平稳增长，加大金融支持实体经济特别是重点领域和薄弱环节的力度，推动综合融资成本稳中有降，坚持市场在汇率形成中起决定性作用，有效巩固经济回稳向上的基础。

下一阶段，中国人民银行将坚持稳中求进工作总基调，把实施扩大内需战略同深化供给侧结构性改革有机结合，加大宏观政策调控力度，建设现代中央银行制度，充分发挥货币信贷政策效能，重点做好稳增长、稳就业、稳物价工作，推动金融支持实体经济实现质的有效提升和量的合理增长，为全面建设社会主义现代化国家开好局、起好步。

（撰稿：阮健弘）

第十二章 进出口总额

> **阅读提示**
>
> 公布机构：中华人民共和国海关总署
>
> 调查频率：月度
>
> 公布时间：上月初步数据每月 7 日左右公布（逢季度 13 日左右）
>
> 　　　　　正式数据每月 18 日左右公布
>
> 　　　　　（以当年《中国海关统计数据对外公布时间表》为准）
>
> 公布渠道：海关总署网站（www.customs.gov.cn）
>
> 　　　　　海关统计数据在线查询平台（www.stats.customs.gov.cn）
>
> 　　　　　《海关统计》（月刊）
>
> 　　　　　《海关统计年鉴》
>
> 　　　　　《中国统计年鉴》
>
> 数据修订情况：有修订

第一节 什么是进出口总额

进出口总额又称进出口贸易额或进出口总值，是以货币表示的一定时期内一国（包括地区，下同）实际进出口商品的总金额，即同一时期的进口额与出口额之和，反映一国对外货物贸易的总体规模和发展水平，是研究一国对外贸易流量和流向以及国际收支平衡状况的重要统计资料。我国的货物贸易进出口长期由海关负责统计并公布数据，因此，我国的进出口统计也称海关统计。

进出口总额统计包括进口总额和出口总额。进口总额又称进口贸易额或进口总值，是以货币表示的一定时期内一国从国外进口的商品总金额。中国进口总额按到岸价格（CIF 型值）统计，即按照货价、货物运抵中国关境内输入地点起卸前的运输及其相关费用、保险费之和统计，不包括进口关税和环节税。

出口总额又称出口贸易额或出口总值，是以货币表示的一定时期内一国向国外出口的商品总金额。中国出口额按离岸价格（FOB 型值）统计，即按照货价、货物运抵中国关境内输出地点装运前的运输及其相关费用、保险费之和统计。

一定时期内一国出口总额与进口总额相减后的差额用来反映一国对外贸易平衡状况，计算公式为：

进出口差额 = 出口总额 - 进口总额

上式中，如果差额为正值，即出口总额大于进口总额，称为出超或顺差；反之，如果差额为负值，即出口总额小于进口总额，称为入超或逆差。出口总额与进口总额大体相等时，则可认为该国的对外贸易实现了基本平衡。

进出口总额统计是国民经济统计的重要组成部分，是开展经济分析和决策、进行宏观经济调控的重要依据，是研究对外经济贸易发展和国际经济贸易关系的重要资料。除利用进出口差额开展货物贸易平衡研究外，通过观察一定时间段进出口总额的变化可以对一国对外货物贸易发展进行动态分析，如研究对外发展水平、发展速度、预测未来进出口趋势等。

进出口总额的"国际可比性"是有别于其他宏观经济统计指标的突出特点。在国际贸易中，一国的出口反映为其贸易伙伴国的进口，出口总额及其对应的进口总额具有"镜像"或"手性"特征。因此，进出口总额还多用于国家间或区域间的贸易统计国际比较分析，研究一国与其贸易伙伴国的进出口总额的差异原因与变化趋势。

第二节 进出口总额的统计范围和统计分组

一、进出口总额的统计范围

考虑到进出口总额的"国际可比性"特征，联合国统计委员会制定了相应的国际货物贸易统计标准，对统计范围、统计项目、统计原始资料的采集与编制、数据公布与分析等作出一揽子规定，推荐或鼓励各国使用，提升进出口统计的规范性与协调性。

中国进出口总额统计的范围即依据联合国统计委员会《国际贸易统计：概念

与定义》中推荐的总贸易制①而定，即进入或离开一国经济领土而引起该国物质存量增加或减少的货物列入货物贸易统计。其中，经济领土是一国政府所管辖的人员、货物和资本可以自由流动的地理区域，不包括位于该国地理边界范围之内由外国政府或国际组织使用的领土飞地（如大使馆、领事馆、军事基地、科学考察站、新闻或移民办事处、援助机构等），但包括该国设置在另一国地理边界以内的任何领土飞地。

中国将上述标准引入国内立法，《中华人民共和国海关统计条例》（以下简称《海关统计条例》）第四条规定："实际进出境并引起境内物质存量增加或减少的货物，列入海关统计。进出境物品超过自用、合理数量的，列入海关统计。"在中国，经济领土与关境范围是一致的，《海关统计条例》中的"进出境"即指"进出关境"。关境是《中华人民共和国海关法》全面实施的领域，即除香港特别行政区、澳门特别行政区和我国台湾地区之外的全部领域，进出关境即意味着进出口。香港和澳门各自实行单独的海关制度；台湾地区于2001年以"台澎金马单独关税区"的名义成为世界贸易组织成员。因此，在海关统计实践中，将上述三个地区视作贸易伙伴地区，内地与这三个地区之间往来的货物，列入中国的对外贸易统计；这三个地区与内地以及世界上其他国家（地区）直接的贸易往来由这三个地区另行统计。

根据贸易优惠政策和海关监管的需要，中国关境内划分了多个海关特殊监管区域和保税监管场所，主要包括：保税区、跨境工业区、保税港区、综合保税区、出口监管仓库、保税仓库以及保税物流中心（A、B型）等。尽管海关监管措施存在差别，但这些特殊监管区域和保税监管场所与境外之间进出口的货物也被列入进出口货物贸易统计。

值得注意的是，除了货物外，超过自用合理数量的进出境"物品"也被列入进出口总额的统计范围之内。海关监管的"物品"包括行李物品、邮递物品和其他物品。物品是相对于进出境货物而言的。物品与货物的区别一般可从两方面认识：一是从实质看，货物在进出境环节属于贸易性质，而物品在此环节属于非贸

---

①总贸易制是与专门贸易制相对应的。如果一国的统计地域与经济领土一致，则为总贸易制；如果统计地域仅为经济领土的一部分，则为专门贸易制。

易性质；二是从形式看，货物应当签有合同或协议，物品则不存在合同或协议。进出口统计不区分货物和物品。

"自用"是指进出境旅客本人自用、馈赠亲友而非为出售或出租。"合理数量"，是指海关根据旅客旅行目的和居留时间所规定的正常数量。"自用"是前提，确定物品是否自用的依据是物品进出境的目的，以满足自用为原则，海关参考旅客实际需求以及国家相关法律规定作出的"量"的界定。超出"自用、合理数量"的，从海关监管角度来看，也视为"货物"，按照进出境货物的有关规定办理进出境相关手续，列入进出口统计。例如，进出境旅客携带的超过个人自用合理数量的钻石、个人用汽车等。

随着我国贸易业态的发展和海关统计能力的提升，列入进出口统计的货物类型不断扩大。免税品、边民互市进出口商品、C类快件货物及通过邮件、B类快件渠道进出境的跨境电商包裹分别自2014年、2015年、2016年和2019年起列入进出口统计。自2022年起，低值快速货物列入进出口统计。

对于未实际进出境或者虽然实际进出境但没有引起境内物质存量增加或减少的货物，不列入进出口统计，主要包括过境、转运和通运货物、暂时进出口货物、展览品、跨境运输的内贸货物、货币及货币用黄金、租赁期1年以下的租赁进出口货物、因残损等原因免费补偿或者更换的进出口货物以及境内进出各类海关特殊监管区域和保税监管场所的货物等。海关根据管理需要实施单项统计。此外，自2012年起，按已录制媒体的形式经海关报关出口的定制型软件、蓝图（即统计商品品目为98.03的商品），不再列入进出口统计，而列入服务贸易统计。

二、进出口总额的统计项目

根据《海关统计条例》，进出口货物的统计项目包括：品名及编码、数量、价格、进出口收发货人、贸易方式、运输方式、进口货物的原产国（地区）、启运国（地区）、境内目的地、出口货物的最终目的国（地区）、运抵国（地区）、境内货源地、进出口日期、关别以及海关总署规定的其他统计项目。根据国民经济发展和海关监管需要，上述项目可由海关总署进行调整。海关对进出口总额按照上述统计项目分组统计，编制月度和年度统计资料，支持数据用户从进出口商品结构、贸易伙伴、运输流向等多个角度分析我国货物贸易进出口情况。

（一）品名及编码

列入进出口统计的货物均根据《中华人民共和国海关统计商品目录》（以下简称《商品目录》）进行分类归类统计。该目录 1980—1991 年以联合国《国际贸易标准分类》第 2 次修订本为基础编制，1992 年起改以海关合作理事会制定的《商品名称和编码协调制度》（The Harmonized Commodity Description and Coding System）为基础编制，采用八位数商品编码，前六位数是《协调制度》编码，后两位数是根据中国关税、统计和贸易管理方面的需要而增设的本国子目。2023 年版《商品目录》共设 99 章 8957 个八位数商品编号，其中前 97 章与《中华人民共和国进出口税则》一致，第 98 和 99 章专为统计目的而设。《商品目录》编制和修订工作的根据是海关行业标准《海关统计商品目录及进出口主要商品目录编制规则》。

此外，为更便于反映我国进出口商品主要结构，海关总署以《商品目录》为基础制定《海关统计进出口主要商品目录》，如农产品、机电产品等，将单个或多个商品编码按同品类分组编制而成，是海关统计商品目录的衍生目录。

（二）价格

统计价格也就是进出口货物的金额。其中，进口货物按到岸价格（CIF）统计，出口货物按离岸价格（FOB）统计。

统计价格同时按照人民币和美元计价统计。进出口货物的成交价格应当分别按照海关征税使用的中国银行折算价和国家外汇管理部门按月公布的各种外币对美元的折算率折算成人民币值和美元值进行统计。

其中，海关征税适用的汇率是根据《中华人民共和国海关进出口货物征税管理办法》，为上一个月第三个星期三（该时点如逢法定节假日，则顺延采用第四个星期三的）中国人民银行公布的外币对人民币的基准汇率，以基准汇率币种以外的外币计价的，采用同一时间中国银行公布的现汇买入价和现汇卖出价的中间值。各种外币对美元折算率采用国家外汇管理局发布的《统计用各种外币对美元折算率表》（在国家外汇管理局网站公布）。

2013 年以前，进出口总额仅按照美元计价统计数据对外公布。2013 年在每月公布的《海关统计快讯》和《海关统计月刊》中，增加公布以人民币计价的进出口总额、出口总额、进口总额以及进出口差额等4个总量指标。自2014年起，海关同时按照人民币和美元两个币制公布各类海关统计资料，以满足各界对人民币计价海关统计数据日益增多的需求。

（三）统计国别（地区）

进口货物的贸易伙伴国按照原产国（包括地区，下同）统计；出口货物按照最终目的国统计。原产国指进口货物的生产、开采或加工制造的国家。对经过几个国家加工制造的进口货物，以最后一个对货物进行经济上可以视为实质性加工的国家作为该货物的原产国。原产国确实不能确定时，按"国别不明"统计。最终目的国指出口货物已知的消费、使用或进一步加工制造的国家。最终目的国不能确定时，按货物出口时尽可能预知的最后运往国统计。

根据联合国推荐的统计标准和《海关统计条例》，对于进口货物，除统计原产国外，还统计启运国，即直接运抵我国或在运输中转国未发生任何商业交易的情况下运抵我国的货物的始发国。对于出口货物，在最终目的国的基础上，增加统计运抵国，即出口货物从我国直接运抵或在运输中转地未发生任何商业性交易的情况下最后运抵的国家。

进出口总额的国别分组参考联合国统计司的国别分组、ISO3166标准和我国国家标准，根据其经济地理位置并结合海关统计工作实际需要而设定，不代表我国对其主权、政治地位及边界划分的态度。根据海关行业标准《海关统计国家（地区）名称代码》，目前共261个分组，其中252个对应具体地理位置，其余9个为洲别兜底分组或海关原产地管理用分组。

（四）贸易方式

贸易方式是买卖双方转让商品所有权时所采用的交易方式，亦称货物的贸易性质，可以反映各种贸易方式的进出口情况及其在对外贸易中所占的比重。根据海关行业标准《海关统计贸易方式代码》，列入进出口总额统计的贸易方式分为20种。

（1）"一般贸易"指中国境内单边进口或单边出口的货物。

（2）"国家间、国际组织无偿援助和赠送的物资"指中国根据两国政府间的协议或临时决定，对外提供无偿援助、捐赠品或中国政府、组织基于友好关系向对方国家政府、组织赠送的物资，以及中国政府、组织接受国际组织、外国政府或组织无偿援助、捐赠或赠送的物资。

（3）"其他捐赠物资"指捐赠人（政府和国际组织除外）以扶贫、慈善、救灾为目的捐赠的直接用于扶贫、救灾、兴办公益福利事业的物资。

（4）"补偿贸易"指由境外厂商提供或利用境外出口信贷进口生产技术或设备，由中方进行生产，以返销产品方式分期偿还对方技术、设备价款或贷款本息的交易形式。

（5）"来料加工贸易"指由外商提供全部或部分原材料、辅料、零部件、元器件、配套件和包装物料，必要时提供设备，由中方按对方的要求进行加工装配，成品交对方销售，中方收取工缴费，对方提供的作价设备价款，中方用工缴费偿还的交易形式。

（6）"进料加工贸易"指中方用外汇购买进口的原料、材料、辅料、元器件、零部件、配套件和包装物料，加工成品或半成品后再外销出口的交易形式。

（7）"寄售代销贸易"指寄售人把货物运交事先约定的代销人，由代销人按照事先约定或根据寄售代销协议规定的条件，在当地市场代为销售，所得货款扣除代销人的佣金和其他费用后，按照协议规定方式将余款付给寄售人的交易形式。

（8）"边境小额贸易"指中国沿陆地边界线经国家批准对外开放的边境县（旗）、边境城市辖区内经批准有边境小额贸易经营权的企业，通过国家指定的陆地边境口岸，与毗邻国家边境地区的企业或其他贸易机构之间进行的贸易活动。

（9）"加工贸易进口设备"指加工贸易项下对方提供的机械设备，包括以工缴费（或差价）偿还的作价或不作价设备。国家为鼓励服务外包产业，海关对发包方提供的供服务外包企业提供服务所需的进口设备实施保税监管，也按照加工贸易进口设备列入统计。

（10）"对外承包工程货物"指经国家商务主管部门批准的有对外承包工程经营权的公司为承包国外建设工程项目和开展劳务合作等对外合作项目而出口的设备、物资。

（11）"租赁贸易"指承办租赁业务的企业与外商签订国际租赁贸易合同，

租赁期为一年及以上的租赁进出口货物。

（12）"外商投资企业作为投资进口的设备、物品"指外商投资企业以投资总额内的资金（包括中方投资）所进口的机器设备、零部件和其他物料（其他物料指建厂（场）以及安装、加固机器所需材料），以及根据国家规定进口本企业自用合理数量的交通工具、生产用车辆和办公用品（设备）。

（13）"出料加工贸易"指将中国关境内原辅料、零部件、元器件或半成品交由境外厂商按中方要求进行加工或装配，成品复运进口，中方支付工缴费的交易形式。

（14）"易货贸易"指不通过货币媒介而直接用出口货物交换进口货物的贸易。

（15）"免税外汇商品"指由经批准的经营单位进口、销售专供入境的中国出国人员、华侨、外籍华人、港澳台同胞等探亲人员、出境探亲的中国公民和驻华外交人员的免税外汇商品。

（16）"保税监管场所进出境货物"指从境外直接存入保税仓库（含保税物流中心）的货物和从保税仓库（含出口监管仓库和保税物流中心）复运出境的货物，不包括保税区等海关特殊监管区域的仓储、转口货物。2011年以前称为"保税仓库进出境货物"。

（17）"海关特殊监管区域物流货物"指从境外存入保税区、综合保税区、保税港区等海关特殊监管区域和从上述区域运往境外的仓储、分拨、转口等保税物流货物。2011年以前称为"保税区仓储、转口货物"。

（18）"海关特殊监管区域进口设备"指出口加工区等海关特殊监管区域企业从境外进口用于加工生产所需的机器设备及工模具、区内建设所需的基建物资以及区内企业和行政管理机构自用合理数量的办公用品。

（19）"免税品"指设在国际机场、港口、车站和过境口岸的免税品商店进口，按照有关规定销售给办完出境手续的旅客的免税商品，供外国籍船员和我国远洋船员购买送货上船出售的免税商品，供外交人员购买的免税品，以及在我国际航机、国际班轮上向国际旅客出售的免税商品。

（20）"其他贸易"指上述列明贸易方式不包括但根据《海关统计条例》应列入进出口额统计的货物，如旅游购物、对台小额贸易等。

（五）运输方式

海关对进出口货物的运输方式按实际进境或出境时的具体方式统计，包括水路运输、铁路运输、公路运输、航空运输、邮政运输、固定设施（如管道、电网）、旅客携带以及其他（如畜力)，参见海关行业标准《海关统计国家（地区）名称代码》。

（六）其他主要统计项目

进出口货物的收发货人按照从事进出口经营活动的法人、其他组织及个人统计。海关根据进出口收发货人所在地区编制国内各个省（包括自治区、直辖市）的进出口统计，体现企业经营所在行政区域特征信息，服务地方经济发展；还可以按照企业的经济所有权属性编制国有企业、外资企业、私营企业等进出口统计，反映各类所有制市场主体的对外贸易情况。

进出口货物的关别按照接受申报的海关进行统计。如一批海运进口货物从天津口岸进境，在天津口岸换装火车运往呼和浩特，在呼和浩特报关进口，则关别按呼和浩特海关统计，天津海关为其进出境海关。

进口货物按海关放行日期列入统计；出口货物按海关结关时间列入统计。如，2023年9月的进出口额包括9月放行的进口货物和9月结关的出口货物总和。

三、跨境电子商务的统计

跨境电商（Cross-border E-commerce）即数字贸易中的数字订购贸易（Digitally-ordered Trade），属于进出口货物贸易的一部分，其核心特征为"在线成交"，即通过在线上平台下订单而达成交易。随着经济全球化和互联网的普及，中国跨境电商快速发展，在对外贸易中受到越来越多的关注，政府部门、研究机构及业界对跨境电商数据的使用需求日益强烈。

为落实国家跨境电商进出口政策，海关总署分别于2014年和2016年设立了跨境直购（代码9610）、网购保税（代码1210）监管方式。2020年7月，为支持跨境电商B2B模式的发展，海关总署设立跨境电商企业对企业直接出口（代码9710）和跨境电商出口海外仓（代码9810）监管方式。这些监管方式项下的进出口货物已按照前述"一般贸易"贸易方式列入统计。

从贸易实际看，上述跨境电商监管方式并不能覆盖全部在线成交的进出口货物。进口方面，跨境电商零售正面清单外的商品，只能按照一般贸易监管等方式清关后在线上销售；出口方面，在亚马逊平台自营或中国卖家在其平台上销售的商品，不少也是按照一般贸易出口，未采用跨境电商监管方式申报。此外，邮快件渠道也是跨境电商的进出境渠道之一。

为解决按海关跨境电商监管方式统计无法全面覆盖跨境电商进出口业态的问题，2017年，海关总署会同商务及统计部门在浙江省杭州市和广东省广州市开展了跨境电商全业态统计试点调查工作，了解不同物流通关类型商品中跨境电商的占比以及跨境电商平台、物流服务企业、支付企业、线上卖家等相关方的数据情况。根据调研情况，海关总署研究确定以"在线成交""跨境交易主体"和"跨境物流"为统计口径，面向境内主要跨境电商平台、卖家等企业发放统计调查问卷，结合亚马逊等境外平台财报数据，统计跨境电商的实际进出口规模。此后，根据2017年确定的主体思路定期开展调查测算。调查显示，2022年，我国跨境电商进出口2.1万亿元，占进出口总值的4.9%。2023年5月，国家统计局批准《跨境电子商务统计调查制度》，海关跨境电商统计工作步入制度化、规范化发展的新阶段。

第三节 进出口总额的编制与公布

一、基本情况

中国进出口总额编制工作由海关总署组织实施。全国进出口总额统计资料由海关总署编制和公布，各省、自治区、直辖市等地方进出口总额统计资料由地方海关编制和公布。

进出口总额统计的原始资料是海关确认的进出口货物报关单证及其他有关单证。除统计价格（即进出口货物的金额）外，编制进出口总额统计时的相关统计项目还包括进出口货物的品种、贸易伙伴国（地区）、境内目的地、境内货源地、贸易方式、运输方式等。2022年，根据中国海关统计，中国与世界上近250个国家（地区）有货物贸易往来，涉及商品超过8500个（根据海关统计商品分类）。

二、进出口总额统计数据的资料来源

主要包括：《中华人民共和国海关进（出）口货物报关单》《中华人民共和国保税区进（出）境货物备案清单》《中华人民共和国海关跨境电子商务零售进

（出）口商品申报清单》《中华人民共和国海关进（出）境快件货物报关单》以及边民互市进（出）境货物申报单证及其他经海关确认的与进出口货物相关的单证及资料、海关公布的其他统计调查表式以及其他编制进出口货物贸易统计所需要的资料。

货物进出口时，由进出口货物收发货人或其代理人依据《中华人民共和国海关进出口货物报关单填制规范》《中华人民共和国海关特殊监管区域进出口货物报关单、进出境货物备案清单填制规范》等文件，如实填写进出口货物的相关信息，主要包括进口口岸、经营单位、运输方式、运输工具名称、提运单号、进口货物的启运国和原产国以及境内目的地、出口货物的运抵国和目的国以及境内货源地、成交方式、运费、保险费、杂费、货物的件数、包装种类、毛重、净重、商品编码、商品名称与规格型号、数量和计量单位、总价、申报币制等。

三、进出口总额统计数据的编制

（一）报关单数据的采集和质量控制

海关接受申报并审核报关单申报信息与货物相符后，放行进出口货物，办结海关手续。结关后的报关单电子数据逐票自动导入专门的海关统计基础数据库。为确保统计数据的准确性，海关实行"结关前数据审核和结关后数据审核"的数据审核机制。

结关前数据审核包括电子审核与现场单证作业，前者指在申报系统中，对所有电子数据按照统计数据质量检控逻辑进行自动审核，统计项目申报不完整或不符合逻辑的作退单处理；后者指通关现场根据海关信息化系统指令和要求，对报关单电子数据进行审核，发现问题的，业务现场联系企业处理。

结关后数据审核由隶属海关初审、直属海关复审、总署统计司复核，重点审核统计项目申报的准确性。除常规审核外，每年年初和年中，各直属海关统计部门应定期对上年度与本年度上半年的统计数据进行集中专项复审；海关总署统计司在各直属海关集中专项复审的基础上进行集中专项复核。

在数据审核中发现的疑似数据差错，海关统计人员可以依据《海关统计条例》第二十条向进出口商提出查询，核实数据的准确性。经查实确属申报错误的，海关统计人员修改统计基础数据库。一般情况下，年度专项复核结束后，对上年度数据不再进行更正。

（二）非报关单数据的采集和质量控制

为适应国家经济社会发展及海关业务改革对基于报关单申报模式的海关统计传统作业流程和数据质量保障模式的影响，自 2015 年起，海关将统计原始资料的采集范围扩大到非报关单数据，包括边民互市商品申报单、快件报关单、跨境电子商务清单、进出境邮件数据、"径予放行"货物出入仓单等。海关每月定期采集上述统计原始资料，根据不同的业态特点和监管要求，结合申报模式和统计要素，制定不同的统计项目编制方法，确保海关统计的完整性、及时性、准确性。非报关单来源的统计原始资料采用汇总审核方法，重点检查统计项目的合法性与合理性，纳入海关统计数据半年度和年度专项审核与专项复核质量控制体系。

（三）数据集成与超级汇总

每月月底前，来自报关单的进出口统计原始资料与来自邮快件系统等非报关单的统计原始资料在海关总署统计数据库中合并，编制全国进出口总额等统计资料；同时，反馈给各直属海关本关月度数据，用以编制本关区和本地区进出口总额等统计资料。

海关总署以《海关统计条例》确定的统计范围为判断依据，在全国海关统计基础数据库中逐条筛选符合纳入对外贸易统计的报关记录，采集进出口标志、统计人民币值、统计美元值、贸易方式、运输方式等统计项目，通过"超级汇总"直接得出进口总额和出口总额，并衍生计算进出口总额和进出口差额，以及相应的同比数据。各省、自治区、直辖市的进出口总额也采用同样的方法计算，按照进出口企业备案地来判断。例如，2022 年北京进出口总额为 36420.1 亿元，表明在北京市场监管部门备案的外贸企业当年进口货物和出口货物的总额，其中既包括在天津口岸进口的货值，也包括在全国其他口岸进口的货值。类似的，通过"超级汇总"的方法，还可以按照关别、贸易方式、运输方式等统计指标对进出口总额进行分类汇总。

四、进出口总额统计数据的公布

根据《海关统计条例》第十七条，进出口统计信息由海关负责对外公布。海关总署统计分析司统一管理全国进出口统计信息公布工作，直属海关负责公布地方进出口统计信息。各级海关统计部门对经汇总加工编制的海关统计资料，通过举行新闻发布会、出版发行统计书刊、电子数据交换、新闻稿等形式，定期向地方政府通报和向社会各界公开公布。

2002年4月，中国正式加入由国际货币基金组织（IMF）建立并推行的"数据公布通用系统（General Data Dissemination System）"（以下简称GDDS）。海关总署作为中国对外贸易统计数据编制和公布的主管部门，按照GDDS的要求，就中国对外贸易统计数据的概念、数据质量、数据的完整性、公众对数据的可获得性及改进计划等方面做出解释并予以公布。海关总署于每年12月以海关总署公告的形式向社会公布下一个年度的《中国海关统计数据公布时间表》（可在海关总署门户网站浏览），明确公众可获得各类海关统计数据的具体时间和渠道。2015年，中国加入IMF的数据公布特殊标准（SDDS）。

根据2023年《中国海关统计数据公布时间表》，上月进出口总额初步统计数据每月7日左右（法定节假日顺延）向社会公布，公布渠道包括海关总署门户网站、新闻媒体等；经进一步审核更正差错的正式统计数据每月18日公布，除在海关总署网站更新外，公众还能够通过进出口统计对外咨询服务机构获得更详细的统计数据。此外，进出口总额等综合统计资料还通过《海关统计月刊》（中英文版）和《海关统计年鉴》（中英文版）向社会公布。

公众可获得全国进出口总额统计数据的渠道主要包括：

（1）"快讯"为海关统计月度初步汇总数据，由海关总署通过门户网站和新闻媒体公布。

（2）"月刊"为以进一步修正差错后形成的月度正式数据为基础编制的系列报表，由海关总署通过门户网站公布。

（3）"在线查询数据"为按照海关总署公告2018年第156号对社会公众开放查询的月度正式数据，访问地址是www.stats.customs.gov.cn，也可以通过海关门户网站链接访问。在线查询数据支持用户按照中英文两种语言免注册直接登录访问，按月度查询2017年以来按照国别、商品（2、4、6及8位）、贸易方式和省级行政区划分组统计的进出口总额数据。

（4）"年鉴"指以上一年度的海关统计正式数据为基础编制的系列报表。

年鉴公布后对上年度数据不再更正。

海关统计快讯、月刊和年鉴均按中英文公布，其中月刊和年鉴中文版纸质出版物发行时间稍晚于网站公布时间。

此外，公众可以从《中国统计年鉴》《年度国民经济和社会发展统计公报》等渠道查阅进出口统计资料，在海关总署门户网站在线查询按进出口商品、进口原产国（地区）、出口目的国（地区）、海关统计贸易方式以及收发货人注册地等统计项目分类汇总的进出口货物贸易统计数据。《海关统计商品目录》手机端查询功能开放，社会公众还可以通过海关发布、海关数库等微信公众号查询2002年以来各年度的《海关统计商品目录》。目前，海关门户网站的中英文统计栏目全面完成升级，海关统计快讯、月刊、对外贸易指数实现在线查询与下载。

第四节 正确解读进出口总额

一、解读进出口总额的注意事项

进出口总额统计数据可以按商品、国家、地区等不同侧面反映外贸进出口发展状况，是各级政府制定政策、企业调整发展方向的重要参考资料。但经常会有一些政府部门或企业反映，海关公布的进出口统计数据与他们掌握的情况不一致，这主要是由于对海关统计的标准不了解造成的。要正确掌握和使用进出口总额应该注意以下一些问题：

（一）关于统计范围的问题

顾名思义，进出口总额就是进出口货物的总值，但并不是所有进出境货物的总值都列入进出口总额统计当中。前文已经说明，列入进出口统计范围的货物需同时符合两个条件：一是实际进出关境，二是改变中国的物质存量。对于未进出中国关境，或虽进出中国关境但未引起中国境内物质资源储备增加或减少的货物，是不列入中国进出口总额统计的。例如，修理物品、暂时进出口货物、展览品等，这些货品虽然进出关境，但仅仅是暂时停留在国内，并且最终运往境外，不能引起国内物质资源储备的变化，因此不列入进出口总额统计；在保税区、保税港区、综合保税区等海关特殊监管区域之间或与区外调拨转移的货物，虽然也属于对外贸易范畴，但这些货物的流动全部在境内，没有发生实际进出境，因而未包括在进出口总额中。

此外，列入进出口统计的货物并非仅指商业性交易对象的货品，亦包括援助、捐赠等未发生买卖关系的货品。货物所有权是否转移也不是判断依据，如来料加工装配货物、进口料件和出口成品的所有权均属于境外企业，但由于这些货物满足了跨境和改变境内物质存量原则，因而列入进出口总额中。

（二）关于统计国别的问题

大家在使用国别进出口总额统计数据时，要注意根据国际货物贸易统计的规则，进口统计的是原产国，出口统计的是最终目的国。由于产品加工增值、转口贸易或中转运输的原因，货物的原产国或最终目的国的确定过程比较复杂。例如，内地商人在中国香港购买了一批服装，该服装主要是在日本生产加工，在中国香港只是进行钉纽扣和商标等简单加工，未达到实质性变更原产地的程度，那么该批服装的原产国就是日本，尽管最后的加工过程在中国香港，但因没有对其进行实质性加工，因此中国香港不能确定为原产地。再如，中国香港商人购买内地产品，经中国香港转运到美国，则最终目的国应该是美国。上述两种情况在国别进出口总额统计中，均分别反映在中国与日本和美国的进出口贸易中，而并不体现内地与中国香港地区的贸易统计数据中。

正是由于国别统计的这种特定性，使得双边贸易统计比较也会存在差异。理论上讲，中国自一国的进口总额应与该国对中国的出口总额一致，但实际上会存在差异，国别统计问题就是一个主要因素。

（三）关于统计时间的问题

很多企业在使用数据时，经常会发现一些进出口数据没有体现在海关公布的当月进出口总额统计资料中，这是因为进出口货物向海关申报后，有一个办理海关手续的过程，这些过程包括缴纳关税，办理减免税、进出口许可手续，海关实施查验、放行以及运输工具驶离关境。《海关统计条例》规定，进口货物按放行日期统计，出口货物按结关日期统计。因此，由于企业在办理上述手续过程中出现问题，往往使得货物不能及时完结海关手续，造成滞后统计，极个别情况下甚至会比申报时间晚数月。

（四）关于加工贸易的问题

加工贸易是中国当前最主要的贸易形式之一，在进出口总额中所占的比重一度超过50%。在海关监管和统计实践中，将加工贸易分为来料加工和进料加工（定义参见前文对贸易方式的解释），均列入进出口总额。海关统计中的加工贸易进出口额即为来料加工和进料加工进出口额之和。除了海关加工贸易统计数据外，在国际收支平衡表中也涉及加工贸易，但两者的概念和范围存在差异，数据使用者需要特别注意两者之间的区别。

鉴于来料加工进口料件和出口成品的所有权在货物进出口时未发生转移，均属于国外厂商，2008年国际货币基金组织修订的《国际收支和国际投资头寸手册（第6版）》将此类加工贸易定义为"原料由他人所有的加工型服务"（Manufacturing Service on Physical Inputs Owned by Others），建议各国在编制国际收支平衡表时，将上述加工型服务（即来料加工）的进出口货物金额从货物贸易项下扣除，作为报表补充资料单独统计，而将来料加工的工缴费列入服务贸易项下。进料加工不变。

考虑到货物贸易统计与国际收支统计的原则和应用均存在差异，2010年2月联合国统计委员会通过的《联合国国际货物贸易统计概念与定义》中，仍然坚持了货物贸易统计范围的界定原则，即跨境与物质存量改变，明确规定不论是来料加工还是进料加工均列入货物贸易统计。

（五）关于按人民币计价和美元计价同比增速不同的问题

如前所述，进出口总额同时以人民币值和美元值计价表示。数据使用者会发现，两种币制下，某一年份与上一年度的同比增长速度并不一致，这是因为报告期和基期美元和人民币的折算率或汇率是动态变化的。例如，2021年和2022年同样进口100美元的货物，如果人民币升值，等量美元折算的人民币值将减少；按美元计，则外贸规模未发生变化，而按人民币计，则进口出现了下降。同样，如果人民币贬值，等量美元折算的人民币会增加，以人民币计价的外贸规模就会增长。

(六）数据公布后更新

在进出口数据公布后，如果发现已公布的数据有差错等需要更正的情况，海关总署在次月公布月度数据时会同时更新1月至当月的进出口总额数据，《中国海关统计年鉴》公布后，对涉及的统计数据不再更新。

二、1981—2022年进出口总额的变化轨迹

改革开放以来，对外贸易成为中国经济稳定、持续、快速发展的主要支柱和引擎之一，是中国经济迅速融入世界经济重要的纽带和桥梁。进出口总额从1981年的735亿元急剧攀升到2022年的41.7万亿元，增长568倍（见表12-1）。中国从一个无足轻重的贸易小国迅速崛起为一个名副其实的贸易大国。

1981—1993年：放权改制，底部跃升。改革开放后，国家逐步完善外贸管理，增设外贸口岸，下放外贸经营权，改革汇率机制，对外贸易自由化程度不断提高。至1993年，我国对外贸易规模和出口规模均已上升至世界第11位。

1994—2001年：市场导向，蓄势待发。1994年中国对外贸易规模首次突破2000亿美元关口。受到国内经济发展低迷和亚洲金融危机的影响，这一阶段中国外贸发展步伐相对缓慢。同期，中国继续推进外贸体制改革，以市场为导向，建立了适应国际经济通行规则的各项配套措施，逐步形成了多层次、多类型的外贸企业进行多渠道经营的大经贸格局，为中国对外贸易大发展积蓄了力量，也为成功加入世界贸易组织创造了良好的条件。

2002—2007年：借水推舟，突飞猛进。自2001年12月中国正式加入世界贸易组织以来，中国外贸体制进行了新一轮改革和调整，企业国际竞争力不断提高，对外贸易进入了改革开放以来发展最快的一段时期，增长速度连续6年保持在20%以上。2004年开始，我国外贸进出口总额占全球贸易总额的比重突破6%，在全球排名达到第3位；2007年我国出口总额首次超越美国，跃升至世界第2位。

2008—2014年：危中觅机，弯道超车。2008年9月美国次贷危机全面爆发，迅速席卷欧盟、日本等地区，世界经济增长停滞，全球货物贸易也出现大幅下滑。2009年，全球货物贸易进出口总额由2008年的32.74万亿美元下滑至25.34万亿美元，同比下降22.6%。当年我国外贸进出口值同比下降16.3%。我国先后出台了包括完善出口退税政策、改善贸易融资环境、扩大出口信用保险覆盖面等政策

措施"组合拳",取得了显著成效。2009年,我国进出口降幅逐季收窄,并超越德国,首次跃升为全球货物贸易出口第一大国。2013年,进出口规模突破4万亿美元关口,达到41590亿美元,成为全球货物贸易第一大国。

2015年以来:提质增效,由大渐强。国际金融危机之后,全球经济复苏艰难曲折,全球贸易增速持续低于世界经济增速,国际市场竞争不断加剧,针对我国的贸易保护主义措施不断升级,我国外贸发展面临严峻挑战。2017年1月,习近平主席在世界经济论坛上指出,中国与世界经济的关联方式正从最初的"三来一补"向"优进优出"转变。一般贸易在我国外贸进出口的比重稳步提升,企业数量快速增加、市场竞争更为活跃、贸易伙伴更趋多元、市场主体更趋活跃、区域发展更加协调、产品结构更加优化。

三、解读2022年进出口总额

据海关统计,2022年,我国进出口总值为41.67万亿元,比2021年(下同)增长7.6%。其中,出口23.63万亿元,增长10.3%;进口18.04万亿元,增长4.2%;贸易顺差5.6万亿元,扩大36.1%。按美元计价,2022年我国进出口总值为6.25万亿美元,增长4.3%。其中,出口3.54万亿美元,增长6.9%;进口2.71万亿美元,增长1%;贸易顺差8379亿美元,扩大31.6%。

2022年我国外贸进出口主要呈现以下特点:

1. 一般贸易进出口两位数增长

2022年,我国一般贸易进出口为26.53万亿元,增长11.4%,占我外贸总值的63.7%,比2021年提升2.2个百分点。其中,出口14.98万亿元,增长15.3%;进口11.55万亿元,增长6.7%。同期,加工贸易进出口8.44万亿元,下降0.5%,占比20.3%。其中,出口5.39万亿元,增长1.1%;进口3.05万亿元,下降3.3%。

此外,我国以保税物流方式进出口5.2万亿元,增长7.3%。其中,出口1.99万亿元,增长10%;进口3.21万亿元,增长5.8%。

2. 对东盟、欧盟和美国等主要贸易伙伴进出口增长

2022年,东盟为我国第一大贸易伙伴,我国与东盟贸易总值为6.4万亿元,增长14%,占我国外贸总值的15.4%。其中,对东盟出口3.68万亿元,增

表 12-1 1981—2022 年中国进出口总额情况表

年度	进出口（亿元）	出口（亿元）	进口（亿元）	贸易差额（亿元）	比去年同期 ±% 进出口	比去年同期 ±% 出口	比去年同期 ±% 进口
1981	735	368	368	0	-	-	-
1982	771	414	358	56	4.9	12.5	-2.7
1983	860	438	422	17	11.5	5.8	17.9
1984	1201	581	620	-40	39.7	32.6	46.9
1985	2067	809	1258	-449	72.1	39.2	102.9
1986	2580	1082	1498	-416	24.8	33.7	19.1
1987	3084	1470	1614	-144	19.5	35.9	7.7
1988	3822	1767	2055	-288	23.9	20.2	27.3
1989	4156	1956	2200	-244	8.7	10.7	7.1
1990	5560	2986	2574	412	33.8	52.7	17.0
1991	7226	3827	3399	428	30.0	28.2	32.1
1992	9120	4676	4443	233	26.2	22.2	30.7
1993	11271	5285	5986	-701	23.6	13.0	34.7
1994	20382	10422	9960	462	80.8	97.2	66.4
1995	23500	12452	11048	1404	15.3	19.5	10.9
1996	24134	12576	11557	1019	2.7	1.0	4.6
1997	26967	15161	11807	3354	11.7	20.6	2.2
1998	26850	15224	11626	3597	-0.4	0.4	-1.5
1999	29896	16160	13736	2423	11.3	6.1	18.1
2000	39273	20634	18639	1996	31.4	27.7	35.7
2001	42184	22024	20159	1865	7.4	6.7	8.2
2002	51378	26948	24430	2518	21.8	22.4	21.2
2003	70483	36288	34196	2092	37.2	34.7	40.0
2004	95539	49103	46436	2668	35.5	35.3	35.8
2005	116922	62648	54274	8374	22.4	27.6	16.9
2006	140975	77598	63377	14221	20.6	23.9	16.8
2007	166924	93627	73297	20330	18.4	20.7	15.7
2008	179921	100395	79527	20868	7.8	7.2	8.5
2009	150648	82030	68618	13411	-16.3	-18.3	-13.7
2010	201722	107023	94700	12323	33.9	30.5	38.0
2011	236402	123241	113161	10079	17.2	15.2	19.5
2012	244160	129359	114801	14558	3.3	5.0	1.4
2013	258169	137131	121037	16094	5.7	6.0	5.4
2014	264242	143884	120358	23526	2.3	4.9	-0.6
2015	245503	141167	104336	36831	-7.0	-1.9	-13.2
2016	243386	138419	104967	33452	-0.9	-1.9	0.6
2017	278099	153309	124790	28520	14.3	10.8	18.9
2018	305010	164129	140881	23247	9.7	7.1	12.9
2019	315627	172374	143254	29120	3.5	5.0	1.7
2020	322215	179279	142936	36342	2.1	4.0	-0.2
2021	387392	214255	173137	41119	20.2	19.5	21.1
2022	416728	236337	180391	55946	7.6	10.3	4.2

资料来源：《海关统计》2023 年第 11 期。

长20%；自东盟进口2.72万亿元，增长6.7%；对东盟贸易顺差0.96万亿元，扩大85.5%。欧盟为我国第二大贸易伙伴，我国与欧盟贸易总值为5.62万亿元，增长5.8%，占13.5%。其中，对欧盟出口3.72万亿元，增长12.2%；自欧盟进口1.9万亿元，下降5%；对欧盟贸易顺差1.82万亿元，扩大38.3%。美国为我国第三大贸易伙伴，我国与美国贸易总值为5万亿元，增长3.8%，占12%。其中，对美国出口3.83万亿元，增长4.5%；自美国进口1.17万亿元，增长1.8%；对美贸易顺差2.65万亿元，扩大5.7%。韩国为我国第四大贸易伙伴，我国与韩国贸易总值为2.39万亿元，增长3.1%，占5.7%。其中，对韩国出口1.07万亿元，增长13.5%；自韩国进口1.32万亿元，下降4%；对韩贸易逆差2525.8亿元，收窄41.9%（见表12-2）。

同期，我国对"一带一路"国家合计进出口18.9万亿元，增长15.7%。其中，出口10万亿元，增长16.9%；进口8.9万亿元，增长14.3%。

3.民营企业进出口占比超五成

2022年，民营企业进出口21.03万亿元，增长12.7%，占我国外贸总值的50.5%，比2021年提升2.3个百分点。其中，出口14.24万亿元，增长16.7%，占出口总值的60.3%；进口6.79万亿元，增长5%，占进口总值的37.6%。同期，外商投资企业进出口13.82万亿元，下降1.4%，占我国外贸总值的33.2%。其中，

表12-2　2022年我国对主要贸易伙伴进出口总值表

国家（地区）	金额（亿元）				同比（%）			
	进出口	出口	进口	贸易差额	进出口	出口	进口	贸易差额
东盟	64014.5	36805.2	27209.3	9595.9	14.0	20.0	6.7	85.5
欧盟	56158.2	37184.8	18973.5	18211.3	5.8	12.2	-5.0	38.3
美国	50020.5	38283.8	11736.7	26547	3.8	4.5	1.8	5.7
韩国	23921.5	10697.8	13223.7	-2525.8	3.1	13.5	-4.0	-41.9
日本	23748.3	11473.6	12274.7	-801.1	-0.6	7.8	-7.4	-69.4
中国台湾	21099.1	5418.8	15680.3	-10261.4	0.1	7.7	-2.2	-6.8
中国香港	20099	19578.8	520.1	19058.7	-12.6	-12.5	-16.3	-12.4
澳大利亚	14670.8	5206.7	9464.1	-4257.4	-0.6	23.0	-10.1	-32.4
俄罗斯	12738.5	5083.4	7655	-2571.6	34.4	17.1	48.9	221.8
巴西	11400.8	4115.6	7285.1	-3169.5	8.1	19.6	2.5	-13.5

出口 7.48 万亿元，增长 0.5%；进口 6.34 万亿元，下降 3.5%。国有企业进出口 6.74 万亿元，增长 13.8%，占我国外贸总值的 16.2%。其中，出口 1.89 万亿元，增长 8.8%；进口 4.86 万亿元，增长 15.9%。

4.机电产品和劳密产品出口均增长

2022 年，我国出口机电产品 13.5 万亿元，增长 6.6%，占出口总值的 57.2%。其中，自动数据处理设备及其零部件 1.57 万亿元，下降 4.7%；手机 9523.1 亿元，增长 0.8%；汽车 4052.4 亿元，增长 82.2%。同期，出口劳密产品 4.19 万亿元，增长 8.8%，占 17.7%。其中，服装及衣着附件 1.15 万亿元，增长 6.7%；纺织品 9754.7 亿元，增长 4.8%；塑料制品 6993.7 亿元，增长 12.5%。

此外，出口钢材 6627.6 万吨，增加 0.2%；成品油 5370.7 万吨，减少 10.9%；肥料 2474.9 万吨，减少 24.8%（见表 12-3）。

表 12-3　2022 年我国主要出口商品统计表

出口商品	单位	绝对值 数量	绝对值 金额（亿元）	同比（%） 数量	同比（%） 金额
机电产品	-		135220.0		6.6
其中：自动数据处理设备及其零部件	-		15666.0		-4.7
手机	万台	81857.7	9523.1	-14.2	0.8
家用电器	万台	334300.9	5618.6	-13.2	-11.1
汽车（包括底盘）	万辆	331.7	4052.4	56.7	82.2
劳密产品	-		41935.6		8.8
其中：服装及衣着附件	-		11526.5		6.7
纺织品			9754.7		4.8
塑料制品			6993.7		12.5
家具及其零件			4506		-3.0
鞋靴			3769.7		23.9
玩具			3086.3		9.5
箱包及类似容器			2298.7		32.8
农产品	-		6543.8		20.2
钢材	万吨	6627.6	6134.9	0.2	19.7
成品油	万吨	5370.7	3225.9	-10.9	53.4
肥料	万吨	2474.9	765.1	-24.8	1.6

数据来源：国家统计局。

5. 铁矿砂进口量价齐跌，原油、煤、天然气和大豆等进口量减价扬

2022年，我国进口铁矿砂11.06亿吨，减少1.2%，进口均价（下同）每吨766元，下跌27%。同期，进口原油5.08亿吨，减少0.9%，每吨4794.9元，上涨47.3%；煤2.93亿吨，减少9.2%，每吨975.3元，上涨34.8%；天然气1.09亿吨，减少10%，每吨4290.4元，上涨44.7%；大豆8921.8万吨，减少6.8%，每吨4491.1元，上涨25.4%；初级形状的塑料3057.5万吨，减少9.9%，每吨1.22万元，上涨5%；成品油2644.8万吨，减少2.5%，每吨4954.3元，上涨24.4%。此外，进口未锻轧铜及铜材587万吨，增加6.2%，每吨6.14万元，上涨0.2%。

同期，进口机电产品6.92万亿元，下降5.6%。其中，集成电路5377.2亿个，减少15.2%，价值2.75万亿元，下降1.3%；汽车（包括底盘）87.7万辆，减少6.6%，价值3527.2亿元，增长1.1%（见表12-4）。

表12-4 2022年我国主要进口商品统计表

进口商品	单位	数量	金额（亿元）	平均价格（元/吨、辆、个）	数量	金额	平均价格
铁矿砂及其精矿	万吨	110616.1	8473.1	766	-1.2	-27.9	-27
原油	万吨	50823.1	24369.2	4794.9	-0.9	46	47.3
煤及褐煤	万吨	29320	2859.7	975.3	-9.2	22.4	34.8
天然气	万吨	10916.8	4683.8	4290.4	-10	30.3	44.7
大豆	万吨	8921.8	4006.9	4491.1	-6.8	16.8	25.4
初级形状的塑料	万吨	3057.5	3733.7	12211.7	-9.9	-5.5	5.5
成品油	万吨	2644.8	1310.3	4954.3	-2.5	21.4	24.4
钢材	万吨	1056.4	1135.4	10748.2	-26	-6.2	26.7
未锻轧铜及铜材	万吨	587	3606.5	61434.3	6.2	6.4	0.2
医药材及药品	-		2860.3			-0.9	
机电产品	-		69175.8			-5.6	
其中：集成电路	亿个	5377.2	27496.5	5.1	-15.2	-1.3	16.4
汽车（包括底盘）	万辆	87.7	3527.2	402097.6	-6.6	1.1	8.2

数据来源：国家统计局。

（撰稿：刘学透 鲁婷婷）

领导干部应知应会主要统计指标诠释

第十三章
居民消费价格指数

> **阅读提示**
>
> 公布机构：国家统计局
>
> 调查频率：每月一次
>
> 公布时间：次月 9 日（遇法定节假日适时调整）
>
> 公布渠道：国家统计局网站（www.stats.gov.cn）
>
> 　　　　　《中国统计年鉴》
>
> 　　　　　《中国价格统计年鉴》
>
> 　　　　　《中国经济景气月报》
>
> 　　　　　《中国信息报》
>
> 数据修订情况：不修订

第一节 什么是居民消费价格指数（CPI）

一、居民消费价格指数（CPI）的基本定义

居民消费价格指数（Consumer Price Index，简称 CPI)，是度量一定时期内居民消费商品和服务价格水平总体变动情况的相对数，综合反映居民消费商品和服务价格水平的变动趋势和变动程度。

二、CPI 的主要用途

CPI 是中国价格统计指标体系的重要组成部分，是宏观经济分析和决策、价格总水平监测和调控以及国民经济核算的重要指标。概括而言，CPI 有以下基本用途：

一是在一定程度上反映通货膨胀（紧缩）的程度。测定一定时期通货膨胀（紧缩）程度有不同的方法，应用较多也较普遍的就是 CPI。严格地说，CPI 并不等

于通货膨胀率，因为 CPI 只反映了居民消费领域的价格变化，而不能代表全社会价格总水平的变化，但从 CPI 的变化中，可以看出价格变动的大致趋势，在一定程度上反映了通货膨胀（紧缩）的程度。

二是用于国民经济核算。在 GDP 核算中，通常使用 CPI 对相关现价总量指标进行缩减，剔除价格因素的影响，实现不同时期经济指标之间的可比，从而计算不变价增长速度。

三是用于计算货币购买力。CPI 的倒数通常被视为货币购买力指数，即货币购买力的变化与 CPI 的变化成反比关系。例如，2022 年全国 CPI 为 102.0%，货币购买力指数则为 1÷102.0%×100%=98.0%，换句话说，在 2021 年用 100 元可以买到的商品和服务，在 2022 年需要花 102 元才能买到相同的商品和服务。在社会经济生活中，人们往往参考 CPI 来调整补偿、救助和补贴标准，消除货币购买力下降的影响。

第二节 CPI 的编制方法

一、基本情况

中国 CPI 编制工作由国家统计局组织实施。国家统计局负责全国 CPI 的编制及相关工作，制定《居民消费价格调查方案》，对 CPI 的统计范围、计算方法、统计口径和填报目录等作出统一规定，组织做好全国集中采集网络交易价格工作，并组织、指导国家统计局省（区、市）调查总队开展 CPI 调查工作，汇总和公布全国 CPI。国家统计局省（区、市）调查总队负责统一组织、实施本省（区、市）范围内的 CPI 调查工作。经国家统计局授权，各省（区、市）CPI 由当地的调查总队公布。被抽中的国家统计局市（县）调查队在本省(区、市)调查总队的具体指导下，按照统一的调查制度，开展并完成好当地的 CPI 调查工作。目前，全国 CPI 调查在 31 个省（区、市）的约 500 个市（县）开展，调查网点有 10 万余个，包括商场（店）、超市、农贸市场、服务网点和互联网电商等。具体工作流程如图 13-1 所示。

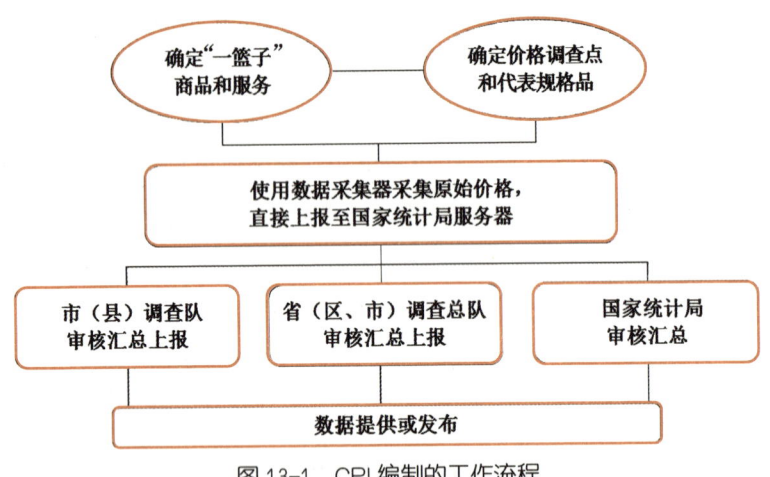

```
         ┌─────────────┐        ┌─────────────┐
         │ 确定"一篮子" │        │确定价格调查点│
         │ 商品和服务  │        │ 和代表规格品 │
         └──────┬──────┘        └──────┬──────┘
                └───────────┬──────────┘
                   ┌────────┴─────────┐
                   │使用数据采集器采集原始价格,│
                   │直接上报至国家统计局服务器│
                   └────────┬─────────┘
         ┌────────────┬─────┴──────┬────────────┐
    ┌────┴─────┐ ┌────┴─────┐ ┌────┴─────┐
    │市(县)调查队│ │省(区、市)调查总队│ │国家统计局 │
    │审核汇总上报│ │审核汇总上报 │ │审核汇总  │
    └────┬─────┘ └────┬─────┘ └────┬─────┘
         └────────────┼────────────┘
                ┌─────┴──────┐
                │数据提供或发布│
                └────────────┘
```

图 13-1　CPI 编制的工作流程

二、篮子和权数的确定

(一) 篮子

价格指数编制中,将一组固定数量的商品和服务统称为"篮子"。根据调查方案规定,每五年更换一次"篮子",本轮 CPI 的"篮子"固定在 2020 年。

(二) 商品和服务的分类

CPI 调查的"篮子"应当包括居民日常生活消费全部的商品和服务。但由于人力和财力的限制,不可能也没有必要采用普查方式调查居民消费的全部商品和服务的价格。与国际上做法一样,我国统计部门抽选一组一定时期内居民经常消费的、对居民生活影响相对较大的、有代表性的、固定数量的商品和服务作为"篮子"。其中不包括奢侈品、投资品等。

具体来说,国家统计局参照联合国统计委员会《按目的划分的个人消费支出分类标准(COICOP)》及我国《居民消费支出分类》,结合全国城乡居民家庭消费支出的抽样调查资料,统一确定了"篮子"中所包含的商品和服务类别,分别是食品烟酒、衣着、居住、生活用品及服务、交通通信、教育文化娱乐、医疗保健、其他用品及服务共 8 个大类,268 个基本分类。

(三) 权数

权数是"篮子"中每一类商品或服务的消费支出在居民消费商品和服务总支出中所占的比重,能够反映某类商品或服务的价格变动对总指数变动的影响程度。

在 CPI 调查中，每个类别的权数是不同的，其价格变化对总指数的影响程度也是不同的。例如，某县人均月消费 5 千克猪肉、10 千克大米，当猪肉价格由 20 元/千克上涨 20% 后为 24 元/千克，人均月支出增加 20 元；大米价格由 5 元/千克上涨 20% 后为 6 元/千克，人均月支出增加 10 元。可见，猪肉和大米的涨幅虽相同，但由于猪肉和大米的支出金额在总支出中所占的比重不同，对该县人均月支出的影响是不同的。

在编制全国 CPI 时，权数资料主要根据国家统计局开展的全国住户收支与生活状况调查中城乡居民家庭消费支出资料计算，同时用其他部门的行政资料、部分典型调查和专项调查资料予以补充，并辅以专家评估进行完善。

三、代表规格品的确定

（一）代表规格品的定义

选择用来反映某个基本分类价格变化的具有特定产地、规格、等级、品牌、花色、型号等特征的具体商品和服务，称为代表规格品。例如，"大米"是国家统一确定的一个基本分类，市场上大米的品牌、种类众多，有南方的籼米、北方的粳米，还有进口的大米，规格上有普通大米、有机大米、绿色大米等。某市经过市场调研，选定"A 牌 5 公斤袋装米（长粒）""B 牌 5 公斤东北大米"等大米的价格来代表"大米"这一基本分类的价格，"A 牌 5 公斤袋装米（长粒）"和"B 牌 5 公斤东北大米"即是代表规格品。

（二）代表规格品的选取原则

一是消费量较大，供应相对稳定。例如，某调查县常年销售 A 牌、B 牌、C 牌等多款洗发液，销售资料显示 B 牌洗发液销量较大，因此选取该洗发液作为"清洁类护理用品"这一基本分类的代表规格品之一。

二是价格变动趋势和变动程度有较强的代表性，即选中规格品与未选中规格品之间的价格变动特征愈相关愈好，从而能较好地代表该类规格品的价格变动情况。例如，某市选中"A 牌食用调和油"作为"食用植物油"这一基本分类的代表规格品，未选"B 牌食用调和油"，是由于市场上这两种商品的价格上涨一般是联动的，一种价格上涨就会带动另一种价格上涨，因此只选一种就能反映食用植物油的价格变动情况。

三是在市场销售份额大体相等的情况下，同一基本分类下的不同规格品之间，性质差异愈大愈好，价格变动特征的相关性愈低愈好，从而使该基本分类能涵盖尽可能多的不同类型规格品，使其价格变动趋势更具代表性。

四是生产和销售前景较好。要选取生产和销售前景较好的商品或服务，不选择马上要淘汰或很少人购买的商品或服务。例如，选择新上市并热销的新款车型，不选择几年前的旧款或已经停产的车型。

五是选中的工业消费品必须是合格产品，产品包装上必须有注册商标、产地、规格等级等标识。

（三）代表规格品的选取要求

由于中国幅员辽阔，各地消费习惯不尽相同，各市（县）调查队根据当地实际情况抽选出基本分类下的代表规格品一般是存在差异的。例如，粮食制品作为居民消费价格调查的基本分类，北京选择的是馒头、火烧和大饼等代表规格品，贵阳选择的是米粉、卷粉等代表规格品。此外，全国集中网采的规格品由国家统计局选定。一部分全国消费具有共性的商品和服务，由国家统计局统一规定种类，各地按照规定种类进行选取。例如，鲜菜分类下的大白菜、西红柿，食用植物油分类下的花生油、菜籽油，汽油分类下的92号、95号汽油，一般医疗服务分类下的普通门诊挂号费等商品和服务在全国消费具有共性，设为统一规格品，全国所有调查市（县）均需选取并采集该类规格品的价格。

调查方案规定了各调查市（县）应选取的基本分类下代表规格品的最少数量，各地在最少选取数量基础上可适当增加。

（四）代表规格品的选取流程

各市（县）调查队按照上述选取原则，通过充分的市场调研，对于全国统一确定的268个基本分类，按照方法制度要求，逐一初选出每个基本分类的代表规格品。

然后，在充分听取价格调查点销售人员和采价员的意见，进行充分评估后，确定本调查市（县）的代表规格品，并报所在省（区、市）调查总队审定。

各省（区、市）调查总队按照代表规格品的选取原则和各基本分类下代表规格品的最低数量要求等规定，结合各调查市（县）实际消费情况，对本省（区、市）

所有调查市（县）的代表规格品进行纵向和横向评估并最终确定，最后报国家统计局备案。

代表规格品的集中选取在年底进行。但是，如遇代表规格品在年中失去代表性、已被市场淘汰、产品进行了更新换代升级或长期缺货等情况，须及时更换，选择其他有代表性的规格品进行替代，以确保其代表性。

四、价格调查点的确定

（一）价格调查点的定义

当前，商业业态众多，农贸市场遍布城乡，网络购物普及，需要抽选一部分有代表性的商业业态、农贸市场、服务类单位以及互联网电商等实施抽样调查。选取用来采集计算 CPI 的原始价格的地点和场所称为价格调查点。目前，全国共有 10 万余个价格调查点，包括各类商场（店）、超市、农贸市场、门店、服务网点和互联网电商等。

（二）价格调查点的确定原则

（1）地域性原则。在抽选价格调查点时，要坚持繁华地段为主兼顾地域分布合理的原则。繁华地段是商业企业集中地区，客流量大，购买力集中，商品的价格变动能够较好地反映整个地区价格水平的变动趋势。但一个城市的各城区之间，由于地理位置、居民消费水平的不同，在价格水平上也存在着一定的差异。因此，在抽选价格调查点时，也必须考虑地域分布的广泛性和合理性，各主要城区都应选择一些价格调查点，以确保价格的代表性。

（2）规模性原则。抽选价格调查点时要大、中、小兼顾，即以大中型商业企业为主，同时兼顾分散在各居民区的商店、超市。

（3）数量保证原则。在既有人力、物力、财力的基础上，对不同规模的调查市县，要最大限度地保证价格调查点的数量，不得少于制度规定的最低标准。

（4）代表性原则。当前中国城市处于快速发展时期，城区规模逐步扩大，城市商业中心、商业网点不断发生变化。商业经营形式也经常改变（一般性商场改为超市等）。为了确保价格调查点的代表性，要对价格调查点实行动态化管理，根据本地区市场实际变化情况，及时调整和更换。

（三）价格调查点的选取方法和流程

（1）确定抽选价格调查点的数量。36个大中城市至少选择5个以上农贸市场（生鲜市场）和3个以上综合型超市作为价格调查点，具备条件的地级市参照执行；其他地级市至少选择3个以上农贸市场（生鲜市场）和2个以上综合型超市作为价格调查点；县级市和县至少选择2个以上农贸市场（生鲜市场）和1个以上综合型超市作为价格调查点。对于同一规格品，原则上36个大中城市至少选择3个以上价格调查点，其他地级市至少选择2个以上价格调查点，县级市和县至少选择1个以上价格调查点，水、电、燃气等政府统一定价的规格品除外。设区的城市原则上要求每个区有1个农贸市场（生鲜市场）和1个超市。

（2）抽选价格调查点。各市（县）调查队在对当地消费市场进行摸底调查、掌握市场的基本情况（经营品种、销售额等指标）基础上，将各种类型的商场（店）、超市、农贸市场、服务网点、互联网电商等以销售额（成交额或经营规模）为标志，从高到低排队，依据所需价格调查点的数量进行等距抽样，并结合重点调查和典型调查结果，最终确定有代表性的价格调查点。

（3）对抽选的价格调查点进行适当的调整和补充。对于一些规格等级复杂多变的商品，各地必须根据实际情况，适当多选几个价格调查点作为辅助价格调查点。

（4）价格调查点选定以后，报省级总队审定、国家统计局备案。如遇价格调查点关闭，调整或失去代表性，各地需及时按照相关程序报批，对价格调查点进行调整和更换。

全国集中网采的价格调查点由国家统计局负责抽选。

五、价格数据的采集

编制CPI所需要的价格数据，由国家统计局各市（县）调查队负责采集。价格数据的采集情况详见本章第三节。

六、CPI的计算过程

（一）基本概念

计算的价格指数包括环比价格指数、同比价格指数、平均价格指数和定基价格指数等。下面以2023年4月为例介绍各种价格指数的基本概念。

（1）环比价格指数。通常是指以上月价格为对比基期的月度价格指数，即

$$H_t = \frac{\sum p_t q_0}{\sum p_{t-1} q_0}$$

其中，t 和 $t-1$ 分别表示报告期和前一期；p_t 表示报告期价格；p_{t-1} 表示前一期价格；q_0 表示基期消费量。

例如，2023 年 4 月的环比价格指数是指 2023 年 4 月价格水平与 3 月价格水平相比较的价格指数。即

$$H_{202304} = \frac{\sum p_{202304} q_0}{\sum p_{202303} q_0}$$

（2）同比价格指数。通常是指以上年同月为对比基期的月度价格指数，即

$$T_t = \frac{\sum p_t q_0}{\sum p_{t-12} q_0}$$

其中，$t-12$ 表示报告期 t 的上年同月。

例如，2023 年 4 月的同比价格指数是指 2023 年 4 月价格水平与 2022 年 4 月价格水平相比较的价格指数。即

$$T_{202304} = \frac{\sum p_{202304} q_0}{\sum p_{202204} q_0}$$

（3）平均价格指数。通常是指本期平均价格水平以上年同期平均价格水平为对比基期的价格指数，如季度平均价格指数和年度平均价格指数等。

例如，2023 年一季度平均价格指数是指 2023 年一季度平均价格水平与 2022 年一季度平均价格水平相比较的指数，约等于 2023 年一季度各月同比价格指数的简单平均数。

（4）定基价格指数。通常是指对比基期固定不变的价格指数。我国从 2001 年开始编制定基价格指数序列，对比基期固定在 2000 年，即以 2000 年平均价格水平为对比基期，每 5 年更换一次。历经 2005 年、2010 年、2015 年和 2020 年四次调整基期年。本轮固定对比基期为 2020 年，即主要以 2020 年的城乡居民消费支出资料来确定基期年的消费构成，以 2020 年平均价格水平作为对比基数。即

$$L_t = \frac{\sum p_t q_{2020}}{\sum p_{2020} q_{2020}}$$

目前，我国采用链式拉氏公式计算定基价格指数。链式拉氏公式是将同度量因素固定在基期，即假定消费量固定在基期不变的条件下，来衡量报告期价格综合变动水平。计算公式为：

$$L_t = L_{t-1} \times \frac{\sum p_t q_{2020}}{\sum p_{t-1} q_{2020}}$$

其中，L 表示定基指数；q_{2020} 表示基期 2020 年的消费量。

（二）CPI 的计算流程

CPI 计算流程如图 13-2 所示。

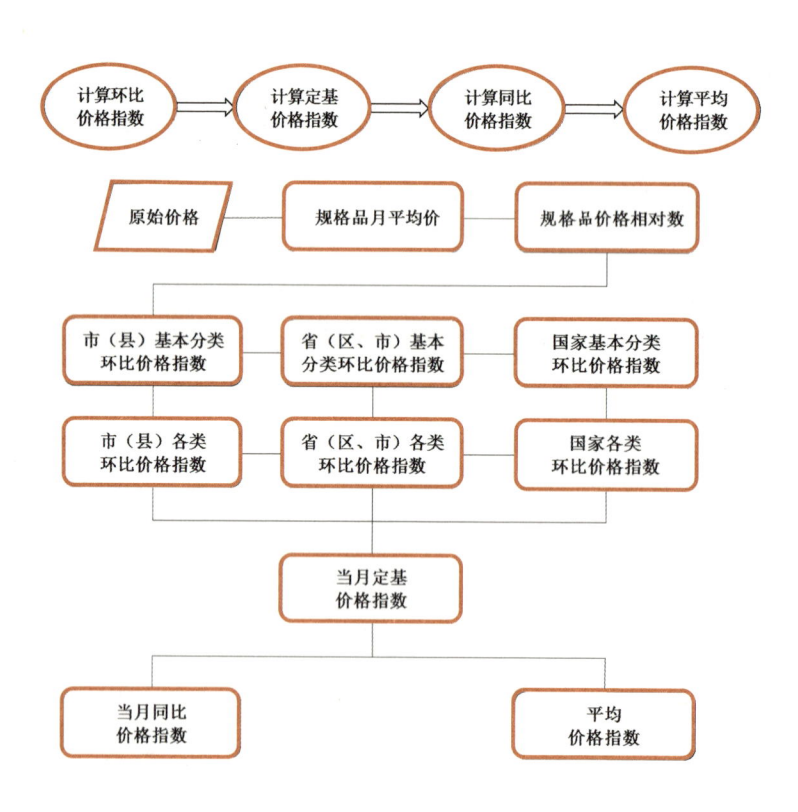

图 13-2　CPI 计算流程图

（三）CPI 的计算过程

1. 环比价格指数

（1）市（县）级基本分类环比价格指数。计算方法：首先分别计算该基本分类中各个代表规格品的当月平均价格，然后与上月对应的平均价格相比较计算相对数，最后采用几何平均法计算环比价格指数。

以大米为例。按照调查方案规定，"大米"是"粮食"下的一个基本分类，为了计算其价格指数，某调查市选取了"A 牌 5 公斤袋装米（长粒）"，简称"A 牌大米"，作为大米的 3 个代表规格品之一，抽选了甲、乙、丙三个价格调查点。

① 计算代表规格品月平均价格。例如，采价员分别到 3 个价格调查点采价，每个价格调查点每月采价 6 次，当月各调查日的价格如表 13-1 所示：

表 13-1　A 牌大米各调查日价格

单位：元 / 千克

	调查点甲	调查点乙	调查点丙
第一个调查日	5.70	5.50	5.80
第二个调查日	5.70	5.60	5.80
第三个调查日	5.70	5.60	5.80
第四个调查日	5.70	5.60	5.80
第五个调查日	5.80	5.60	5.80
第六个调查日	5.80	5.50	5.80
调查点月均价	5.73	5.57	5.80

先计算各价格调查点的月度平均价，再计算这三个价格调查点平均价的平均价，得到 A 牌大米当月的月度平均价是：

（5.73+5.57+5.80）÷3=5.70（元 / 千克）

② 计算代表规格品价格相对数。已知 A 牌大米当月平均价格是 5.70 元，假设上月平均价格是 5.57 元，则该代表规格品当月平均价与上月平均价对比的相对数是：

5.70÷5.57=1.023

③ 用几何平均法计算基本分类环比价格指数。假设基本分类"大米"下的另外 2 个代表规格品的价格变动相对数分别为 1.018、1.032，则大米这一基本分类

环比价格指数为各代表规格品价格变动相对数的几何平均数：

$$\sqrt[3]{1.023\times1.018\times1.032}\times100\%=102.4\%$$

（2）市县级各类（小类、中类、大类）环比价格指数。市县各类（小类、中类、大类）的环比价格指数由购买该类"篮子"的当月消费金额与上月购买该类"篮子"的消费金额相比得出，即

$$\frac{\sum p_t q_{2020}}{\sum p_{t-1} q_{2020}}$$

在居民消费价格调查中，"粮食"包括"大米""面粉""其他粮食"和"粮食制品"四个基本分类，购买"粮食篮子"的金额就等于购买这四个基本分类的金额之和。

例如，某调查县3月和4月的人均月"粮食篮子"中各项消费金额变化情况如表13-2所示。

表13-2　某调查县人均月购买"粮食篮子"的金额变化

单位：元/千克

	大米	面粉	粮食制品	其他
3月消费金额（$p_{t-1}q_{2020}$）（元）	11	6	17	3
4月价格相对数 $\frac{p_t}{p_{t-1}}$（%）	102.4	105.0	103.2	100.0
4月消费金额（$p_{t-1}q_{2020}\times\frac{p_t}{p_{t-1}}$）（元）	11.3	6.3	17.5	3

3月购买"粮食篮子"的消费金额为：

$$\sum p_{t-1}q_{2020}=11+6+17+3=37\ （元）$$

4月购买"粮食篮子"的消费金额为：

$$\sum p_t q_{2020}=11.3+6.3+17.5+3=38.1（元）$$

该调查县粮食这一分类的4月环比价格指数为：

$$\frac{\sum p_t q_{2020}}{\sum p_{t-1} q_{2020}}=38.1\div37\times100\%=103.0\%$$

同理可以计算出该调查县的其他各类（小类、中类、大类）的环比价格指数。

（3）省（区、市）各类（小类、中类、大类）环比价格指数。省（区、市）基本分类环比价格指数由该省（区、市）内所有调查市县基本分类环比价格指数按照各调查市县的消费金额加权计算。

省（区、市）各类（小类、中类、大类）的环比价格指数即为购买该"商品篮子"所需要的当月金额与上月金额之比。省（区、市）各类（小类、中类、大类）的"商品篮子"金额为购买该类包含的所有基本分类的金额之和；当月购买基本分类需要的金额等于将基本分类环比指数与上月购买该基本分类需要的金额相乘。

（4）全国各类（小类、中类、大类）环比价格指数。全国各类（基本分类、小类、中类、大类）的环比价格指数等于当月 31 个省（区、市）购买该类的金额之和与上月购买该类的金额之和的比值。

2. 定基价格指数、同比价格指数、平均价格指数

（1）定基价格指数。报告月的定基价格指数等于上月的定基价格指数乘报告月的环比价格指数。例如，根据公式 $L_t = L_{t-1} \times \frac{\sum p_t q_{2020}}{\sum p_{t-1} q_{2020}}$，可得出上例中 4 月大米的定基价格指数为：

$$L_4 = L_3 \times 103.0\%$$

假设 2023 年 3 月大米的定基价格指数为 118.6%，4 月大米的环比价格指数为 103.0%，那么 2023 年 4 月的定基价格指数为：

$$118.6\% \times 103.0\% \approx 122.2\%$$

（2）同比价格指数。报告月的同比价格指数等于报告月的定基价格指数与上年同月的定基价格指数的比值。即

$$I_{同比} = \frac{报告期（月）定基价格指数}{上年同期（月）定基价格指数}$$

例如，假设 2023 年 4 月和 2022 年 4 月猪肉的定基价格指数分别为 121.4% 和 118.6%，则 2023 年 4 月猪肉的同比价格指数为：

$$121.4 \div 118.6 \times 100\% = 102.4\%$$

（3）平均价格指数。平均价格指数等于当年从 1 月至报告月各月定基价格指数的简单算术平均与上年同期各月定基价格指数的简单算术平均的比值。年度平均价格指数就是指全年 1—12 月的平均价格指数。即

$$I_{年度} = \frac{本年各月定基价格指数的平均数}{上年各月定基价格指数的平均数}$$

$$\approx \frac{1 至 12 月的同比价格指数之和}{12}$$

第三节 CPI 的基础数据来源

根据国家统计局居民消费价格调查方案，国家统计局各调查队具体承担 CPI 价格数据的采集工作。

一、采价原则与要求

（一）采价原则

各调查市（县）采价员进行价格采集时，须遵循定点、定时、定人直接采价的"三定"原则。

（1）定点。就是选定的价格调查点相对固定，以保障价格资料来源的稳定性和可比性。

（2）定时。即在每个月固定的日期和时间来采价，以保证基期价格和报告期价格在时间上具有可比性，因为采集价格的时间不同，商品的价格也存在差异。鲜活食品价格表现最为明显。比如，鲜菜通常是上午刚上市时价格高一些，晚上收市时价格则相对低一些。所以，在进行价格调查时，不但每个月的调查次数和日期应保持一致，每次调查的时间也应相对固定。

（3）定人。就是在一定时期内由固定采价员去调查固定类别商品和服务的价格，这是为了避免因采价员的频繁变动而引起的价格调查误差，以保持价格资料的稳定性、连续性和可比性。

（二）采价要求

（1）同质可比。为了保证价格的可比性，同一代表规格品在不同采价期必须同质，不仅性质应当相同，数量、重量或容量也必须相同，也就是说，只有当商品或服务同质时，价格比较才有意义。如遇到规格品不同质，需进行相应的折算。

（2）采集实际成交价。如果商品的挂牌价格与实际成交价格不一致，应采集实际成交价格，即消费者需支付的价格。例如，农贸市场经营的一些食品、副食品、蔬菜等存在议价空间，需要采价员通过询问商家、了解商家与顾客的成交价等方式采集实际成交价格。

（3）直接调查。各类商品和服务的价格均由国家统计局各调查队的采价员去现场或从互联网直接调查，并通过数据采集系统直接传回国家统计局服务器，杜绝中间过程的干扰和误差。

（三）采价频率

（1）一般性商品（服务）每月调查 2 次价格。例如，服装、个人护理用品等。

（2）部分服务项目每月收集 3 次价格。例如，飞机票、旅游、在外住宿等，每次预先采集一旬的预售价格。

（3）对于与居民生活密切相关、价格变动比较频繁的商品，每 5 天调查一次价格。例如，每月逢 5、逢 0 调查猪肉、水产品、鲜菜等的价格。

（4）由国家或地方统一定价的一些商品（服务）或价格相对稳定的商品（服务），每月调查一次价格。例如，水、电、燃料等。

二、采价方式

2011 年起，国家统计局为全国 500 个调查市（县）的采价员配备了手持数据采集器，实现了原始价格即采即审即报。具体工作原理如图 13-3 所示。

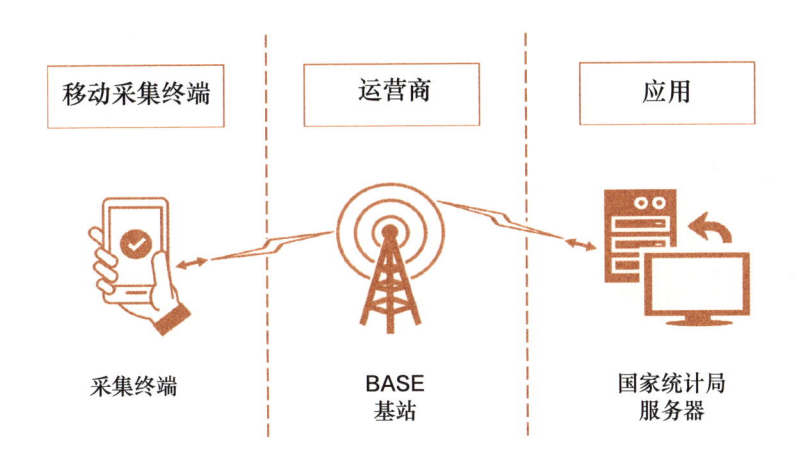

图 13-3　CPI 数据采集管理系统的工作基本原理

与以往采价员在价格调查点利用纸笔记录价格，再进行电脑录入上报的方式相比，该系统具有以下三个优点：一是具有定时、定位、数据修改痕迹记忆等诸多功能，为确保源头数据的真实性提供了强有力的技术支撑；二是省去电脑录入的步骤，减轻了调查市县居民消费价格调查工作人员的工作负担；三是即时采集价格、即时审核、即时上报，提高了数据的及时性。

三、采价流程

（一）分配采价任务

按照制度方法对采价员进行采价原则、采价时间、管理制度和手持数据采集器使用等内容培训，为每个采价员分配代表规格品和价格调查点，带领采价员实地试调查，确定采价路线。

（二）实地采价

各调查市（县）采价员使用数据采集管理系统，下载价格调查点、代表规格品等相关采价任务，到指定价格调查点定时采集价格数据。

（三）上报数据

每采完一个价格调查点的价格，采价员将价格以及价格变动说明等相关资料及时上报到国家统计局服务器中。

（四）审核数据

数据上报完毕，各调查市（县）调查队，各省（区、市）调查总队和国家统计局均可即时查看到下属单位的所有调查数据，并进行数据审核。具体采价流程如图13-4所示。

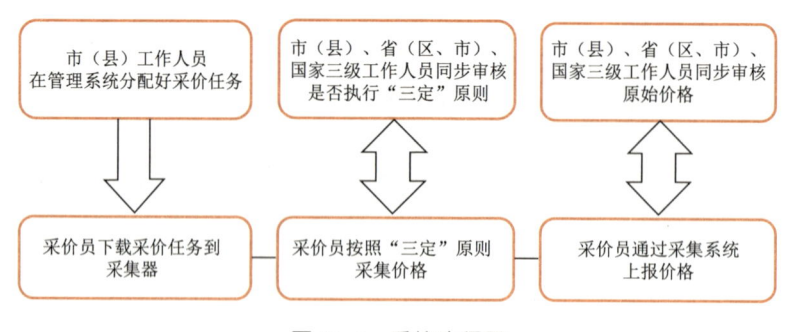

图13-4 采价流程图

第四节 正确解读 CPI

一、为什么 CPI 与部分公众感受不一致

感知差异在许多统计指标中都存在，中外皆如此，大多数国家的居民也都会抱怨统计结果与自身感受不一致。产生差异的原因很多，就 CPI 而言，可能有以下三个方面：

（一）个体与总体、部分与全部的差异

CPI 是一个综合统计指标，从影响人群看，既包括城镇居民，也包括农村居民；既包括高收入者，也包括低收入者；既包括东部地区居民，也包括西部地区居民。每个人的消费结构不同，所处地区不同，对反映总体的 CPI 的感受也会有差异。例如，低收入家庭的支出大部分集中在食品和水电气等生活必需品上，当食品价格涨幅相对较大时，低收入家庭的消费支出必然增加较快，对价格上涨的感受也会相对更为明显，这种感受与反映总体的 CPI 的变动就会存在差异。从统计内容看，CPI 包括食品烟酒、衣着、居住、生活用品及服务、交通通信、教育文化娱乐、医疗保健、其他用品及服务等 8 大类、268 个基本分类，其中既有价格上涨的商品，也有价格下降的商品。每个消费者感受到的商品和服务的价格变动通常为这 268 个基本分类的一部分，如果仅拿这种个体对部分商品价格的感受，与反映综合水平的 CPI 比较，必然会感觉到差异。例如，2020 年 4 月，全国蛋类和鲜果价格同比分别下降 2.7% 和 10.5%，但 CPI 同比上涨 3.3%。此时，蛋类和鲜果价格走势就与 CPI 走势存在差异，购买蛋类和鲜果的人群可能也会认为 CPI 与自身感受不一致。

（二）感知度的差异

消费频率会影响人们的感知度。一般来说，人们对于自己经常消费的商品或一些生活必需品的价格变动感受较为明显，如更易于感觉到猪肉、鸡蛋、鲜菜、鲜果等商品的价格变动；而对于不经常消费的商品和服务，如汽车、手机、家用电器、飞机票等，即使价格下降幅度较大，个人感受也并不明显。

（三）对比时间的差异

日常生活中，人们感受到的价格变化往往用时点价格进行比较，如今天与昨天相比，这次与上次相比。CPI 是用时期均价进行比较，如同比指数是本月均价与上年同月均价对比，环比指数是本月均价与上月均价对比。实际中，常常会出现时点价格与时期均价走势相反的情况。例如，今天猪肉价格比昨天或上周下降，但由于上月猪肉价格较低，本月前期价格上涨较多，本月均价仍可能高于上月。如果此时把今天与昨天或上周的价格对比感受同月度环比指数进行比较，自然会出现差异。

二、CPI 中各类商品与服务的权重是如何调整的，为什么权重每月都会变化

（一）我国 CPI 的编制和权数调整遵循国际通行规则

计算价格指数有"拉氏"和"派氏"两种加权公式，区别在于把"一篮子"商品和服务的消费数量固定在对比期还是报告期。固定在对比期的是拉氏公式，固定在报告期的是派氏公式。两种公式各有利弊，计算出的结果也略有差异。世界上绝大多数国家在编制 CPI 时均选择了拉氏公式：一是计算价格指数时通常无法及时取得报告期的消费数量，难以编制派氏指数。二是拉氏指数是假定消费数量不变，以观察和比较消费价格的变动情况，更具经济学意义。国际劳工组织、国际货币基金组织、联合国、世界银行、经济合作与发展组织和欧盟统计局等六大机构联合编制的《消费者价格指数手册：理论与实践》是目前世界各国统计机构编制 CPI 时的基本遵循，也是最权威的理论指导。手册中明确指出，拉氏公式被广泛用作编制 CPI 是有较好的理论基础的。我国与绝大多数国家一样，也是采用拉氏公式编制 CPI，每 5 年调整一次基期。计算中，使用环比链接的拉氏公式，计算以定基指数为基础的价格指数。

（二）CPI 环比和同比指数的权数每月会发生变化

按照拉氏公式理论，计算定基指数时，对比期为基期年，权数即为基期年购买各类商品或服务所支出金额占购买整个篮子所支出总金额的比重。这个权数是固定不变的，在《消费者价格指数手册：理论与实践》里，它被称为原权数。而在计算月度环比指数时，对比期为上月，权数即为上月购买各类商品或服务的支

出金额占总支出的比重；计算同比指数时，对比期为上年同月，权数即为上年同月购买各类商品或服务的支出金额占总支出的比重。很显然，环比和同比指数的权数是随着每月价格变化自动调整的，在《消费者价格指数手册：理论与实践》里，它被称为按价格调整的权数。权数虽然在变化，但权数所代表的"一篮子"商品和服务的消费数量却是相同的、固定的，也就是"固定篮子"。

三、为什么要对价格指数开展基期轮换

对各类价格指数开展基期轮换遵循了价格统计调查的技术性要求，也是服务高质量发展、应对新形势新变化、确保价格统计数据质量的重要举措。我们以CPI基期轮换为例解释价格指数开展基期轮换的原因和做法。

对CPI开展基期轮换，使调查所涉及的商品和服务更具有代表性，更及时准确反映居民消费结构的新变化和物价的实际变动。CPI是综合反映一定时期内居民消费的商品和服务价格水平总体变动情况的相对数。由于居民消费的类别和品种成千上万，不计其数，为观察其总体价格变动情况，通常选取一组消费量较大、最能代表多数人日常消费行为的商品和服务，用它们的价格变化情况来代表全部商品和服务的价格变化情况，选出的这一组商品和服务，被形象地称为"一篮子"商品和服务。为保证价格指数的连续性和可比性，通常把"一篮子"商品和服务固定，俗称"固定篮子"。随着经济社会发展，居民消费结构也在相应发生变化，CPI调查的"固定篮子"也需要及时调整，否则就会失去代表性，无法反映居民最新的消费情况。因此，CPI基期轮换关系到价格统计调查工作的科学性和统计数据的准确性，是价格统计调查重要的基础性工作，也是国际通行惯例。

我国CPI每5年进行一次基期轮换。根据国际劳工组织建议及各国实践经验，每5年调整一次基期，可兼顾价格指数的连续可比与消费结构变动的及时反映。同大多数国家一样，我国也是每5年进行一次CPI基期轮换，将逢"5""0"的年份作为基期，在基期年选择"一篮子"商品和服务，5年内保持不变。基期轮换时，需根据最新的居民消费结构调整调查目录、更新权数等。

目前，国家统计局编制的是以2020年为基期的CPI。本轮基期，国家统计局参考联合国制定的《按目的划分的个人消费分类（COICOP）2018》与我国的《居民消费支出分类2013》，结合我国居民消费实际确定了调查目录，并根据住户收

支与生活状况调查中居民消费支出最新数据和专项调查等资料确定了权数。

四、如何正确解读CPI

解读CPI时，一是要反映居民消费供求关系变动的总体情况；二是要反映影响CPI变动的主要因素；三是要反映环比、同比情况，包括各主要消费分类的情况；四是要说明同比变动情况中，上年价格及今年价格的影响情况。下面以2023年8月为例，对CPI进行解读（见图13-5）。

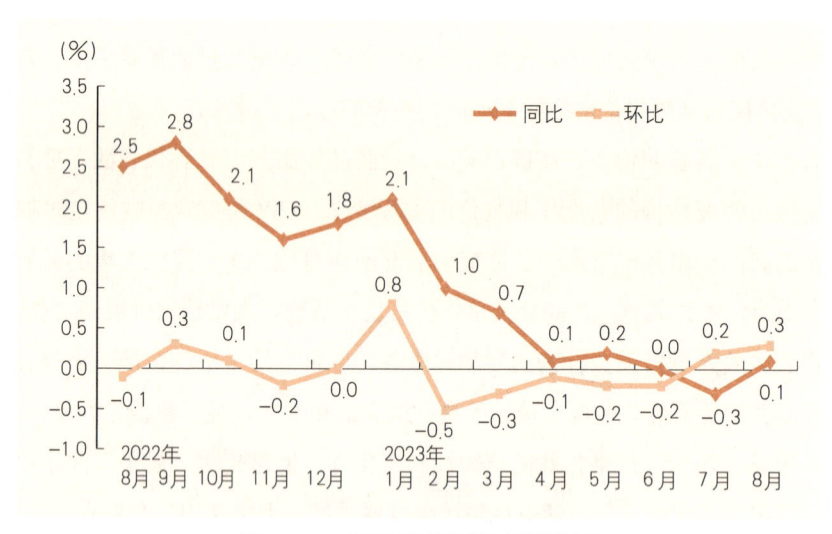

图13-5　全国居民消费价格涨跌幅

2023年8月，消费市场继续恢复，供求关系持续改善，CPI环比涨幅略有扩大，同比由降转涨。

从环比看，CPI上涨0.3%，涨幅比上月扩大0.1个百分点。其中，食品价格由上月下降1.0%转为上涨0.5%，影响CPI上涨约0.10个百分点。食品中，受部分地区极端天气影响调运、养殖户压栏惜售及中央储备猪肉收储支撑市场信心等因素影响，猪肉价格由上月持平转为上涨11.4%；夏季蛋鸡产蛋率下降，加之临近开学及中秋消费需求有所增加，鸡蛋价格由上月下降0.9%转为上涨8.3%；鲜果供给充足，价格下降4.4%，降幅比上月收窄0.7个百分点。非食品价格上涨0.2%，涨幅比上月回落0.3个百分点，影响CPI上涨约0.17个百分点。非食品中，受国际原油价格波动影响，国内汽油价格上涨4.9%；受暑期出行影响，宾馆住宿和旅游价格分别上涨 1.8% 和 1.4%。

从同比看，CPI 由上月下降 0.3% 转为上涨 0.1%。其中，食品价格下降 1.7%，降幅与上月相同，影响 CPI 下降约 0.31 个百分点。食品中，猪肉价格下降 17.9%，降幅比上月收窄 8.1 个百分点；鲜菜、牛肉和羊肉价格分别下降 3.3%、4.9% 和 4.6%，降幅均有扩大；薯类、鸡蛋和鲜果价格分别上涨 6.5%、3.0% 和 1.3%。非食品价格由上月持平转为上涨 0.5%，影响 CPI 上涨约 0.41 个百分点。非食品中，服务价格上涨 1.3%，涨幅比上月扩大 0.1 个百分点，其中飞机票、旅游和宾馆住宿价格分别上涨 17.6%、14.8% 和 13.4%，涨幅均有扩大；工业消费品价格下降 0.8%，降幅比上月收窄 1.1 个百分点，其中汽油价格下降 4.6%，降幅收窄 8.9 个百分点。

据测算，在 2023 年 8 月 0.1% 的 CPI 同比涨幅中，2022 年价格变动的翘尾影响约为 0.2 个百分点，上月为 0；2023 年价格变动的新影响约为 -0.1 个百分点，上月为 -0.3 个百分点。扣除食品和能源价格的核心 CPI 同比上涨 0.8%，涨幅保持稳定。

（撰稿：王有捐 董莉娟）

领导干部应知应会主要统计指标诠释

第十四章
工业生产者出厂价格指数

> **阅读提示**
>
> 公布机构：国家统计局
>
> 调查频率：每月一次
>
> 公布时间：次月 9 日（遇法定节假日适时调整）
>
> 公布渠道：国家统计局网站（www.stats.gov.cn）
>
> 　　　　　《中国统计年鉴》
>
> 　　　　　《中国价格统计年鉴》
>
> 　　　　　《中国经济景气月报》
>
> 　　　　　《中国信息报》
>
> 数据修订情况：不修订

第一节 什么是工业生产者出厂价格指数（PPI）

一、工业生产者出厂价格指数（PPI）的基本定义

工业生产者出厂价格指数指一定时期内工业企业产品第一次出售时的出厂价格总水平的变动趋势和变动幅度的相对数，一般称为 PPI（Producer Price Index）。此外，在价格统计工作中，我国也编制工业生产者购进价格指数，该指数是反映工业企业作为中间投入的原材料、燃料、动力购进价格总水平的变动趋势和变动幅度的相对数。在实际工作中，也将工业生产者出厂价格指数和购进价格指数统称为 PPI。

二、PPI 的主要用途

PPI 是价格统计指标体系的重要组成部分，反映了国民经济活动中生产环节的产品价格变动情况，对监测宏观经济运行情况具有重要作用。

一是监测工业生产领域价格变动趋势和景气状况。PPI客观准确反映国民经济活动中处于工业生产环节的产品价格变动情况，为社会各界全面了解和把握工业生产领域价格走势提供准确翔实的价格指数资料。此外，企业也可以依据PPI进行经济效益分析，调整生产经营策略。

二是度量潜在通货膨胀（通货紧缩）。PPI反映工业生产领域价格变动情况，可以作为衡量通货膨胀（通货紧缩）的重要辅助、先行指标，为中央银行和政府金融等有关部门监测通货膨胀或通货紧缩趋势，进行宏观经济分析预测提供重要依据。

三是用于国民经济核算和工业经济统计。在国民经济核算中，为剔除价格因素影响，需要使用包括PPI在内的多种价格指数缩减现价国内生产总值（GDP），进而计算不变价的实际增长率。目前，我国统计系统采用价格指数缩减法计算工业发展速度。

四是合约指数化。交易双方为规避签订长期合约产生的价格变动风险，在签订合约时，事先约定后期交货产品的实际价格将在当前价格基础上、依据未来PPI的涨跌幅度进行相应调整，即合约指数化。合约指数化会对实际交易额产生重要影响。

五是国际比较指标。在由国际货币基金组织制定的数据公布特殊标准（SDDS）中，PPI是"必须"发布的数据种类，参与该计划的国家应按月及时公布PPI；另外，在数据公布通用系统（GDDS）中，PPI是"受鼓励"发布的指标，用以拓展监测物价的变动情况。

第二节 PPI的编制方法

一、基本情况

PPI的编制由国家统计局组织实施。全国和各省（区、市）PPI由国家统计局编制并发布。2010年，PPI统计调查制度进行了改革，自2011年开始计算以2010年为基期的定基价格指数，并且每5年进行一次基期轮换。根据统计制度规定，2021—2025年编制和发布以2020年为基期的价格指数。

二、调查范围

PPI 调查采取重点调查与典型调查相结合的调查方法，在全国 31 个省（区、市）中，抽选年主营业务收入 2000 万元及以上的工业企业作为调查对象。目前，全国有 4 万余家工业企业作为代表企业参与调查。

三、调查分类及主要产品、规格品目录

PPI 调查分类及主要产品目录（简称调查目录）包含了 41 个工业行业大类（实际调查 40 个工业行业大类），207 个工业行业中类，666 个工业行业小类，1310 个基本分类。PPI 调查目录由国家统计局制定，各地可根据实际情况对产品、规格品进行补充。PPI 调查目录编制的基本原则：

一是根据国民经济行业分类标准和《统计用产品分类目录》确定调查目录。

二是确保覆盖全部工业行业的主导产品，保证调查目录的覆盖面和代表性。

三是在使用上尽可能满足工业统计对分行业价格指数的需求。

四是粗细结合，对一些未来一段时期可能持续存在的重要产品，特别是重要生产资料，分类尽可能详细。

四、代表产品（规格品）的选择

编制 PPI，是以一组代表产品（规格品）的价格变动来反映全部产品的价格变化趋势和变动幅度。选择代表产品（规格品）应遵循以下原则：

一是按工业行业选择基本分类和代表产品（规格品）。各个主要工业大类行业（其他采矿业除外）和重点中类行业，一般应选择足够数量的基本分类和代表产品（规格品），以使价格指数较好地反映各行业价格变动情况。

二是选择对国计民生影响大的产品。一般来看，销售产值大的产品对国计民生影响较大，应选择作为代表产品（规格品）。

三是选择生产较为稳定的产品。一旦被选为代表产品（规格品），就要连续调查较长时期。因此选择代表产品（规格品）时一定要考虑其生产的稳定性，试生产、经济寿命短的产品不应被选为代表产品（规格品）。

四是选择有发展前景的产品。部分产品如电子产品、生物制品、新材料等，尽管其当期销售产值较小，但随着时间的推移，其市场份额占比可能逐步升高，可选为代表产品（规格品）纳入调查。而部分产品尽管一时销售产值较大，但已

是国家明令淘汰或是将被市场淘汰的，则不应选为代表产品（规格品）。

五是可以选择具有地方特色的产品。一些产品具有地方特色，也可以被选为代表产品（规格品）。

五、代表企业的选择

代表企业，即填报工业品价格的调查企业。准确选择代表企业是保证价格指数代表性和准确性的重要前提。PPI调查采用重点调查与典型调查相结合的调查方法。为保障调查企业具有代表性，抽选年主营业务收入2000万元及以上的工业企业作为调查对象。目前，全国有4万余家工业企业作为代表企业参与调查。对于每个基本分类，各地区应尽可能选择多个企业进行填报。在选择代表企业时，应遵循以下原则：

一是按工业行业选择调查企业。调查企业要合理分布，尽量多选大型、代表性强的企业，也不能过于集中。编制指数的地区选择调查企业时，原则上应覆盖当地的重点中类行业。

二是优先选择大型企业作为调查对象。为使PPI更加全面地反映客观实际，优先选择大型企业，也可以适当选择一些其他规模企业。

三是选择生产稳定的企业作为调查对象。应通过邮件、传真、电话、走访等方式关注调查企业的生产经营状况，在其失去代表性后及时进行更换。

六、权数的确定

权数是衡量调查"商品篮子"中每个调查产品重要性的指标。由于各个调查行业在工业经济中的销售产值占比不同，其价格变动对PPI的影响程度也有所不同。为合理反映价格变化的平均趋势，PPI由各调查行业价格指数通过加权平均计算得出。所以，在计算PPI时，要科学、合理地确定权数。

一是基本分类及以上分类一般每5年调整一次。其中，基本分类以上分类参照国民经济行业分类标准确定。

二是权数资料来源。PPI统计调查中，小类及以上分类的权数资料来源于工业统计中分行业销售产值数据资料，基本分类的权数资料来源于每5年开展一次的权数专项调查。基本分类以下不设置权数。

七、价格数据的收集与汇总

PPI 调查实行月报方式，调查日期为调查月的 5 日和 20 日。PPI 统计调查资料的上报采取"国家统计局一套表联网直报"方式，原则上全部调查企业于当月月底前，通过联网直报平台上报基础价格数据，由各级统计机构逐级进行数据质量审核评估；各调查总队汇总各省（区、市）数据后，于次月月初上报国家统计局；国家统计局负责全国及省级 PPI 的审核汇总。

八、PPI 的计算方法

（一）省（区、市）级指数汇总方法

1. 基本分类指数的计算

（1）代表产品月环比指数的计算。根据该代表产品下所属代表规格品价格变动相对数，采用几何平均法计算，计算公式为：

$$K_i = \sqrt[n]{G_{i1} \times G_{i2} \times ... \times G_{in}} \times 100\%$$

其中，G_{i1}，G_{i2}，…，G_{in} 分别为 i 代表产品下第一个至第 n 个规格品报告期（t）价格与上期（$t-1$）价格对比的相对数。

（2）基本分类月环比指数的计算。

$$J_i = \sqrt[n]{K_1 \times K_2 \times ... \times K_n} \times 100\%$$

其中，K_1，K_2，…，K_n 分别为第 i 个基本分类下第一个至第 n 个代表产品的月环比价格指数。

（3）基本分类定基指数的计算。

$$I = L_i^1 \times J_i^2 \times \cdots \times J_i^t \times 100\%$$

其中，L_i^1 为第 i 个基本分类基期中第 1 月的定基指数，按基期定基指数计算方法计算得出。J_i^2，…，J_i^t 分别为第 i 个基本分类基期第 2 月至报告期各期的月环比指数。

2. 各类定基指数的计算

$$L_t = L_{t-1} \times \frac{\sum p_t q_{2020}}{\sum p_{t-1} q_{2020}}$$

其中，L 为定基指数，$p_t q_{2020}$ 为固定篮子产品的金额，$p_t q_{2020} = p_{t-1} q_{2020} \times J_i$，$t$ 为报告期，$t-1$ 为报告期的上一期，J_i 为对应分类的环比指数。

（二）全国指数的计算

全国指数根据各省（区、市）指数加权平均计算。

（三）指数的换算方法

$$I_{环比} = \frac{报告期定基指数}{上期定基指数} \times 100\%$$

$$I_{同比} = \frac{报告期定基指数}{上年同期定基指数} \times 100\%$$

第三节 PPI 基础数据来源

PPI 基础数据由调查企业通过"国家统计局一套表联网直报"平台上报，并由各级统计机构逐级进行数据质量审核评估。

第一步，采用重点调查与典型调查相结合的调查方法，根据代表性原则，抽选年主营业务收入 2000 万元及以上的工业企业作为调查对象。

第二步，调查企业于当月月底前，通过联网直报平台上报基础价格数据。企业在填报数据时，要遵循同质可比原则，以确保填报的报告期和基期价格资料在产品类别、品名、规格、计量单位和贸易条件等方面的一致性，并上报正常交易条件下交易量最大的那笔成交价格。如果调查日当日未发生交易，企业应选择距调查日最近发生交易的价格。

第三步，国家统计局市县调查队和调查总队逐级进行数据质量审核评估。主要审核企业填报的产品规格、代码及计量单位是否正确，填报的基期价格与报告期价格是否齐全、正确，是否同质可比。如果发现企业填报的价格波动过大或者存在异常情况，应及时联系企业并查明原因。

第四步，各调查总队汇总全省（区、市）数据后，于次月月初上报国家统计局，国家统计局负责全国及省级 PPI 的审核汇总。

第四节 正确解读 PPI

一、解读 PPI 的注意事项

（一）正确理解工业生产者出厂价格主要分类指数的含义

按生产资料、生活资料分类。生产资料一般指用于工业生产活动的中间消耗产品（如煤炭、原油、钢材、有色金属等），包括采掘工业、原材料工业、加工工业三大类产品；生活资料一般指用于人民生活的消费品（如食品、衣着、电视机等），包括食品、衣着、一般日用品和耐用消费品四大类产品。

按工业行业分类。根据《国民经济行业分类》，PPI 包括煤炭开采和洗选业、石油和天然气开采业、水的生产和供应业等 40 个工业行业大类指数。

（二）正确理解影响 PPI 变动的各种因素

影响价格变动的因素众多，分析 PPI 变动时应深入分析各种因素的影响。包括需求拉动、成本推动、国际市场价格变动、货币供给变动、汇率变动、各种宏观经济和产业政策及法规变动等对 PPI 的影响，同时也要考虑重大事件以及异常气候等非经济因素对 PPI 的影响。

（三）正确理解 PPI 对 CPI 的传导影响

PPI 对 CPI 的传导受多重因素影响，如产品的市场供求关系、竞争程度、科技进步等因素。从具体情况看，PPI 对 CPI 的传导过程存在一定滞后性，同时 PPI 的上涨也不会全部传导到 CPI。因此，不能简单地认为，PPI 上涨（下降）就必然会迅速引起 CPI 随之上涨（下降）。

（四）正确理解上年价格变动的翘尾影响和今年价格变动的新影响

上年价格变动的翘尾影响是指上年价格上涨（下降）对本年同比价格指数的滞后影响。今年价格变动的新影响是指当年各种因素变动对 PPI 上涨（下降）产生的影响。

通常情况下，人们用 PPI 的同比指数反映年度间价格总水平的变动程度，它是上年价格变动的翘尾影响和今年价格变动的新影响共同作用的结果。例如，在 2023 年 8 月 3.0% 的 PPI 同比降幅中，上年价格变动的翘尾影响约为 -0.3 个百分点，今年价格变动的新影响约为 -2.7 个百分点。

（五）正确理解不同地区间 PPI 的差异

不同地区间的产业结构差异较大，而不同产业间工业产品的价格涨跌幅度往往不同，这导致了不同地区间 PPI 的差异。例如，近几年北京的 PPI 走势比较平缓，主要原因是受其高科技产品（此类产品往往价格需求弹性大、更新换代快、价格下降空间大）权重较高所致；黑龙江、新疆等地区的 PPI 波动幅度较大，主要是因为这些地区原油等原材料权重较高，受国际市场价格影响明显所致。

二、年度 PPI 解读示例

2022 年，全国 PPI 上涨 4.1%，涨幅比上年回落 4.0 个百分点。分季看，一、二、三季度同比分别上涨 8.7%、6.8%、2.5%，四季度同比下降 1.1%，涨幅逐季回落并在四季度转降。分月看，受上年同期对比基数走高影响，同比涨幅由 1 月的 9.1% 回落至 6 月的 6.1%；进入 7 月后，涨幅回落速度加快，7 月、8 月、9 月同比涨幅分别为 4.2%、2.3% 和 0.9%；10 月和 11 月，在高基数作用下，同比由涨转降，均下降 1.3%；12 月，同比降幅收窄至 0.7%（见图 14-1）。

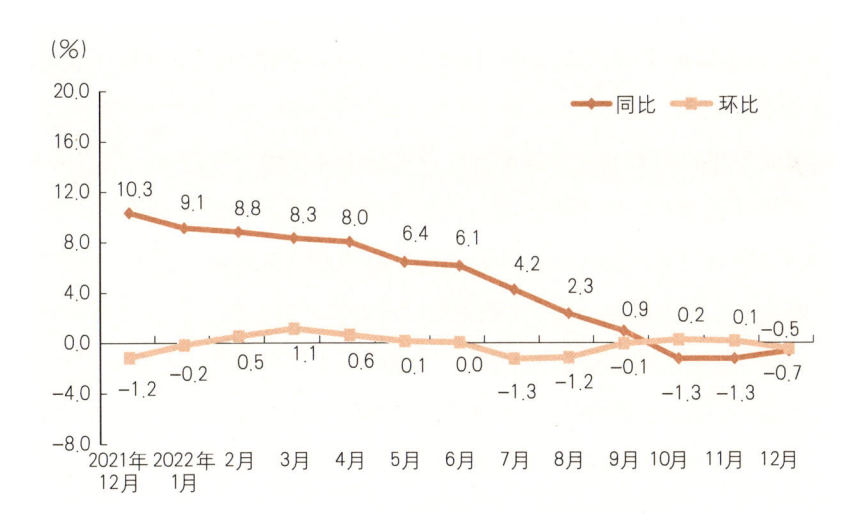

图 14-1　工业生产者出厂价格涨跌幅

生产资料与生活资料价格涨幅差值缩小。2022 年，生产资料价格上涨 4.9%，涨幅比上年回落 5.8 个百分点；生活资料价格上涨 1.5%，涨幅比上年扩大 1.1 个百分点。生产资料价格涨幅高于生活资料 3.4 个百分点，差值比上年缩小 6.9 个百分点，一定程度减轻了中下游行业面临的成本压力。生产资料中，采掘工业价格上涨 16.5%，原材料工业价格上涨 10.3%，加工工业价格上涨 1.5%，涨幅比上年分别回落 17.9、5.5 和 5.1 个百分点。生活资料中，食品价格上涨 2.7%，一般日用品价格上涨 1.6%，涨幅比上年分别扩大 1.3 和 1.1 个百分点；衣着价格由上年下降 0.2% 转为上涨 1.8%，耐用消费品价格由上年下降 0.6% 转为上涨 0.1%。需要看到，生活资料价格涨幅虽有扩大，但属温和上涨，我国是制造业大国，生活资料产品产能和产量充裕，后期价格大幅上涨的可能性不大。

输入性价格传导影响国内相关行业价格波动。2022 年，国际原油、天然气、铜等大宗商品价格先后高位回落，下半年与进口大宗商品价格关联程度较高的石油、有色金属等相关行业价格月度同比明显走低。从 6 月至 12 月，石油和天然气开采业价格同比涨幅由 54.4% 回落至 14.4%，石油、煤炭及其他燃料加工业由 34.7% 回落至 10.1%；8 月，有色金属冶炼和压延加工业价格由涨转降，至 12 月已连续下降 5 个月。从全年看，相关行业价格涨幅也不同程度回落，2022 年，石油和天然气开采业价格上涨 35.9%，石油、煤炭及其他燃料加工业价格上涨 23.6%，有色金属冶炼和压延加工业价格上涨 5.4%，涨幅比上年分别回落 2.8、4.6 和 17.3 个百分点。

能源保供稳价成效显著。煤炭等行业先进产能平稳有序释放，增产增供力度加大，产量持续增加，市场供给有所改善。煤炭开采和洗选业价格同比涨幅从 1 月的 51.3% 回落至 8 月的 8.6%；9 月同比由涨转降，降幅为 2.7%；10 月和 11 月分别下降 16.5% 和 11.5%；12 月基数走低，降幅收窄至 2.7%。从全年看，2022 年，煤炭开采和洗选业价格同比上涨 17.0%，涨幅比上年回落 28.1 个百分点。但应看到，煤炭价格虽有回落但仍处高位，能源产品稳价压力依然较大。下阶段，要持续巩固保供稳价工作成效，继续加大增产增供力度，规范市场秩序，把稳定价格同助企纾困结合起来，有效提振市场主体信心。

三、月度 PPI 解读示例

解读月度 PPI 时，一般应把握的主要原则：一是要反映当月工业经济供求关系变动的总体情况；二是要反映影响 PPI 变动的主要因素；三是要反映环比、同

第十四章　工业生产者出厂价格指数

比情况，包括各主要行业的情况；四是要说明每月同比变动情况中，上年价格及今年价格的影响情况。以 2023 年 8 月为例，对 PPI 进行解读（见图 14-2）。

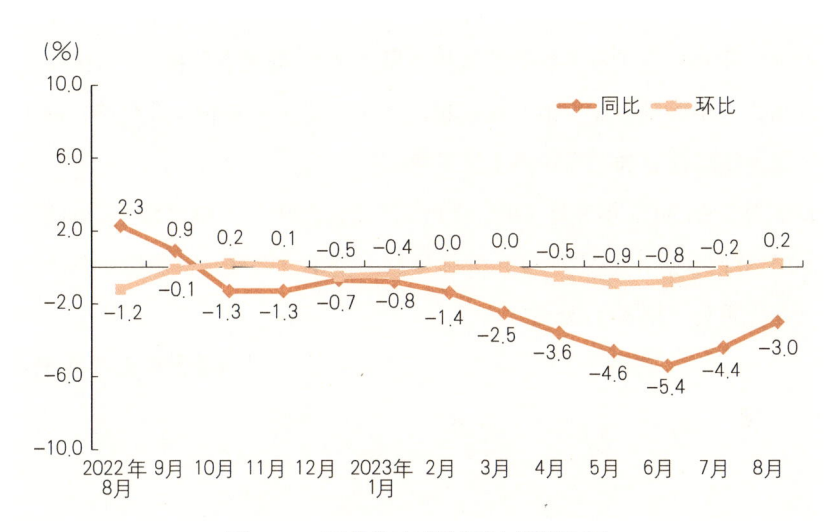

图 14-2　工业生产者出厂价格涨跌幅

8月，受部分工业品需求改善、国际原油价格上涨等因素影响，PPI 环比由降转涨，同比降幅收窄。

从环比看，PPI 由上月下降 0.2% 转为上涨 0.2%。其中，生产资料价格由上月下降 0.4% 转为上涨 0.3%；生活资料价格上涨 0.1%，涨幅比上月回落 0.2 个百分点。受国际原油价格上行影响，国内石油和天然气开采业价格上涨 5.6%，石油煤炭及其他燃料加工业价格上涨 5.4%。金属相关行业需求有所改善，有色金属冶炼和压延加工业价格上涨 0.4%，黑色金属冶炼和压延加工业价格上涨 0.1%。煤炭需求季节性减弱，煤炭开采和洗选业价格下降 0.8%。另外，农副食品加工业价格上涨 1.3%，新能源车整车制造价格上涨 0.8%，电力热力生产和供应业价格上涨 0.2%；计算机通信和其他电子设备制造业价格下降 0.4%。

从同比看，PPI 下降 3.0%，降幅比上月收窄 1.4 个百分点。其中，生产资料价格下降 3.7%，降幅收窄 1.8 个百分点；生活资料价格下降 0.2%，降幅收窄 0.2 个百分点。主要行业价格降幅收窄：煤炭开采和洗选业下降 16.2%，收窄 2.9 个百分点；石油和天然气开采业下降 10.6%，收窄 10.9 个百分点；化学原料和化学制品制造业下降 10.4%，收窄 3.8 个百分点；石油煤炭及其他燃料加工业下降 9.6%，收窄 8.7 个百分点；黑色金属冶炼和压延加工业下降 6.6%，收窄 4.0 个百分点。上述 5 个行业合计影响 PPI 同比下降约 1.98 个百分点，占总降幅的六成多。计算机通信和其他电子设备制造业价格下降 1.9%，降幅有所扩大。另外，文教工美体育和娱乐用品制造业价格上涨 5.4%，电力热力生产和供应业价格上涨 1.7%，有色金属冶炼和压延加工业价格上涨 1.4%。

据测算，在 2023 年 8 月 3.0% 的 PPI 同比降幅中，上年价格变动的翘尾影响约为 -0.3 个百分点，上月为 -1.6 个百分点；今年价格变动的新影响约为 -2.7 个百分点，上月为 -2.8 个百分点。

（撰稿：王有捐 安冰洁）

第十五章
住宅销售价格指数

> **阅读提示**
>
> 公布机构：国家统计局
>
> 调查频率：每月一次
>
> 公布时间：次月15日左右（遇法定节假日顺延）
>
> 公布渠道：国家统计局网站（www.stats.gov.cn）
>
> 　　　　　《中国统计年鉴》
>
> 　　　　　《中国价格统计年鉴》
>
> 　　　　　《中国经济景气月报》
>
> 　　　　　《中国信息报》
>
> 数据修订情况：不修订

第一节　什么是住宅销售价格指数

一、住宅销售价格指数的基本定义

住宅销售价格指数（Housing Price Index，简称 HPI），是反映房地产价格水平总体变化趋势和变化幅度的相对数，是房地产价格变动趋势定量分析的指标。

二、编制住宅销售价格指数的目的

住宅销售价格指数是中国价格统计指标体系的重要组成部分，是反映各城市房价变动趋势的主要指标。编制住宅销售价格指数的目的，是全面了解和掌握相关城市房地产市场变动情况，落实房地产市场调控城市主体责任，满足国家宏观调控需求，为社会公众提供基础统计信息。

第二节 住宅销售价格指数的编制

一、基本情况

住宅销售价格指数编制工作由国家统计局组织实施。国家统计局制定《房地产价格统计报表制度》，对住宅销售价格指数的调查任务、调查城市及范围、调查方法与调查内容、价格指数计算方法等内容作出统一规定，组织国家统计局各调查总队和城市调查队开展房价统计调查工作。住宅销售价格指数的调查范围为各调查城市的市辖区，不包括县。

二、住宅销售价格基本分类设置

住宅销售价格调查按照房屋交易属性，分为新建商品住宅和二手住宅两大类，均设90平方米及以下、90~144平方米、144平方米以上三个基本分类。

三、住宅销售价格调查方法

目前，新建住宅销售价格调查为全面调查，基础数据直接采用当地房地产主管部门的网签备案数据；二手住宅销售价格调查为非全面调查，采用重点调查与典型调查相结合的方法，按照房地产经纪机构或房屋居住服务平台等相关企业上报与调查员实地采价相结合的方式收集基础数据。

为保证二手住宅销售价格调查的科学性和可靠性，各调查城市选取参与调查的中介机构时要统筹兼顾经营规模和区域代表性，一般应涵盖营业额占比较大、经营状况比较稳定、具有区域代表性的中介机构。房地产经纪机构或相关企业原则上应报送当月全部销售数据，并按规定内容和要求填报调查表。

四、住宅销售价格指数权数的确定

编制住宅销售价格指数所使用的权数，是某类住宅销售金额占全体住宅销售总金额的比重。住宅销售价格指数权数的制定依据是经济普查资料、房地产投资统计资料，并辅之以典型调查资料。

目前，编制住宅销售价格指数所使用的权数是2020年各类住宅销售金额占比。

五、住宅销售价格基础数据的收集

编制各调查城市住宅销售价格指数所需要的基础数据收集工作由国家统计局各城市调查队承担，此项内容将在第三节中详细介绍。

六、住宅销售价格指数的计算过程

住宅销售价格指数的计算，包括新建商品住宅销售价格指数和二手住宅销售价格指数。

（一）新建商品住宅销售价格指数计算方法

1.计算各城市基本分类价格指数

（1）销售金额除以销售面积计算出各项目各基本分类本月及上月平均价格。

（2）计算各项目各基本分类月环比价格指数。

①连续性销售项目和新开项目环比价格指数的计算方法。连续性销售项目是指该项目本月和上月对应分类都有成交记录；新开项目是指该项目本月第一次进入市场销售（连续三个月没有成交记录的在售项目也视为新开项目）。

$$H_{i,j} = \frac{p_t^{i,j}}{p_{t-1}^{i,j}}$$

其中，$p_{t-1}^{i,j}$ 为第 i 个项目第 j 基本分类 $t-1$ 期（上月）平均价格（对于新开项目则为增补的平均价格），$p_t^{i,j}$ 为 t 期（本月）平均价格。

②间断性销售项目环比价格指数的计算方法。间断性销售项目是指由于市场供求变化等原因导致该项目当月有交易，对应分类上月没有交易，而在上月之前的两个月内曾经有交易的项目。计算公式为：

$$H_{i,j} = \sqrt[n]{\frac{p_t^{i,j}}{p_0^{i,j}}}$$

其中，$p_t^{i,j}$ 表示第 i 个项目第 j 基本分类 t 期（本月）平均价格，$p_0^{i,j}$ 表示距离本月最近的对应基本分类平均价格，n 为距离本月的月份个数。

（3）计算全市基本分类月环比价格指数。

$$R_{t,t-1}^{j} = \frac{\sum_{i=1}^{n} H_{i,j} w_t^{i,j}}{\sum_{i=1}^{n} w_t^{i,j}}$$

其中，$H_{i,j}$ 为第 i 个项目第 j 基本分类环比价格指数，$w_t^{i,j}$ 为第 i 个项目第 j 基本分类 t 期（本月）销售金额，n 为该基本分类中包含项目的个数。

2. 各城市基本分类以上类别价格指数

（1）定基价格指数的计算公式。

$$L_t = L_{t-1} \times \frac{\sum p_t q_{2020}}{\sum p_{t-1} q_{2020}}$$

其中，p_t 表示当月各分类平均价格，q_{2020} 表示 2020 年各分类销售面积，L_t、L_{t-1} 分别为本月和上月定基价格指数，$\dfrac{\sum p_t q_{2020}}{\sum p_{t-1} q_{2020}}$ 为环比指数。

（2）月环比价格指数的计算公式。

$$本月环比价格指数 = \frac{L_t}{L_{t-1}} = \frac{本月定基价格指数}{上月定基价格指数} \times 100\%$$

（3）月同比价格指数的计算公式。

$$本月同比价格指数 = \frac{L_t}{L_{t-12}} = \frac{本月定基价格指数}{上年同月定基价格指数} \times 100\%$$

（二）二手住宅销售价格指数的计算方法

1. 计算各城市基本分类价格指数

（1）计算各基本分类中各统计单位的环比指数，即为各基本分类中各统计单位本月均价除以上月均价。

（2）计算全市基本分类环比价格指数。计算方法与新建商品住宅计算方法相同。

2. 各城市基本分类以上，二手住宅销售价格指数计算方法同新建商品住宅。

第三节 住宅销售价格数据的基础数据来源

根据《房地产价格统计报表制度》规定，新建住宅基础数据直接采用房地产主管部门的网签备案数据；二手住宅采取房地产经纪机构或房屋居住服务平台等相关企业上报与调查员实地采价相结合的方式收集基础数据。各城市调查队承担住宅销售价格基础数据收集工作。具体工作流程如下：

第一步，各城市调查队向当地房地产主管部门、参与调查的房地产经纪机构或房屋居住服务平台等相关企业进行任务布置。

第二步，收集数据。新建住宅基础数据的收集。房地产主管部门应按照《关于加强协作共同做好房地产价格统计工作的通知》和《关于进一步加强协作做好房价统计工作的通知》要求，按时向当地城市调查队提供月度基础数据。

二手住宅基础数据的收集。参与调查的房地产经纪机构按照同质可比原则，综合考虑房地产类型、区域、地段、结构等统计口径的一致性，每月填报统计报表。在确认数据无误后，报送至城市调查队。

第三步，各城市调查队审核房地产主管部门和房地产经纪机构或房屋居住服务平台等相关企业报送的基础数据后，报送至国家统计局各调查总队。

第四步，各调查总队审核后，在规定的时间内将数据报送至国家统计局。

第四节 正确理解住宅销售价格指数

一、正确理解住宅销售价格指数的内涵

住宅销售价格指数综合反映各城市一定时期内房价总体变化趋势和变化幅度。例如，对一个只有 A、B 两个城区的城市来说，假如 A 城区住宅的价格涨幅较高，B 城区住宅的价格降幅较大，不能因为 A 城区住宅价格涨幅较高就认为该城市房价指数一定较高，也不能因为 B 城区住宅价格降幅较大就认为该城市房价指数应该较低。总之，正确理解住宅销售价格指数要避免以个人或局部性感受作出判断，不能以偏概全。

二、正确区分住宅销售价格指数和房屋混合平均价格

目前，社会上一些机构及个人经常计算、推算、发布和使用住宅混合平均价格，即简单地使用住宅销售金额除以住宅销售面积得到的价格。事实上，住宅销售价格指数和房屋混合平均价格这两个指标在内涵和计算方法都差异极大，不具有可比性。在编制住宅销售价格指数时，力求反映"纯价格"变动的趋势和幅度，要按照同质可比原则来剔除非价格因素（如结构、质量、朝向、楼层、装饰等）的影响。混合平均价格变化则包含了结构、质量、朝向、楼层、装饰用材等方面的变化。例如，高档住宅销售量增加、普通住宅销售量减少、中心城区住宅销售量增加、偏远城区住宅销售量减少都会导致混合平均价格上涨；反之，会压低混合

平均价格水平。下面举一个简单的例子(见表 15-1)来说明均价与指数之间的差异，假设上个月销售 5 套均价为 10000 元的高档住宅和 3 套均价为 1000 元的普通住宅，且所有住宅面积相同，则混合平均价为 6625 元，假设本月所有住宅价格上涨 10%，但是均价为 11000 元的高档住宅由于价格上涨造成销量下降，本月只销售 3 套，普通住宅本月销售 5 套，这样本月的住宅销售价格指数应为 110%，但是本月混合平均价为 4812.5 元。如果按照均价来看的话，本月住宅销售价格变动趋势为下降，这显然与实际情况是不相符的。

表 15-1　混合平均价格和住宅销售价格指数的比较

上月均价	上月销量	本月均价	本月销量	涨跌幅
10000 元	5 套	11000 元	3 套	10%
1000 元	3 套	1100 元	5 套	10%
上月混合平均价 =6625 元		本月混合平均价 =4812.5 元		混合平均价跌幅约为 27.4%

三、如何解读月度住宅销售价格指数

表 15-2 和表 15-3 为国家统计局网站发布的 2023 年 8 月 70 个大中城市住宅销售价格变动情况数据。

2023 年 8 月，70 个大中城市商品住宅销售价格上涨城市个数减少，各线城市商品住宅销售价格环比下降、同比有涨有降。

(一) 各线城市商品住宅销售价格环比下降

从新建商品住宅看，2023 年 8 月，一线城市新建商品住宅销售价格环比由上月持平转为下降 0.2%，其中北京、广州和深圳环比分别下降 0.2%、0.3% 和 0.6%，上海环比上涨 0.1%；二线城市新建商品住宅销售价格环比下降 0.2%，降幅与上月相同；三线城市新建商品住宅销售价格环比下降 0.4%，降幅比上月扩大 0.1 个百分点。从二手住宅看，2023 年 8 月，一线城市二手住宅销售价格环比下降 0.2%，降幅比上月收窄 0.6 个百分点，其中北京环比上涨 0.4%，上海、广州和深圳环比分别下降 0.3%、0.6% 和 0.2%；二、三线城市二手住宅销售价格环比分别下降 0.5% 和 0.4%，降幅均与上月相同。

2023 年 8 月，70 个大中城市中，新建商品住宅和二手住宅销售价格环比上涨城市分别有 17 个和 3 个，比上月均减少 3 个。

（二）各线城市商品住宅销售价格同比有涨有降

2023 年 8 月，一线城市新建商品住宅销售价格同比上涨 0.6%，涨幅比上月回落 0.4 个百分点；二线城市新建商品住宅销售价格同比上涨 0.3%，涨幅比上月扩大 0.1 个百分点；三线城市新建商品住宅销售价格同比下降 1.4%，降幅比上月收窄 0.1 个百分点。2023 年 8 月，一、二线城市二手住宅销售价格同比分别下降

表 15-2　2023 年 8 月 70 个大中城市新建商品住宅销售价格指数

城市	环比 上月=100	同比 上年同月=100	1-8月平均 上年同期=100	城市	环比 上月=100	同比 上年同月=100	1-8月平均 上年同期=100
北　京	99.8	102.8	104.1	唐　山	99.7	98.8	98.3
天　津	99.6	100.6	99.2	秦皇岛	99.9	96.4	95.4
石家庄	99.3	99.3	98.8	包　头	99.3	97.4	97.1
太　原	100.2	99.5	97.7	丹　东	99.8	98.2	97.0
呼和浩特	99.9	99.9	98.5	锦　州	100.0	98.6	97.5
沈　阳	100.1	97.3	96.3	吉　林	99.5	98.2	96.8
大　连	100.3	95.8	95.4	牡丹江	99.6	96.1	96.9
长　春	99.2	95.3	95.6	无　锡	99.7	97.9	98.9
哈尔滨	99.4	97.7	96.1	徐　州	99.2	100.3	100.3
上　海	100.1	104.1	104.4	扬　州	99.0	100.0	99.9
南　京	99.6	99.8	100.5	温　州	99.6	96.2	94.6
杭　州	100.1	103.3	105.0	金　华	98.9	95.7	97.0
宁　波	99.8	103.4	103.1	蚌　埠	99.9	99.9	99.0
合　肥	99.8	102.3	103.4	安　庆	99.7	100.3	98.4
福　州	99.7	98.6	98.6	泉　州	100.1	98.2	96.3
厦　门	99.7	97.7	97.4	九　江	99.6	99.9	99.6
南　昌	99.5	101.9	101.9	赣　州	99.4	97.3	98.6
济　南	99.9	103.1	103.1	烟　台	100.2	100.3	99.6
青　岛	99.8	101.5	101.9	济　宁	99.8	97.9	96.7
郑　州	99.5	99.0	99.1	洛　阳	99.2	97.8	97.3
武　汉	99.5	100.5	98.0	平顶山	99.3	98.1	98.2
长　沙	100.3	103.5	103.5	宜　昌	100.1	96.5	96.0
广　州	99.7	98.6	99.4	襄　阳	99.8	99.3	98.0
深　圳	99.4	97.0	98.2	岳　阳	99.1	96.5	94.9
南　宁	99.5	98.1	97.6	常　德	99.8	98.2	96.5
海　口	100.4	102.3	101.8	韶　关	99.5	99.1	98.9
重　庆	100.1	101.8	100.6	湛　江	99.4	101.0	97.5
成　都	100.3	106.0	107.8	惠　州	99.6	96.4	97.4
贵　阳	99.9	98.3	98.2	桂　林	99.5	97.4	97.1
昆　明	99.4	99.0	98.5	北　海	100.3	101.5	96.1
西　安	100.4	101.9	101.6	三　亚	100.4	102.8	101.1
兰　州	99.5	99.9	97.4	泸　州	99.4	98.9	97.9
西　宁	98.9	99.0	99.1	南　充	99.6	100.9	100.1
银　川	100.3	101.7	101.9	遵　义	99.6	100.9	100.7
乌鲁木齐	100.1	100.6	100.9	大　理	99.4	97.6	96.9

1.6%和3.0%，降幅比上月分别扩大0.2和0.3个百分点；三线城市二手住宅销售价格同比下降3.5%，降幅与上月相同。

2023年8月，70个大中城市中，新建商品住宅和二手住宅销售价格同比上涨城市分别有25个和3个，比上月分别减少1个和2个。

70个大中城市房地产价格统计一、二、三线城市划分：一线城市指北京、上海、广州、深圳等4个城市；二线城市指天津、石家庄、太原、呼和浩特、沈阳、

表15-3 2023年8月70个大中城市二手住宅销售价格指数

城市	环比 上月=100	同比 上年同月=100	1-8月平均 上年同期=100	城市	环比 上月=100	同比 上年同月=100	1-8月平均 上年同期=100
北　京	100.4	100.8	102.7	唐　山	99.4	94.4	94.0
天　津	99.3	96.4	95.3	秦皇岛	99.8	96.3	95.9
石家庄	99.6	97.4	97.3	包　头	99.5	96.5	96.3
太　原	99.7	97.2	96.9	丹　东	99.0	93.8	94.0
呼和浩特	99.6	96.1	95.3	锦　州	99.3	94.8	94.8
沈　阳	99.6	94.5	94.2	吉　林	99.6	92.6	91.7
大　连	99.4	94.8	95.6	牡丹江	100.1	93.2	91.6
长　春	99.8	94.7	93.8	无　锡	99.4	96.9	99.4
哈尔滨	99.3	95.3	93.7	徐　州	99.4	98.0	98.7
上　海	99.7	98.0	101.1	扬　州	99.2	97.1	98.1
南　京	99.4	97.0	98.7	温　州	99.4	96.6	96.3
杭　州	99.5	97.2	98.3	金　华	99.1	95.6	95.4
宁　波	99.3	97.3	98.5	蚌　埠	99.8	98.5	97.8
合　肥	99.7	98.2	99.6	安　庆	99.8	96.0	95.1
福　州	99.5	96.9	97.8	泉　州	99.1	94.2	93.9
厦　门	99.4	95.1	96.5	九　江	99.5	97.0	97.2
南　昌	99.4	96.6	97.6	赣　州	99.9	99.7	99.2
济　南	99.5	98.3	97.8	烟　台	99.7	97.7	98.8
青　岛	99.2	95.6	96.5	济　宁	99.9	95.7	94.5
郑　州	99.1	94.8	95.1	洛　阳	99.5	95.2	94.2
武　汉	99.2	95.9	95.8	平顶山	99.7	96.9	96.4
长　沙	99.5	100.8	101.1	宜　昌	99.4	94.8	93.6
广　州	99.4	96.3	98.3	襄　阳	99.9	96.1	95.4
深　圳	99.8	98.6	98.3	岳　阳	99.2	95.9	95.7
南　宁	99.4	95.2	94.6	常　德	100.0	98.0	96.0
海　口	99.5	96.0	97.0	韶　关	99.7	97.3	96.8
重　庆	99.4	95.9	97.1	湛　江	99.5	97.4	96.0
成　都	99.6	104.1	107.7	惠　州	99.7	97.5	97.7
贵　阳	99.4	97.6	97.7	桂　林	99.3	96.4	96.7
昆　明	99.3	99.9	100.3	北　海	99.2	95.8	94.0
西　安	99.7	99.1	99.5	三　亚	99.9	100.0	99.6
兰　州	99.2	96.3	95.8	泸　州	99.4	97.6	98.1
西　宁	99.6	98.8	98.6	南　充	99.7	99.8	101.1
银　川	99.6	97.8	97.7	遵　义	99.4	96.2	96.4
乌鲁木齐	99.5	96.8	97.4	大　理	100.1	97.2	96.8

大连、长春、哈尔滨、南京、杭州、宁波、合肥、福州、厦门、南昌、济南、青岛、郑州、武汉、长沙、南宁、海口、重庆、成都、贵阳、昆明、西安、兰州、西宁、银川、乌鲁木齐等31个城市；三线城市指唐山、秦皇岛、包头、丹东、锦州、吉林、牡丹江、无锡、徐州、扬州、温州、金华、蚌埠、安庆、泉州、九江、赣州、烟台、济宁、洛阳、平顶山、宜昌、襄阳、岳阳、常德、韶关、湛江、惠州、桂林、北海、三亚、泸州、南充、遵义、大理等35个城市。

（撰稿：王有捐 沈赟）

第十六章
调查失业率

> **阅读提示**
>
> 公布机构：国家统计局
>
> 调查频率：月度
>
> 公布时间：每月国家统计局国民经济运行情况数据发布会
>
> 公布渠道：国家统计局国民经济运行情况数据发布会
> 　　　　　国家统计局网站（www.stats.gov.cn）
> 　　　　　《中国统计摘要》
> 　　　　　《中国统计年鉴》
> 　　　　　《中国劳动统计年鉴》
> 　　　　　《中国人口和就业统计年鉴》
>
> 数据修订情况：不修订

第一节 什么是调查失业率

调查失业率与经济增长率、物价指数和国际收支平衡状况并称为四大宏观经济指标，是分析宏观经济走势和就业形势变化的重要依据，受到社会各界高度关注。世界各国都把稳定和降低失业率作为宏观经济政策的核心目标。

一、基本定义

我国16岁及以上人口可分为劳动力和非劳动力，其中劳动力包括就业人口和失业人口，如图16-1所示。

调查失业率指根据抽样调查方法测算得到的失业人口占就业人口与失业人口之和的百分比，计算公式为：

$$调查失业率 = \frac{失业人口}{失业人口 + 就业人口} \times 100\%$$

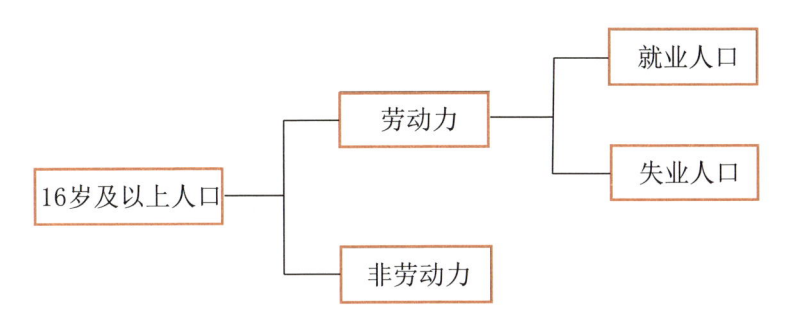

图 16-1　16 岁及以上人口分类

从定义可以看出，调查失业率分子为失业人口，分母为劳动力人口（失业人口与就业人口之和），而非全部 16 岁及以上人口。由于非劳动力人口并未参与到调查失业率的计算中，因此调查失业率衡量的是劳动力人口中失业人口比重，而不是全部 16 岁及以上人口中失业人口比重。举例来说，假设我国城镇调查失业率为 5.0%，通俗讲 100 个劳动力中有 5 个失业人口，而不是 100 个 16 岁及以上人口中有 5 个失业人口。

根据人口特征对 16 岁及以上劳动力人口进行划分，可以得到相应人群的失业率。比如，按年龄对人口进行分类，可以算出各个年龄段人口失业率，按受教育程度对人口进行分类，可以算出各受教育程度人口失业率，按城乡地域对人口进行分类，可以算出城镇调查失业率和乡村调查失业率。需要说明的是，人口城乡属性的划分以常住地而非户籍地为依据。对于农民工来说，如果在城镇常住，就会被归为城镇人口，其就业情况相应纳入到城镇调查失业率计算中；如果返回乡村常住，就会被归为乡村人口，纳入到乡村调查失业率计算中。因此，农民工的就业情况会在城镇或乡村调查失业率中反映出来，不存在遗漏问题。

二、主要用途

一是反映宏观经济运行状况，为宏观调控提供依据。调查失业率是四大宏观经济指标之一，反映了宏观经济运行过程中劳动力资源利用情况，其数据波动与经济增速变化具有密切联系。一般来说，当经济增速加快时，劳动力需求增加，带动调查失业率下降；当经济增速回落时，就业岗位减少，导致调查失业率上升。通过观察调查失业率运行情况，可以分析宏观经济周期所处的阶段，为开展宏观经济逆周期调节，出台货币、财政等政策提供依据。比如，2008 年金融危机时，由于美国失业率长期保持较高水平，美联储为此开展了多次量化宽松政策。

二是反映一定时期就业形势，为制定就业政策提供依据。调查失业率既是宏观经济指标，也是重要的民生指标，反映了劳动者找工作的压力。当调查失业率上升时，说明劳动力市场岗位需求不足，求职人员找工作较为困难，对民生保障有直接负面冲击。根据调查失业率等指标变化趋势，分析就业压力来源，针对性从稳定岗位、重点人群、技能培训、就业服务等方面发力，确保就业形势保持稳定。2018年以来，每年政府工作报告都会提出当年城镇调查失业率预期目标，作为出台就业政策、稳定就业形势的重要依据。

三是反映不同人群就业差异。我国有14亿多人口，近8亿劳动力，不同人群就业特点有所不同，不同地区经济发展情况不同，因此不同学历、年龄、性别和不同地区人口面临的就业状况存在不小差异。如果通过全国就业总体平稳，认为所有人群就业状况都比较好，可能会忽视掉部分人群面临的就业困难。调查失业率不只是一个反映全社会总体就业形势的指标，通过对人群进行细分，可以得到不同人群失业率水平，如可以计算城镇农民工失业率、青年失业率，精准反映不同人群就业情况。

三、指标局限性

一是调查失业率不能反映就业形势全貌。劳动力市场是一个复杂的市场运行体系，调查失业率虽然是劳动力市场重要指标，但也不能仅凭调查失业率数据判断就业形势全貌。从就业角度看，调查失业率可以反映劳动力是否就业，但不能说明具体就业方式。比如，虽然调查失业率未上升，就业人口未减少，但如果就业人口工作时间下降，也说明劳动力利用不充分。从失业角度看，即使调查失业率保持稳定，失业人数未明显增加，但如果长期失业的人口比重持续增加，也说明劳动力市场存在部分就业困难群体。从市场需求侧看，受就业结构性矛盾影响，劳动力市场"就业难"和"招工难"并存，调查失业率不能反映市场空缺岗位数量。

二是调查失业率不能反映就业质量。调查失业率按劳动力的就业状态进行统计，只区分就业人口和失业人口，不反映就业人口的实际就业质量。对于处于就业状态的人口，他们的工资水平有高有低、工作强度有大有小、工作稳定性有强有弱、职业前景有好有差，但无论就业质量如何，都会被统计为就业人口，并不会在调查失业率中反映。因此,调查失业率降低不一定代表就业质量上升,调查失业率升高也不一定代表就业质量下降。在某些特殊情况下,虽然调查失业率保持稳定,但可能以工资下降等就业质量降低为代价;如果科技进步"机器换人"大规模出现,调查失业率上升,但由于生产率提高,剩余就业人口工资水平可能会提高。

三是调查失业率不能判断就业工作成效。调查失业率高低受经济增速、产业结构、人口结构、就业政策等多方面因素影响。比如,经济周期波动会影响失业率变化,劳动密集型产业占比高有利于吸纳就业、人口老龄化带动劳动供给减少降低失业率。就业政策虽然也是影响调查失业率的因素之一,但很难完全抵消其他因素尤其是经济周期波动的影响。当失业率水平上升时,可能是受经济周期变化影响,劳动力需求下降,不一定代表就业工作成效不好;当失业率水平下降时,也不一定都是就业工作的成效,也可能是产业结构逐步转型变化起主导作用。

第二节 调查失业率的计算方法

我国采用国际劳工组织建议的标准定义就业、失业和非劳动力人口,世界各国也基本都采用这一标准,以此计算的调查失业率是国际可比的。

一、就业、失业和非劳动力定义

（一）就业人口定义

根据国际劳工组织统一标准,就业人口主要指在调查参考周内,一定年龄以上人口中,为取得劳动报酬或经营收入从事了1小时及以上工作的人。我国则指16岁及以上人口中符合上述条件的人。理解这一标准,首先,要强调以取得收入为目的,如无薪受训的学徒、从事志愿者服务的人,由于目的分别是学习技能、无偿奉献,则不属于就业人员。其次,要强调通过为他人提供生产或服务的形式获取收入,如从事农业生产的人,如果生产目的完全是自吃自用,不向市场售卖农产品,也不属于就业人员。此外,就业人口还包括因休假、临时停工等原因在职未上班的人。如果未上班原因是正常的休假、请假,则属于就业人口;但如果是因单位停工、经济不景气放假,且用人单位停发工资,短期内也不能返岗,则不属于就业人口。

（二）失业人口定义

失业人口是指16岁及以上人口中同时满足以下三个条件的人：①在调查参考周内没有工作；②在调查时点前3个月内找过工作；③如果有一份合适工作，能够在2周内立即开始工作。从定义可以看出，失业人口与无工作人口不能简单画等号，只有同时满足条件②和③的无工作人口才是失业人口。比如，在校学生、退休人员、家庭妇女等，虽然他们大多数没有就业，但由于没找过工作或不能在短期内立即去工作，也不属于失业人口。

我国将工作搜寻期确定为3个月，主要是基于找工作方式的特殊国情。虽然近年来我国劳动力市场有了较快发展，网络招聘等方式比例越来越高，但有很多人特别是农民工，找工作的主要方式仍为委托亲朋好友，这种方式效率低耗时长，许多时候需要超过1个月以上时间，如果采用1个月标准，将不能充分反映农民工就业问题。国家统计局连续两次的附加调查结果显示，1个月与3个月工作搜寻期标准对失业率的影响并不大，使用3个月标准主要是考虑尽量覆盖更多的弱势群体。

（三）劳动力和非劳动力定义

就业人口和失业人口统称为劳动力，可概括为参与或要求参与经济活动的人。16岁及以上人口中，劳动力以外的人被称为非劳动力，指当前没有就业，调查时点前3个月内没找过工作或调查接下来的2周内不能开始工作的人。就业、失业和非劳动力三种状态可以互相转换，就业人口失去工作后，如果找工作并且立即能去工作就是失业人口，如果不找工作或不能去工作，就是非劳动力。

此外，我国将统计就业状态的年龄下限设置为16周岁，主要是考虑到我国法定最低劳动年龄为16周岁。

二、定义原则

（一）调查失业率要反映劳动力市场情况

上述就业、失业和非劳动力的定义是世界各国都采用的普遍标准，但与大众的理解可能存在差异，比如就业、失业之外还存在非劳动力，并非稳定的工作才算就业，也不是没有工作就算失业。采用这种定义原则，是因为调查失业率是面向劳动力市场的经济指标，这一定义方式主要从个人与劳动力市场的关系出发，而不仅是从民生保障和个人收入水平等角度出发。在劳动力市场中，无论稳定就业还是灵活就业，都为社会提供了产品或服务，创造了社会产出，自然都算作就业；对于没有工作的人，只有找工作且在短期内能立即开始工作的人，才属于劳动力市场的有效供给，被统计为失业人口；如果不找工作或不能立即开始工作，则不会形成市场有效供给，也未实际参与到劳动力市场中，因而被定义为非劳动力。

（二）"1小时"就业标准主要是从劳动投入和产出的关系出发，用于界定有没有就业，而非就业"足不足"

一些人认为，定义就业的一周工作1小时标准过低，过短的工作时间不能满足个人基本生活需要，这种标准会掩盖低工时人口的失业问题。实际上，上述问题是就业充分不充分的问题。根据国际劳工统计大会决议的考虑，采用这一标准首先是使就业定义尽可能广泛，便于涵盖某一国家可能存在的所有类型的就业，包括短期工作、临时工和其他类型的非正规就业。这一标准目前为世界各国劳动力调查所使用。其次，确保总劳动投入与总生产相对应，特别是将就业和生产统计数据进行联合分析时更加必要。1小时工作时间虽然较短，但也为社会提供了生产或服务，它和0小时是一种质的区别，至于1小时、20小时或40小时之间，它们更多是量的区别，主要反映就业是否充分。再次，现实中低时长的就业人数占比较低，我国城镇就业人口中，每周工作时间在20小时以下的比重仅为2.0%左右。最后，1小时标准符合国际劳动力框架的优先原则，即任何就业活动优先于任何其他活动，并将失业定义为完全缺乏工作的情况。如果提高就业定义中的最低工作小时数，失业将不再符合完全缺乏工作的原则。

（三）综合使用各项指标能够充分反映民生就业问题

调查失业率是反映劳动力市场状况的指标，同时也是重要的民生指标。虽然单一失业率指标在反映民生就业上存在一定不足，但如果结合其他相关指标，就能充分反映劳动者面临的各类就业问题。比如，对于就业人口工时不足问题，将调查失业率和就业人口的工时分布综合分析，就能全面反映失业和不充分就业人口情况。对于失业人口问题，综合调查失业率和失业人口的失业原因分布，可以精准捕捉失业人口结构和变化趋势。另外，通过劳动参与率指标，可以分析劳动力市场上可供使用的劳动力状况。对于非劳动力人口，可以根据不找工作的原因，识别出其中存在的气馁型劳动者，针对性开展就业帮扶。

第三节 调查失业率的基础数据来源

国家统计局通过劳动力调查采集调查失业率基础数据，这项调查每月在全国城乡调查 34 万户，具有严格的工作流程和数据质量控制方法。

一、调查样本情况

调查失业率的基础数据来源于劳动力调查。劳动力调查是国务院批准建立的一项重要统计调查制度，由国家统计局负责组织实施，用于搜集全国城乡劳动力的就业失业数据。劳动力调查的频率为月度，调查对象是从我国 31 个省（区、市）的城镇和乡村地域范围内随机抽选的住户，抽中户中在调查时点的现住人口（居住在本户的人口）和常住人口（包括本户人口中外出不满半年的人口）均接受调查，不受地域、户籍、年龄等限制。全国样本量约 34 万户／月，城镇约 25 万户／月，乡村约 9 万户／月，覆盖全国 2800 多个区县，涉及约 2.1 万个社区／村。为避免样本老化、减轻调查户负担，住户样本按 2-10-2 方式轮换，即每个调查户连续两个月接受调查，在接下来十个月退出调查，第二年相同月份再接受两次调查后彻底退出。

二、抽样方法

劳动力调查采用分层、二阶段、与住房单元数多少成比例（PPS）和随机等距相结合的方法，抽取初级抽样单元（即村居委会）和住房单元。一是抽取初级抽样单元。在每个省（区、市），按城乡分层，采用与住房单元数多少成比例（PPS）方法抽取预定数量的初级抽样单元。二是抽取住房单元。在抽中的初级抽样单元内，将住房单元按照地理位置相邻原则，编成 4 户一组的住户组，按照随机等距原则抽取住户组，确定抽中的住房单元。

三、工作流程

根据国家统计局制定的《劳动力调查制度》，地方各级统计调查机构具体承担基础数据搜集等组织实施工作。调查工作流程如下：

第一步，调查员选聘培训。根据确定的最终样本单位数量，基层统计调查机构选聘调查员并对调查员进行系统的业务培训，合格后最终确定参与调查的调查员。

第二步，样本点摸底。调查员按照摸底工作规范要求，对辖区内所有居住建筑物进行摸底，绘制社区建筑物示意图，编制住宅建筑物清单、住房单元底册。

第三步，样本核实。入户登记前，调查员对应调查的住户样本进行核实，如遇空户等无法调查的情况，根据相关规则申请更换。

第四步，入户登记。调查员在调查期对被抽中的所有住户（住房单元）进行入户调查，通过手持电子终端设备 PAD 实时采集数据，对应在本户登记的人口逐一登记，对调查项目仔细询问、认真核对，完成逻辑审核后及时上报数据。

第五步，行职业编码。入户登记完成后，市县统计调查机构在联网直报平台上，对调查员填写的行业、职业信息进行编码。

第六步，质量控制。各级统计调查机构进行全流程质量控制，规范调查基础工作，采取电话核查、入户陪访、回访等形式加强督导检查。严格数据审核，随报随审，对审核发现的疑点数据要再次核实确认。

第七步，数据验收。完成行职业编码工作和数据审核无误后，各级统计调查机构自下而上逐级进行数据验收操作。

第八步，数据加权汇总。国家统计局根据全国分城乡、地区、年龄、性别、人口结构数据对调查样本数据进行加权推算和汇总。

第四节 正确解读调查失业率数据

在使用调查失业率这一指标时，要正确看待调查失业率水平变化和与经济增速波动的关系，结合各项其他指标综合分析就业形势变化。

一、失业率不会被清零

从失业类型看，失业可分为周期性失业、摩擦性失业和结构性失业。周期性失业由社会总需求不足引起，经常出现在经济周期的萧条阶段，一般通过财政、货币等宏观调控政策来熨平经济周期，解决周期性失业。摩擦性失业是人们在寻找工作或转换工作过程中的短期失业，结构性失业是经济结构发展变化与劳动力的预期、技能、分布等不匹配引起的失业，这两种失业构成的失业率被称为自然失业率，降低自然失业率的主要政策是开展求职招聘服务，提高人岗匹配效率，加强职业技能培训，破除劳动力自由流动障碍等。但自然失业率是市场经济条件下劳动力市场运行中难以避免的一部分，只能尽量降低而无法消除，所以调查失业率不会被清零。一般认为，只要消除周期性失业，调查失业率运行在自然失业率水平，就达到了全社会充分就业。

二、调查失业率和经济增速此消彼长的关系并不绝对

一般情况下，调查失业率和经济增速呈反向变化关系，但这一关系并非绝对成立。从经济周期看，在经济周期萧条阶段，经济增速下降，就业岗位减少，部分求职者由于长期找不到工作，会丧失信心不再寻找工作，从统计上的失业人口转为非劳动力，失业率将会随之下降；在经济周期复苏阶段，经济增速加快，市场招聘活跃，一些人本来无工作意愿，发现就业机会增加后也开始寻找工作，从统计上的非劳动力转为失业人口，反而带动失业率短期升高。从经济结构看，如果技术进步的方向为劳动节约型，由于产生资本对劳动力的替代，劳动力需求下降，虽然生产率提高带动经济增速加快，但调查失业率反而会上升；如果产业结构转型升级，吸纳就业能力更强的服务业发展较快，即使经济增速有所减弱，调查失业率也可能保持稳定。

三、要全面分析调查失业率水平变化情况

分析我国城镇调查失业率数据波动，首先要考虑春节和毕业季的季节性因素。每年春节前后，由于辞职更换工作人数较多，摩擦性失业增加带动失业率升高；在毕业季月份，由于高校毕业生大规模集中进入劳动力市场寻找工作，也会带动失业率上升。因此，在春节和毕业季月份，不能因失业率短期升高而认为就业总体形势出现较大问题。要结合劳动参与率水平分析调查失业率波动，如果失业率和劳动参与率同时上升，可能是更多非劳动力开始寻找工作，这是劳动力市场活跃就业向好的信号；如果失业率和劳动参与率同时下降，可能是部分失业人口丧失信心转为非劳动力，这是就业形势变差的表现。

从分人群失业率看，城镇外来农业人口就业稳定性较低，在经济形势发生变

动时，这类人群的就业状况变化更加敏感，调查失业率的波动较早、幅度较大，是分析就业形势的先行信号。在某种程度上，周平均工作时间也是调查失业率变化的先行指标，企业在经济增速放缓，生产经营不景气时，往往先缩短员工工作时间，随后才会裁员，因此平均工作时间下降先于失业率上升出现；在经济持续向好时，企业也是先增加现有员工工作时间，而不是直接增加招聘人数，因此周平均工作时间上升先于失业率下降出现。由于调查失业率不能充分反映就业质量，因此要综合分析调查失业率和工资、工时、正规就业比重、劳动合同签订率等就业质量指标的变化趋势，判断充分就业和高质量就业是同步向好，还是反向变化。

四、正确看待2018年以来城镇调查失业率数据

2018年以来，面对复杂严峻的国内外形势，党中央、国务院高度重视就业工作，加强宏观经济调节力度，实施就业优先战略，强化就业优先政策，全力以赴稳就业保就业，就业大局长期稳定。尤其是在新冠疫情的巨大冲击下，党中央统筹推进疫情防控和经济社会发展，就业压力从高位逐步缓解。随着疫情防控平稳转段，国民经济持续稳定恢复，党中央提出把稳就业提高到战略高度通盘考虑，就业形势持续回稳向好。2018—2023年各月城镇调查失业率如表16-1所示。

表16-1 2018—2023年城镇调查失业率

单位：%

月份	2018年	2019年	2020年	2021年	2022年	2023年
1月	5.0	5.1	5.3	5.4	5.3	5.5
2月	5.0	5.3	6.2	5.5	5.5	5.6
3月	5.1	5.2	5.9	5.3	5.8	5.3
4月	4.9	5.0	6.0	5.1	6.1	5.2
5月	4.8	5.0	5.9	5.0	5.9	5.2
6月	4.8	5.1	5.7	5.0	5.5	5.2
7月	5.1	5.3	5.7	5.1	5.4	
8月	5.0	5.2	5.6	5.1	5.3	
9月	4.9	5.2	5.4	4.9	5.5	
10月	4.9	5.1	5.3	4.9	5.5	
11月	4.8	5.1	5.2	5.0	5.7	
12月	4.9	5.2	5.2	5.1	5.5	

数据来源：国家统计局。

从表16-1看出，2018—2019年，城镇调查失业率多数月份稳定在5%左右的水平，部分月份失业率升高到5.3%，主要是受春节和高校毕业季的季节性影响，

就业形势保持稳定。2020—2022 年，受国内外经济下行压力特别是新冠疫情反复冲击影响，城镇调查失业率个别月份达到 6.0% 以上，但随后便会逐步回落，多数时间运行在 5.5% 以内，就业大局总体稳定。2023 年以来，城镇调查失业率年初受春节影响有所升高，春节过后不断回落，6 月降至 5.2% 的较低水平，就业形势持续恢复向好。

（撰稿：孟灿文　董森　郭航）

第十七章
单位就业人员平均工资

> **阅读提示**
>
> 公布机构：国家统计局
>
> 调查频率：每季度一次、每年一次
>
> 公布时间：次年 5 月
>
> 公布渠道：国家统计局网站（www.stats.gov.cn）
>
> 　　　　　《中国统计摘要》
>
> 　　　　　《中国统计年鉴》
>
> 　　　　　《中国劳动统计年鉴》
>
> 　　　　　《中国人口和就业统计年鉴》
>
> 数据修订情况：不修订

第一节 什么是单位就业人员平均工资

工资作为劳动力的价格，是最重要的劳动力市场指标之一，它既是劳动者收入的主要来源，也是企业生产成本的重要组成部分，还是征缴和支付各项社会保险的重要依据，工资数据历来受到社会各界的高度关注。

单位就业人员平均工资是指在单位就业的人员，在一定时期内平均每人所得的以货币形式表现的劳动报酬。

工资统计针对的并不是全国所有就业人员，而是受雇于单位的就业人员。个体就业人员和自由职业者等并未涵盖在内，因为这部分人不属于雇用就业而属于自主就业，他们的收入中既包含了劳动报酬，也包含了经营收入，且两者无法清晰地区分。将统计对象限定在单位就业人员的范围，是世界各国工资统计的通行原则。

单位就业人员的收入并非都统计为工资，按照《关于工资总额组成的规定》，只有劳动报酬性质的收入才属于工资，劳动保护费、福利费和单位负担的社会保险费、住房公积金等并不包括在内。

工资统计的不仅仅是就业人员个人实际拿到手的部分，还包括个人实际支付的由单位代扣代缴的社会保险费、住房公积金和个人所得税。

2009年以前，工资统计的范围是国有单位、城镇集体单位、各种联营经济、有限责任公司、股份有限公司、中外（港澳台）合资合作企业，以及外商和港澳台商独资企业等，未包括城镇私营单位。2009年，国家统计局正式建立了私营单位工资抽样调查制度，开始组织对私营单位的工资统计调查。2020年，建立了一套表单位全面调查、非一套表单位抽样调查、覆盖城乡全部地域的劳动工资统计调查制度，每年发布城镇非私营单位、城镇私营单位以及分地区、分行业、分登记注册类型的单位就业人员平均工资数据。

第二节 单位就业人员平均工资的计算方法

一、基本情况

单位就业人员平均工资统计工作由国家统计局组织实施。国家统计局制定《劳动工资统计报表制度》，对单位就业人员平均工资的统计范围、计算方法、统计口径和填报内容等作出统一规定，组织地方各级统计局开展基础数据搜集工作，汇总、计算和公布全国城镇非私营、城镇私营单位及其他分组的单位就业人员平均工资数据。

二、单位就业人员平均工资的计算方法

（一）计算就业人员工资总额

就业人员工资总额是指各单位在一定时期内直接支付给本单位全部就业人员的劳动报酬总额。各单位支付给本单位就业人员的劳动报酬，不论是否计入成本，不论是以货币形式还是以实物形式支付，均应列入工资总额的计算范围。应计入工资总额的项目包括：计时工资、计件工资、奖金、津贴和补贴、加班加点工资、特殊情况下支付的工资等。

计时工资是指按计时工资标准(包括地区生活费补贴)和工作时间支付给本单位就业人员的劳动报酬。

计件工资是指对已做工作按计件单价支付给本单位就业人员的劳动报酬。

奖金是指支付给本单位就业人员的超额劳动报酬和增收节支的劳动报酬。

津贴和补贴是指为了补偿本单位就业人员特殊或额外的劳动消耗和因其他特殊原因支付的津贴,以及为了保证生活不受物价影响而支付给本单位就业人员的物价补贴。

加班加点工资是指按规定支付的加班工资和加点工资。

特殊情况下支付的工资是指根据国家法律、法规和政策规定,因病、工伤、产假、计划生育假、婚丧假、事假、探亲假、定期休假、停工学习、执行国家或社会义务等原因按计时工资标准或计时工资标准的一定比例支付的工资,以及附加工资、保留工资。

下列情况不属于单位发放的劳动报酬,不列入工资总额统计,具体包括14个方面:

(1)根据国务院发布的有关规定颁发的创造发明奖、自然科学奖、科学技术进步奖和支付的合理化建议和技术改进奖以及支付给运动员、教练员的奖金。

(2)有关劳动保险和职工福利方面的各项费用。

(3)有关离休、退休、退职人员待遇的各项支出。

(4)劳动保护的各项支出。

(5)稿费、讲课费及其他专门工作报酬。

(6)出差伙食补助费、误餐补助、调动工作的旅费和安家费。

(7)对自带工具、牲畜来企业工作的职工所支付的工具、牲畜等的补偿费用。

(8)实行租赁经营单位的承租人的风险性补偿收入。

(9)对购买本企业股票和债券的职工所支付的股息(包括股金分红)和利息。

(10)劳动合同制职工解除劳动合同时由企业支付的医疗补助费、生活补助费等。

(11)因录用临时工而在工资以外向提供劳动力单位支付的手续费和管理费。

(12)支付给家庭工人的加工费和按加工订货办法支付给承包单位的发包费用。

第十七章 单位就业人员平均工资

（13）支付给参加企业劳动的在校学生的补贴。

（14）计划生育独生子女补贴。

（二）计算就业人员平均人数

平均人数指报告期内本单位平均每天实际使用，并由本单位支付劳动报酬的就业人员数。平均人数的计算方法如下：

（1）月度平均人数计算公式为：

$$月度就业人员平均人数 = \frac{报告月内每天实有全部人数之和}{报告月日历天数}$$

对人员增减变动很小的单位，也可用下列公式计算：

$$月度就业人员平均人数 = \frac{月初人数 + 月末人数}{2}$$

对新建未满月的单位(月中或月末建立)，则以其建立后各天实有人数之和除以报告月的日历天数，而不是这一单位建立的天数。

（2）季度就业人员平均人数计算公式为：

$$季度就业人员平均人数 = \frac{报告季内各月平均人数之和}{3}$$

（3）年度就业人员平均人数计算公式为：

$$年度就业人员平均人数 = \frac{报告年内各月平均人数之和}{12}$$

或

$$年度就业人员平均人数 = \frac{报告年内各季平均人数之和}{4}$$

（三）计算单位就业人员平均工资

在计算出就业人员工资总额和就业人员平均人数后，就很容易计算出城镇单位就业人员平均工资。计算公式为：

单位就业人员平均工资 = 报告期单位就业人员工资总额 / 报告期单位就业人员平均人数

第三节 单位就业人员平均工资的基础数据来源

一、调查对象

根据国家统计局制定的《劳动工资统计报表制度》，调查对象是全国地域的所有法人单位，包括统计上认定的视同法人单位的产业活动单位。调查对象不包括一套人马多块牌子、寺庙、宗教场所、协会、学会、农民专业合作社等虽然有人员但没有工资发放行为的单位。

二、调查方法

目前，一套表单位采用全面调查的方法，统计范围包括规模以上工业、有资质的建筑业、限额以上批发和零售业、限额以上住宿和餐饮业、有开发经营活动的全部房地产开发经营业、规模以上服务业法人单位，共约140万家单位，涉及就业人员约1.7亿人。

非一套表单位采用抽样调查的方法，统计范围为一套表单位以外的法人单位，包括农业、金融业以及机关事业单位等。年报调查样本约70万家，季报约14万家。

调查单位可以直接通过国家统计联网直报门户的一套表企业登录入口和劳动工资非一套表调查单位登录入口报送数据。

三、组织实施机构及调查工作流程

根据《劳动工资统计报表制度》规定，该项调查由国家统计局组织实施，地方各级统计机构具体承担基础数据搜集工作。调查工作流程如下：

第一步，国家统计局进行统计人员培训和报表布置。国家统计局抽取年报和次年季报非一套表样本单位，下发当年劳动工资统计年报和次年季度报表制度。对各省级统计局从事劳动工资统计人员进行培训。

第二步，各省级统计局将劳动工资统计报表制度下发布置到各市县级统计局，并对从事劳动工资统计人员进行逐级培训。

第三步，各市、县级统计局直接将劳动工资统计制度下发、布置到各类型法人单位或组织机构，对这些单位进行培训，并要求在规定时间内上报报表。

第四步，一套表法人单位和非一套表样本单位按照制度规定填报报表，并在规定时间内通过联网直报平台上报，没有联网直报条件的单位可由统计机构代录数据并上报。

第五步，省、市、县级统计局在规定时间内对上报数据进行审核和验收。

第六步，国家统计局对数据进行最后审核，并加权汇总推算出全国及各省份城镇单位就业人员平均工资数据。

第四节 正确解读单位就业人员平均工资

一、解读单位就业人员平均工资的注意事项

（一）正确理解单位就业人员平均工资的统计范围

由于统计平均工资的主要目的是用于单位用工成本核算和市场竞争力的比较，工资统计关注的是雇用劳动力所需要支付的工资水平，工资过高会增加企业负担，过低则会影响企业对所需人才的吸引力。个体工商户、灵活就业者等自主就业人员并不包括在统计范围中。如果站在全社会收入分配的角度质疑平均工资数据，就会得出平均工资数据偏高或偏低、平均工资增长率偏快或偏慢的错误认识。

（二）正确理解单位就业人员平均工资的统计口径

有人把工资理解为个人拿到手的工资，没有把单位发放的各种奖金、津贴、补贴以及由单位代扣代缴的个人所得税、各项社会保险和住房公积金计算在内，导致对平均工资数据产生质疑。另外，工资统计的是就业人员在其所在单位取得的劳动报酬，从其他单位取得的劳动报酬并未包括在内。例如，某人向报刊投稿所取得的稿费收入，虽然也是劳动报酬，但不是由其所在单位支付的，不能在其所在单位的工资数据中体现。

（三）有效利用分行业、分经济类型、分地区等结构数据进行比较分析

目前，工资数据的统计是以单位而不是就业者个人为调查对象，因此只能计算平均数，而无法准确地计算中位数、众数、五分位数等位置平均数。但平均数毕竟是反映总体特征的基本统计指标，通过不同行业、不同经济类型、不同地区平均工资数据的比较，可以有效地观察和分析工资收入差距，为制定和调整收入

分配政策提供重要依据。

二、如何正确解读1978—2022年城镇非私营单位就业人员平均工资

改革开放以来，城镇非私营单位就业人员平均工资呈现出不断上涨的趋势，阶段性增长特征明显。

1978年以后，为改变长期形成的平均主义和"大锅饭"，真正做到按劳分配、多劳多得，通过扩大企业自主权等方法，使经济效益好的企业就业人员可以得到较多的工资。与此同时，在工资分配制度中恢复了"文化大革命"期间取消的计件工资和奖金制度，1978—2022年，城镇单位就业人员平均工资出现大幅增长（见图17-1）。

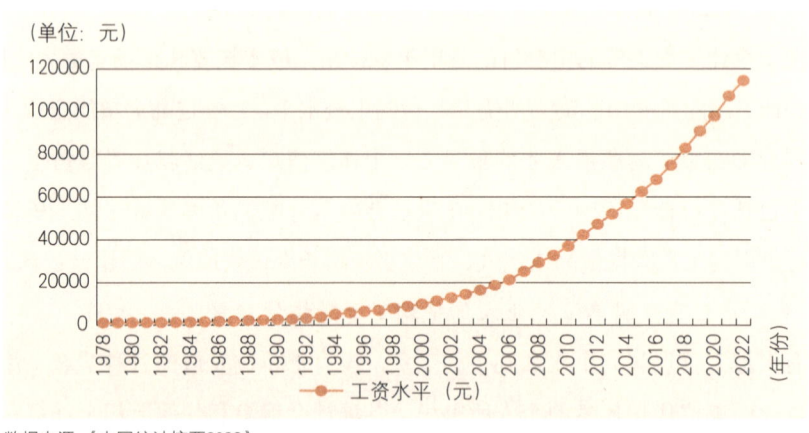

数据来源：《中国统计摘要2023》。

图17-1 1978—2022年城镇非私营单位就业人员年平均工资

1984年，城镇单位就业人员平均工资为974元，比上年大涨了14个百分点。其中全民所有制单位突破了1000元大关。有部分地区的平均工资增速高达25%以上。根据有关资料估算，1984年工资总额发放比上年增加近200亿元。其中，由于部分单位因自费搞浮动升级而增加的标准工资约106亿元，增发奖金和计件超额工资65亿元，增发各种津贴补贴18亿元，增发加班等工资10亿元。工资总额的发放第一次走上了市场调节的轨道。

1994年，全国发放工资总额6650亿元，比上年增长35.3%；平均工资4538元，增长了34.6%。这两个增速是自有工资统计以来前所未有的。在这一年中，

第十七章 单位就业人员平均工资

公务员工资制度改革无疑对这两个增速起到了重要的推动作用。当年 GDP 增长了 11.8%，也为各地区各单位职工增资提供了必要条件。

2000 年以后，产业结构优化升级，经济快速发展，平均工资也呈现快速增长的态势。年平均工资增长绝对额从 2001 年的 1501 元提高到 2012 年的 4970 元。2008 年受金融危机影响，企业效益下滑，虽然名义工资增长率达到了 16.9%，但是由于 CPI 增长率也很高，所以实际的工资增长率只有 10.7%。平均工资名义增长与实际增长之间的关系如图 17-2 所示。

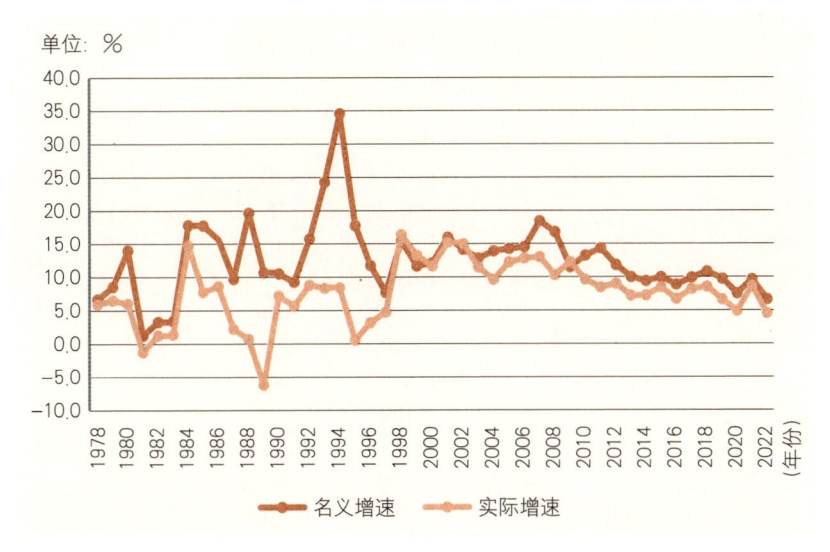

数据来源：《中国统计摘要2023》。

图 17-2 1978—2022 年城镇非私营单位就业人员年平均工资变化情况

党的十八大以来，我国立足新发展阶段，贯彻新发展理念，构建新发展格局，为满足人民对美好生活的向往，更加突出强调实现更加充分更高质量就业，越来越多的劳动者分享到经济社会发展的成果。随着我国经济持续增长，最低工资标准调整机制的健全，以及收入分配结构的优化，劳动者的工资水平稳步增长，获得感和满足感显著增强。2022 年，城镇非私营单位就业人员平均工资达到 114029 元，比 2012 年增长 1.44 倍，年均增长 10.4%；扣除价格因素，比 2012 年实际增长 0.86 倍，年均实际增长 7.5%。

283

三、如何正确解读 2022 年城镇非私营单位就业人员平均工资

（一）分行业就业人员平均工资

表 17-1 的数据显示，2022 年全国城镇非私营单位就业人员年平均工资为 114029 元，与 2021 年的 106837 元相比，增加了 7192 元，同比名义增长 6.7%，增幅下降 3.0 个百分点。

表 17-1　2022 年分行业平均工资增长情况

单位：元

行业门类	2022 年	2021 年	增加	增长率（%）
合　计	114029	106837	7192	6.7
农、林、牧、渔业	58976	53819	5157	9.6
采矿业	121522	108467	13055	12.0
制造业	97528	92459	5069	5.5
电力、热力、燃气及水生产和供应业	132964	125332	7632	6.1
建筑业	78295	75762	2533	3.3
批发和零售业	115408	107735	7673	7.1
交通运输、仓储和邮政业	115345	109851	5494	5.0
住宿和餐饮业	53995	53631	364	0.7
信息传输、软件和信息技术服务业	220418	201506	18912	9.4
金融业	174341	150843	23498	15.6
房地产业	90346	91143	-797	-0.9
租赁和商务服务业	106500	102537	3963	3.9
科学研究和技术服务业	163486	151776	11710	7.7
水利、环境和公共设施管理业	68256	65802	2454	3.7
居民服务、修理和其他服务业	65478	65193	285	0.4
教育	120422	111392	9030	8.1
卫生和社会工作	135222	126828	8394	6.6
文化、体育和娱乐业	121151	117329	3822	3.3
公共管理、社会保障和社会组织	117440	111361	6079	5.5

注：根据 2022 年劳动工资统计年报数据计算。

分行业大类看，与 2021 年相比，除房地产业外，各行业单位就业人员平均工资都有不同幅度的增长，绝大部分行业工资增加额都在 5000 元以上。平均工资最高的三个行业分别是信息传输、软件和信息技术服务业（220418 元），金融业（174341 元）及科学研究和技术服务业（163486 元），分别为全国平均水平的 1.9 倍、1.5 倍和 1.4 倍。平均工资最低的三个行业分别是住宿和餐饮

业(53995元);农林牧渔业(58976元)和居民服务、修理和其他服务业(65478元),分别只有全国平均水平的47.4%、51.7%和57.4%。最高行业与最低行业平均工资之比为4.1:1。

占全国就业人员33.4%的制造业和建筑业单位就业人员平均工资分别为97528元和78295元,分别低于全国平均水平16501元和35734元,两个行业的增长速度分别为5.5%和3.3%,分别低于全国平均水平1.2和3.4个百分点。

(二)分经济类型就业人员平均工资

表17-2的数据显示,三种经济类型就业人员平均工资最高的为国有单位123623元;平均工资最低的为集体单位77868元。分行业看,国有单位和集体单

表17-2　2022年分经济类型分行业门类平均工资情况

单位:元

行业门类	全部单位	国有单位	集体单位	其他单位
合　计	114029	123623	77868	109895
农、林、牧、渔业	58976	56816	51122	63174
采矿业	121522	122264	83790	121732
制造业	97528	118127	59135	97391
电力、热力、燃气及水生产和供应业	132964	126188	55387	135992
建筑业	78295	78497	53922	79253
批发和零售业	115408	142839	50957	114349
交通运输、仓储和邮政业	115345	99890	53449	117917
住宿和餐饮业	53995	60575	53388	53568
信息传输、软件和信息技术服务业	220418	145800	95026	224479
金融业	174341	185022	139341	173697
房地产业	90346	94998	65949	90529
租赁和商务服务业	106500	88109	64345	110365
科学研究和技术服务业	163486	151816	98817	169873
水利、环境和公共设施管理业	68256	78383	63096	59581
居民服务、修理和其他服务业	65478	90412	70529	60850
教育	120422	126847	101781	79539
卫生和社会工作	135222	141652	106486	94041
文化、体育和娱乐业	121151	128306	86393	112709
公共管理、社会保障和社会组织	117440	117513	107092	101620

注:根据2022年劳动工资统计年报数据计算。

位中平均工资最高的行业是金融业，分别为185022元和139341元，其他单位平均工资最高的行业是信息传输、软件和信息技术服务业，平均工资为224479元。国有单位和集体单位中平均工资最低的行业是农、林、牧、渔业，分别为56816元和51122元，其他单位平均工资最低的行业是住宿和餐饮业，平均工资为53568元。在三种经济类型中，19大行业门类平均工资最高与最低之比分别为3.3倍、2.7倍和4.2倍，说明国有单位和其他经济类型单位各行业平均工资差距大于集体单位。

（三）分区域就业人员平均工资

分区域看，东部地区平均工资最高，年平均工资为132802元，同比增长7.1%，增速比2021年下降3.3个百分点；中部地区年平均工资为90452元，同比增长5.8%，增速比上年下降3.6个百分点；西部地区年平均工资为100759元，同比增长6.1%，增速比上年下降1.8个百分点；东北地区年平均工资为89941元，同比增长7.6%，平均工资增速最高，比2021年下降0.1个百分点。年平均工资最高和最低区域之比为1.48:1，与上年持平（见表17-3）。

表17-3　2022年分地区就业人员年平均工资增长情况

单位：元

地区	2022年	2021年	名义增长率（%）
合　计	114029	106837	6.7
东部	132802	124019	7.1
中部	90452	85533	5.8
西部	100759	94964	6.1
东北	89941	83575	7.6

注：根据2022年劳动工资统计年报数据计算。

（撰稿：李希如　郭徽）

第十八章
居民人均可支配收入

阅读提示

公布机构：国家统计局

调查频率：每季度一次

公布时间：季后 18 日

公布渠道：国家统计局网站（www.stats.gov.cn）

　　　　　国家统计局季度和年度国民经济运行情况新闻发布会

　　　　　《国民经济和社会发展统计公报》

　　　　　《中国统计年鉴》

　　　　　《中国住户调查年鉴》

数据修订情况：不修订

第一节 什么是居民人均可支配收入

一、居民人均可支配收入的基本定义

居民可支配收入是指居民能够自由支配的收入，是居民可用于最终消费支出和储蓄的总和。可支配收入既包括现金收入，也包括实物收入。按照收入来源，可支配收入包含四项，分别为工资性收入、经营净收入、财产净收入和转移净收入。居民人均可支配收入是居民可支配收入除以常住人口数后得到的平均数。

二、居民人均可支配收入指标的主要用途

居民人均可支配收入可以用来衡量居民的生活水平和购买力，为制定保障和改善民生的政策提供重要参考。

一是反映居民生活水平。居民家庭有多大的购买力主要看居民人均可支配收入这个指标。一般来说，该指标增长快，表明人民生活水平提高快。考虑到价格

因素，如果该指标的增长幅度高于价格的上涨幅度，那么居民的实际生活水平是提高的；反之，则说明实际生活水平是下降的。

二是为政府制定居民增收、统筹城乡发展和民生保障相关政策提供参考依据。居民人均可支配收入是反映居民收入的水平高低、结构特点和趋势变化的重要指标，同时还可以反映城乡之间、地区之间和不同群体之间的收入差距以及各类群体的生活状况。该指标是各级党委和政府研究制定居民增收和收入分配政策、统筹城乡和区域发展、制定最低生活保障标准、最低工资标准、民事赔偿标准和个人所得税起征点等民生政策的重要参考依据。

三是为国民经济核算提供基础数据。在国民经济核算中，当编制住户部门的资金流量表和资产负债表时，需要使用居民人均可支配收入数据进行相关测算。

三、居民人均可支配收入指标的局限性

从指标本身看，居民人均可支配收入存在以下局限性：

一是将居民收入高低差异抽象化。居民人均可支配收入是居民的平均收入水平。这样的平均数虽然反映了总体的整体状况，但是将居民收入在总体各个群体之间的差异抽象化了，即无法反映不同行业职业、不同文化程度、不同家庭规模等群体间的收入差异。由于个体和总体之间的差异，使得居民人均可支配收入数据与部分居民的感受不是很相符。因此，在看待和理解居民人均可支配收入数据时，建议同时关注分城乡分地区的居民人均可支配收入、收入中位数和收入五等份等更多反映居民收入分布和差异的数据。

二是居民收入易受极端值的影响且呈偏态分布。居民人均可支配收入是平均数，易受极端数据的影响。当样本中某个体数据出现极大值或者极小值时，就会拉高或降低平均收入数据。另外，居民收入数据一般不是标准的正态分布，而是呈现偏态分布，高收入家庭对居民收入的平均值影响较大，这使得多于一半的家庭收入处于平均值以下，使得该指标无法准确反映居民收入的中间水平。

第二节 居民人均可支配收入的计算方法

一、基本情况

居民人均可支配收入数据来源于国家统计局开展的全国住户收支与生活状况调查。国家统计局制定全国统一的调查方案，参照国际标准界定人均可支配收入的计算方法，组织国家统计局各级统计调查机构开展调查工作，定期发布全国和各省（区、市）的居民人均可支配收入数据。全国住户收支与生活状况调查是一项抽样调查，采取科学的抽样方法在全国 31 个省（区、市）、近 2000 个调查县（市、区）中随机抽取了 16 万调查户，并采集这些家庭日常收支和生活情况，最后根据分户基础数据加权汇总计算得到全国及分地区的居民人均可支配收入。

二、居民人均可支配收入的计算方法

（一）居民可支配收入的计算

按照收入的来源构成和划分方法，居民可支配收入由工资性收入、经营净收入、财产净收入和转移净收入四大项构成。计算公式具体为：

可支配收入 = 工资性收入 + 经营净收入 + 财产净收入 + 转移净收入

经营净收入 = 经营收入 − 经营费用 − 生产性固定资产折旧 − 生产税

财产净收入 = 财产性收入 − 财产性支出

转移净收入 = 转移性收入 − 转移性支出

工资性收入是指就业人员通过各种途径得到的全部劳动报酬和各种福利，包括受雇于单位或个人、从事各种自由职业、兼职和零星劳动得到的全部劳动报酬和福利。

经营净收入是指住户或住户成员从事生产经营活动所获得的净收入，是全部经营收入中扣除经营费用、生产性固定资产折旧和生产税之后得到的净收入。

财产净收入是指住户或住户成员将其所拥有的金融资产、住房等非金融资产和自然资源交由其他机构单位、住户或个人支配而获得的回报并扣除相关的费用之后得到的净收入。财产净收入包括利息净收入、红利收入、储蓄性保险净收益、转让承包土地经营权租金净收入、出租房屋净收入、出租其他资产净收入和自有住房折算净租金等。财产净收入不包括转让资产所有权的溢价所得。

转移净收入是指转移性收入减去转移性支出的净收入。转移性收入指国家、单位、社会团体对住户的各种经常性转移支付和住户之间的经常性收入转移，包括养老金或离退休金、社会救济和补助、政策性生产补贴、政策性生活补贴、经常性捐赠和赔偿、报销医疗费、住户之间的赡养收入，以及本住户非常住成员寄回带回的收入等。转移性支出指调查户对国家、单位、住户或个人的经常性或义务性转移支付，包括缴纳的税款、各项社会保障支出、赡养支出、经常性捐赠和赔偿支出以及其他经常性转移支出等。

需要注意，在居民人均可支配收入的统计界定上，强调收入在一段时间内具有持续性和相对稳定性，能够为居民提供持续和稳定的消费能力。那些偶然发生的、一次性的所得，如居民得到的遗产、因人身伤害或财产损失得到的一次性赔偿、婚丧嫁娶得到的大额礼金、彩票中奖等，具有偶发性、非持续性的特征，不应纳入居民可支配收入的统计。除此之外，居民获得的收入还要保证不会减少居民家庭的资产或者增加居民的负债。也就是说，居民家庭通过出售自家的金融或非金融资产，或者通过向他人借贷、增加负债得到的钱都不是收入。比如，居民因拆迁获得的补偿款、居民出售房产得到的钱，也不应该纳入居民可支配收入的计算。

（二）居民人均可支配收入的计算

国家统计局对16万调查户资料采用超级汇总的方式计算出全国居民人均可支配收入，同时计算生成分省数据。基于16万调查户的数据和每一户的权数，加权计算得到居民人均可支配收入数据。

$$全国居民人均可支配收入 = \frac{\sum 居民家庭可支配收入 \times 调查户权数}{\sum 居民家庭人口数 \times 调查户权数}$$

（三）居民人均可支配收入增长速度的计算方法

通常利用增长速度来反映一定时期居民人均可支配收入变化程度。不考虑价格因素计算的居民人均可支配收入增长速度为名义增长速度，扣除价格因素影响计算的居民人均可支配收入增长速度为实际增长速度。

1.居民人均可支配收入名义增长速度的计算

居民人均可支配收入名义增长就是报告期的人均可支配收入减去基期的人均

可支配收入再除以基期的人均可支配收入。计算公式为：

$$名义增长速度 = \frac{报告期人均可支配收入 - 基期人均可支配收入}{基期人均可支配收入} \times 100\%$$

比如，2023年上半年全国居民人均可支配收入是19672元，2022年上半年为18463元，则2023年上半年全国居民人均可支配收入名义增长速度为6.5%。

2.居民人均可支配收入实际增长速度的计算

通常使用居民消费价格指数来缩减居民人均可支配收入名义增长速度，计算居民人均可支配收入实际增长速度。计算公式为：

$$实际增长速度 = \left(\frac{居民人均可支配收入增长速度 + 100\%}{同期居民消费价格指数} - 1 \right) \times 100\%$$

比如，2023年上半年居民人均可支配收入增长速度为6.5%，同期居民消费价格指数为1.007，则2023年上半年居民人均可支配收入实际增长速度为5.8%。

第三节 居民人均可支配收入的基础数据来源

一、调查组织

全国住户收支与生活状况调查由国家统计局统一负责组织实施，制定调查方案，监督调查过程，审核、处理、汇总和发布调查数据。国家统计局各调查总队按照《住户收支与生活状况调查方案》具体组织实施本地区住户调查工作，指导市县级统计机构开展城乡居民收支情况的基础数据采集工作。

二、调查对象

调查对象为中华人民共和国境内的住户，既包括城镇住户，也包括农村住户；既包括以家庭形式居住的户，也包括以集体形式居住的户。无论户口性质和户口登记地，中国公民均以住户为单位，在常住地参加调查。

三、样本抽选和管理

全国住户收支与生活状况调查的抽样目标为：在95%的置信度下，分省居民及分省分城乡居民人均可支配收入、消费支出的抽样误差控制在3%以内（个别人口较少的省在5%以内），主要收入项和消费项的抽样误差控制在5%以内；

由此汇总生成的全国居民及全国分城乡居民人均可支配收入和消费支出抽样误差控制在 1% 以内，主要收入项和消费项的抽样误差控制在 3% 以内，并以此代表性标准来确定全国及分省的样本量。

国家统计局使用统一的抽样框进行抽样，使用全国人口普查的普查区和普查小区名录及基本情况作为抽样框基础资料。具体抽样方法为：以省为总体，综合采用分层、多阶段、与人口规模大小成比例（PPS）和随机等距抽样相结合的方法抽取调查样本。每个省（区、市）分市区和县域两层分别进行抽样。市区层包括所有市辖区，采用二阶段抽样，即在每个市辖区内抽调查小区、抽中的调查小区内抽住户；县域层包括县和县级市，采用三阶段抽样，即在县域层内抽调查县、调查县内抽调查小区、抽中的调查小区内抽住户。对于部分区县个数较少的省（区、市）不再区分市区层和县域层，在每个区县内抽调查小区，抽中的调查小区内抽住户。对抽中调查小区，主要依据全国人口普查小区图绘制调查小区简图，对调查小区内的所有建筑物进行住宅清查，并据此编制住宅名录表。然后对住宅名录表中的所有住宅进行摸底调查，并根据摸底调查数据对住宅内的住户进行排序后，随机等距抽取固定数量的住户样本。

县级调查网点和抽中调查小区原则上 5 年内保持不变，在 5 年周期内定期进行样本代表性评估，并根据评估结果组织开展调查小区内住户样本轮换。现场抽样工作由国家统计局各调查总队统一组织。调查小区的变动需经国家统计局批准；调查户的变动需经调查总队批准，并报国家统计局备案。

四、数据采集与处理

全国住户收支与生活状况调查采用日记账和问卷调查相结合的方式采集基础数据。其中，居民现金收入与支出、实物收入与支出等内容主要使用记账方式采集。住户成员及劳动力从业情况、住房和耐用消费品拥有情况、家庭经营和生产投资情况、社区基本情况及其他民生状况等资料使用问卷调查方式采集。为了提高调查配合度、减轻调查负担、增强抗干扰能力、改进调查效率，国家统计局使用住户调查应用系统，推广电子化数据采集方式。

调查户将每天发生的现金和实物收支情况，如工资、奖金、福利、津贴、出售农产品、购买商品、自产自用等信息，逐项登记。记账时，调查户要一项一项分开记清所有收支项目的数量、单位、金额。对于实物收入和消费，要按规定方法折算成现金收入和支出。调查人员经常入户或通过电话了解记账情况、解答有关问题、指导调查户日常记账。

国家统计局及各级统计调查机构采用统一的数据处理应用系统，进行数据编码、审核和汇总。最后，根据分户基础数据，采用加权汇总方式计算生成全国、分城乡和分省的居民人均可支配收入，其中住户权数由国家统计局根据抽样设计统一确定。

第四节 正确解读居民人均可支配收入

一、解读居民人均可支配收入的注意事项

使用居民人均可支配收入数据时，应了解该指标的外延和内涵，有针对性、分门别类地使用数据，以免以偏概全，发生误解。例如，分析居民总的收入变动趋势，就需要使用全国居民人均可支配收入指标以及它的名义增长速度和扣除价格因素后的实际增长速度。要了解某些特殊群体，如低收入群体的收入状况，就不仅要看居民人均可支配收入的情况，还要看按相对收入分组的人均可支配收入变动情况和收入细项。具体地说，应该注意以下事项：

一是国家统计局公布的居民可支配收入，它不仅包括工资性收入，还包括经营净收入、财产性净收入和转移性净收入，不能把自身的单项收入如工资性收入理解为居民的全部收入并用来衡量其收入水平的高低。

二是居民人均可支配收入是一个平均数的概念，将不同地区、不同阶层群体的收入差异抽象化，因而个体感受与平均水平之间或多或少存在一定差异。在进行分析比较时，不仅要与全国平均水平对比，还要与分组、分地区收入数据进行对比。

三是进行分析比较时应将绝对值、名义增长速度和实际增长速度结合起来看，不能只注重某一方面。计算增长速度是用报告期除以基期的收入得到的，受基期数据和价格因素的影响，增速有可能波动很大，仅仅使用某一方面数据则有可能存在解读上的偏差。

二、如何解读1978—2022年居民人均可支配收入

图 18-1 展示了 1978—2022 年全国居民人均可支配收入数据变动情况，以及以上年为基期的居民人均可支配收入的实际增长率情况。

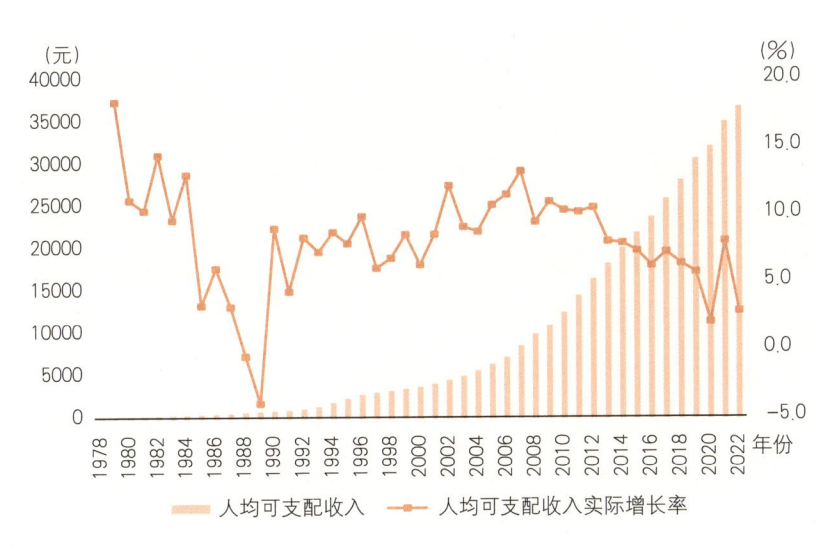

图 18-1　1978—2022 年居民人均可支配收入增长情况

（一）居民收入水平持续较快增长，全体居民迈入全面小康

1978 年全国居民人均可支配收入为 171 元，2022 年全国居民人均可支配收入达 36883 元，扣除同期价格变动因素，实际增长 29.5 倍，平均每年增长 8.1%。改革开放以来，我国居民用 30 年时间实现了人均可支配收入跨越万元大关，又分别用 5 年时间跨越了 2 万元与 3 万元大关，居民收入水平持续较快增长，不断迈向新台阶。居民人均可支配收入在 1978—2022 年间的增长过程大致可以分为以下四个阶段。

第一个阶段是 1978—1991 年。党的十一届三中全会以后，随着农村家庭联产承包责任制在全国的推行、城市国营企业自主经营权扩大和一系列收入分配改革措施的出台，城乡居民收入水平较改革开放初期有了明显提高，人民生活稳步解决了温饱问题。全国居民人均可支配收入从 1978 年的 171 元增加到 1991 年的 976 元，扣除价格因素，年均实际增长 7.5%。分城乡看，城镇居民人均可支配收入从 343 元增加到 1701 元，年均实际增长 6.0%；农村居民人均可支配收入从

134元增加到709元，年均实际增长9.3%。

第二个阶段是1992—2000年。以邓小平南方谈话特别是党的十四大将经济体制改革的目标模式定位于社会主义市场经济为标志，改革进入了整体配套、重点突破和全面攻坚的新阶段。在此期间，非公有制经济得到迅速发展，不仅解决了就业问题，也增加了城乡居民的收入；与此同时，市场经济体制不断完善，为商品流通特别是农副产品交换提供了便利条件，农产品价格的提高也为农民增收带来实惠。全国居民人均可支配收入从1992年的1125元增加到2000年的3721元，扣除价格因素，年均实际增长7.8%。分城乡看，城镇居民人均可支配收入从2027元增长到6256元，年均实际增长6.7%。农村居民人均可支配收入从784元增长到2282元，年均实际增长4.9%。

第三个阶段是2001—2012年。进入21世纪，党中央、国务院进一步推进收入分配制度改革，各级政府切实落实各项居民增收措施，促使效益好的企业增加职工工资及奖金和福利补贴，工资制度改革使机关事业单位职工工资明显提高。在农村地区，国家先后出台了减免农业税、实行粮食直补等一系列惠农措施，大批农村富余劳动力向二、三产业转移，为农民增收提供重要支撑。全国居民人均可支配收入从2001年的4070元增加到2012年的16510元，扣除价格因素，年均实际增长10.5%。分城乡看，城镇居民家庭人均可支配收入从6824元增长到24127元，年均实际增长9.4%。农村居民人均可支配收入从2407元增长到8389元，年均实际增长8.1%。

第四个阶段是2013—2022年。党的十八大以来，在以习近平同志为核心的党中央坚强领导下，深化收入分配制度改革全面实施，促进重点群体收入增长措施持续发力，精准扶贫精准脱贫政策深入推进，对城乡居民的收入增加起到至关重要的作用。这一时期，居民收入较快增长，农村贫困人口全部脱贫，如期打赢脱贫攻坚战，人民生活阔步向全面小康迈进。全国居民人均可支配收入从2013年的18311元增加到2022年的36883元，扣除价格因素，年均实际增长6.2%。分城乡看，城镇居民人均可支配收入从26467元增长到49283元，年均实际增长5.3%。农村居民人均可支配收入从9430元增长到20133元，年均实际增长7.0%。

（二）城乡居民收入来源日益多元化，收入分配格局明显改善

伴随着城乡居民收入的跨越式增长，城乡居民的收入来源也从单一走向多元，收入结构不断优化，居民分享到更多经济社会发展红利。党的十八大以来，党和政府高度重视收入分配问题，着力深化收入分配制度改革，城乡和区域收入差距持续缩小，收入分配格局明显改善。

城镇居民工资性收入不再占据绝对主体，经营、财产和转移收入比重增加。改革开放初期，工资性收入是城镇居民收入来源的绝对主体。之后随着非公有制经济蓬勃发展，投资渠道不断拓宽，社会保障体系逐渐完善，城镇居民的收入来源日益多元化。1978年，城镇居民人均职工工资及来自单位的其他收入合计为322元，占城镇居民收入比重为93.8%。2022年，城镇居民人均工资性收入29578元，在可支配收入中占比为60.0%，但仍是城镇居民收入的主要来源。2022年，城镇居民人均经营净收入、财产净收入和转移净收入在可支配收入中的占比分别为11.3%、10.6%和18.0%，分别比1993年提高10.1、8.8和1.4个百分点。

农村居民收入来源由单一的集体经营收入转为家庭经营、工资、转移收入并驾齐驱。改革开放初期，"以粮为纲"的经济模式使农村居民的收入来源较为单一，主要从集体统一经营中获取收入。1978年农村居民人均收入中，66.3%来源于集体统一经营收入。改革开放后，家庭联产承包责任制的实行使得农户成为独立的经营单位，家庭经营收入比重上升。随着大量农村富余劳动力向第二、三产业转移，工资性收入成为拉动农村居民收入快速增长的重要来源。进入21世纪后，随着各种惠农补贴的发放、农村社会保障体制的完善和脱贫攻坚政策的深入推进，转移性收入也得到快速增长。2022年，农村居民人均工资性收入达到8449元，在可支配收入中的占比为42.0%，比1993年提高20.9个百分点，成为农村居民的主要收入来源。2022年，农村居民人均经营净收入为6972元，在可支配收入中的占比为34.6%，其中人均第一产业经营净收入为4567元，在可支配收入中的占比为22.7%。2022年，农村居民人均转移净收入达到4203元，在可支配收入中占比为20.9%，比1993年提高16.4个百分点。

城乡和区域收入差距持续缩小，收入分配格局明显改善。随着乡村振兴战略和脱贫攻坚各项政策的纵深推进，农村居民人均可支配收入增速持续快于城镇居

民。2022年，城镇居民人均可支配收入49283元，比2012年增长（以下如无特殊说明，均为名义增长）104.3%；农村居民人均可支配收入20133元，比2012年增长140.0%。2013—2022年，农村居民年均收入增速比城镇居民快1.7个百分点。2022年城乡居民人均可支配收入之比为2.45（农村居民收入=1），比2012年下降0.43，城乡居民收入相对差距持续缩小（见图18-2）。随着区域发展总体战略的深入实施，中西部地区居民收入增速明显快于其他地区。2022年，东部、中部、西部和东北地区居民人均可支配收入分别为47027元、31434元、29267元和31405元，与2013年相比，分别年均名义增长7.9%、8.4%、8.6%和6.5%。东部、中部和东北地区与西部地区居民人均收入之比(以西部地区居民收入为1)从2013年的1.70、1.10和1.29分别缩小至2022年的1.61、1.07和1.07。

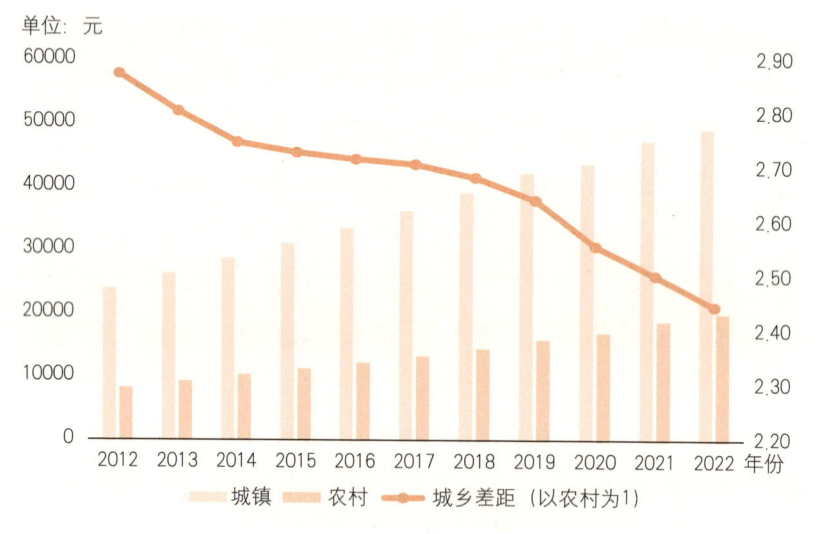

图18-2 2012—2022年城乡居民人均可支配收入绝对值与收入比

三、如何解读2022年居民人均可支配收入

2022年，面对复杂严峻的国际环境和疫情散发多发等多重挑战，在以习近平同志为核心的党中央坚强领导下，各地区各部门高效统筹疫情防控和经济社会发展，切实抓好稳经济各项政策举措落实，国民经济总体保持恢复态势。全国居民人均可支配收入增长与经济增长基本同步。

第十八章 居民人均可支配收入

2022年，全国居民人均可支配收入36883元，比上年名义增长5.0%。扣除价格因素，实际增长2.9%，与经济增长基本同步。农村居民收入增长继续快于城镇居民。2022年，城镇居民人均可支配收入49283元，名义增长3.9%，实际增长1.9%；农村居民人均可支配收入20133元，名义增长6.3%，实际增长4.2%。城乡居民收入比由上年的2.50降至2.45，城乡居民收入相对差距继续缩小。中西部地区居民收入增长较快。2022年，中部和西部地区经济发展受疫情影响相对较小，能源和原材料价格保持高位，带动居民人均可支配收入分别增长6.0%和5.3%，快于全国居民收入增速1.0和0.3个百分点。东部地区和东北地区居民人均可支配收入分别增长4.5%和2.9%。以西部地区为1，东部与西部地区居民人均可支配收入之比由上年的1.62缩小至1.61，下降0.01，地区间居民收入相对差距继续缩小。

工资性收入稳步增长。各地区各部门落实落细就业优先政策，就业形势总体稳定，保障了居民工资性收入增长。2022年全国居民人均工资性收入20590元，比上年增长4.9%。分城乡看，城镇居民人均工资性收入增长3.9%，农村居民人均工资性收入增长6.2%。农村居民工资性收入增长相对较快，主要是各地加大政府投资重点工程以工代赈力度，同时在乡村振兴中加大农村特色产业培育和发展，吸引农民工返乡创业就业，共同带动农村居民务工收入增加。据全国农民工监测调查，2022年全国农民工规模达到29562万人，比上年增长1.1%；月均收入4615元，比上年增长4.1%。

经营、财产净收入保持增长。2022年全国居民人均经营净收入6175元，比上年增长4.8%。分城乡看，城镇居民人均经营净收入增长3.8%，农村居民人均经营净收入增长6.2%。分产业看，全国居民人均第一、二、三产业经营净收入分别增长5.0%、4.9%和4.6%。在粮食丰收和农牧产品价格相对较高等因素的拉动下，农村居民人均第一产业经营净收入比上年增长6.4%。2022年全国居民人均财产净收入3227元，比上年增长4.9%。分城乡看，城镇居民人均财产净收入比上年增长3.7%；农村居民人均财产净收入比上年增长8.4%，其中转让承包土地经营权租金净收入比上年增长11.3%。

转移净收入增长相对较快。2022年全国居民人均转移净收入6892元，比上年增长 5.5%，增速在居民收入四大项中相对较快，快于人均可支配收入增速 0.5 个百分点，为保障基本民生和稳定居民收入增长提供重要支撑。其中，受各地城乡居民基础养老金标准相继提高和领取养老金、离退休金人员比重提高等影响，全国居民人均养老金或离退休金比上年增长 7.5%；社会救济和补助收入比上年增长 3.8%。

（撰稿：张毅　王冉）

第十九章
研究与试验发展（R&D）经费

> **阅读提示**
>
> **公布机构：** 国家统计局
>
> **调查频率：** 每年一次
>
> **公布时间：** 初步数次年 2 月，最终数次年 9 月
>
> **公布渠道：** 国家统计局网站（www.stats.gov.cn）
>
> 　　　　　　《国民经济和社会发展统计公报》
>
> 　　　　　　《全国科技经费投入统计公报》
>
> 　　　　　　《中国统计年鉴》
>
> 　　　　　　《中国科技统计年鉴》
>
> 　　　　　　《中国信息报》
>
> **数据修订情况：** 不修订

第一节 什么是研究与试验发展（R&D）经费

一、研究与试验发展（R&D）经费的基本定义

研究与试验发展（R&D）经费（简称 R&D 经费），是指以货币形式表现的、在报告年度内全社会实际用于研究与试验发展活动（简称 R&D 活动）的经费总和。根据国家统计局 2019 年制定印发的《研究与试验发展（R&D）投入统计规范（试行）》，R&D 经费包括报告期内各调查单位用于 R&D 项目（课题）活动的直接支出，为 R&D 活动提供资料文献、材料供应、设备维护等服务支出，以及与 R&D 活动相关的固定资产支出等，但不包括生产性活动支出、归还贷款支出以及与外单位合作或委托外单位进行 R&D 活动而转拨给对方的经费支出。从活动类型看，R&D 经费分为基础研究经费、应用研究经费和试验发展经费。从资金来源看，R&D 经费可分为政府资金、企业资金、境外资金和其他资金。

第十九章 研究与试验发展（R&D）经费

> **知识链接**
>
> **什么是研究与试验发展（R&D）活动**
>
> 研究与试验发展（英文全称为"Research and Experimental Development"，缩写为R&D），中文简称为"研发"，指为增加知识存量（也包括有关人类、文化和社会的知识）以及设计已有知识的新应用而进行的创造性、系统性工作，包括基础研究、应用研究和试验发展三种类型。这是国际上对科学技术活动进行测度所使用的通用术语。R&D活动应当满足五个条件：新颖性、创造性、不确定性、系统性、可转移性（可复制性）。
>
> 基础研究是一种不预设任何特定应用或使用目的的实验性或理论性工作，其主要目的是为获得（已发生）现象和可观察事实的基本原理、规律和新知识。基础研究的成果通常表现为提出一般原理、理论或规律，并以论文、著作、研究报告等形式为主。基础研究包括纯基础研究和定向基础研究。
>
> 应用研究是为获取新知识，达到某一特定的实际目的或目标而开展的初始性研究。应用研究是为了确定基础研究成果的可能用途，或确定实现特定和预定目标的新方法。其研究成果以论文、著作、研究报告、原理性模型或发明专利等形式为主。
>
> 基础研究和应用研究合称为科学研究。
>
> 试验发展是利用从科学研究、实际经验中获取的知识和研究过程中产生的其他知识，开发新的产品、工艺或改进现有产品、工艺而进行的系统性研究。其研究成果以专利、专有技术，以及具有新颖性的产品原型、原始样机及装置等形式为主。
>
> 例如，在飞机样机的研究开发过程中，对气流中的压强条件和固体颗粒的浮力研究属于基础研究；针对实现制造飞机样机的目标而对所需的空气动力学数据进行的研究属于应用研究；为研发飞机样机而进行的风洞试验以及制作第一台样机外壳属于试验发展。
>
> 再如，在培育抗病毒谷物新品种过程中，对于植物蛋白合成与光合率的关系所进行的研究是基础研究；而对谷物抗病力遗传特性进行研究，以获得培育抗病谷物新品种所需资料的过程则是应用研究；运用以上知识和研究资料培育抗病毒谷物新品种的过程就是试验发展活动。

二、R&D经费指标的基本用途

（一）R&D经费集中反映科技投入规模和水平

全社会R&D经费和R&D经费投入强度（即全社会R&D经费与GDP之比）分别从总量和比值角度反映了R&D经费投入的规模、水平和强弱程度，是国际上通用的评价和比较一个国家或地区科技实力的核心指标之一。R&D经费与R&D人员等指标共同构成了R&D投入统计指标体系。R&D经费中基础研究经费占比指标，可以体现一个国家或地区在前瞻性科学研究和原始创新方面所做的努力。

（二）R&D 经费可以反映我国科技资源分布情况

R&D 经费及其构成指标，可以清晰反映科技资源的布局及配置情况，同时也可以反映在科技投入方面的薄弱环节和不足之处。例如，R&D 经费中政府资金、企业资金所占比重，可以分别反映政府和企业等社会力量在加大科技创新投入方面所做的努力；R&D 经费分行业数据，可以反映各行业领域科技创新资源配置情况；地区 R&D 经费及其投入强度，可以反映我国 R&D 资源在区域间的分布和发展状况。

（三）R&D 经费是衡量国际竞争力的重要依据

科学技术作为第一生产力，是国际竞争力的重要因素之一。R&D 经费指标是科技领域最能够体现自主创新实力的指标，特别是高水平的 R&D 投入强度被认为是提高科技创新能力的重要保障。我国 R&D 经费统计遵循国际标准，为指标数据的国际比较奠定了基础。此外，R&D 经费还对经济运行和企业效率等国际竞争力的其他方面产生积极和深远的影响。

（四）R&D 经费在科技管理中发挥着重要作用

R&D 经费是制定重大科技政策、编制科技规划和计划、评价政策实施效果的重要参考依据，也是贯彻落实新发展理念、考核政府行政绩效的重要指标。R&D 经费增速及投入强度、基础研究经费占比等指标被纳入国家"十四五"发展规划等重要战略规划，为我国科技发展确定了量化目标。

（五）R&D 经费是监测我国高质量发展和科技自立自强的关键指标

党的十八大以来，以习近平同志为核心的党中央坚持创新在国家现代化建设全局中的核心地位，把科技自立自强作为推动高质量发展的战略支撑。党的二十大报告指出，必须坚持科技是第一生产力、人才是第一资源、创新是第一动力。科技创新植根于经济社会全面发展的土壤，培育构建促进可持续增长的新动力新引擎。R&D 作为科技创新的关键环节，已成为准确反映我国实现高质量发展和科技自立自强需要重点统计和监测的内容，R&D 经费等指标受到各方的高度关注。

正确理解 R&D 活动与科技活动、创新活动统计界定

一、R&D 活动与科技活动

科技活动是指所有与各科学技术领域（即自然科学、农业科学、医药科学、工程技术、人文与社会科学）中科技知识的产生、发展、传播和应用密切相关的系统的活动。科技活动可分为 R&D、R&D 成果应用及相关科技服务三类活动。

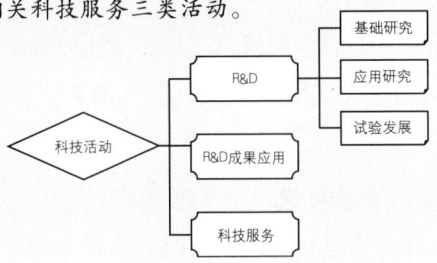

```
                        ┌── 基础研究
              ┌── R&D ──┼── 应用研究
              │         └── 试验发展
科技活动 ─────┼── R&D 成果应用
              │
              └── 科技服务
```

R&D 活动是科技活动的核心组成部分。与其他科技活动相比，R&D 活动的最显著特征是创造性，体现新知识的产生、积累和应用，常常会导致新的发现发明或新产品（技术）等，R&D 活动预定目标能否实现往往存在不确定性。其他科技活动都是围绕 R&D 活动发生的，要么是为 R&D 成果向生产和市场转化而提供支持（R&D 成果应用），要么是为 R&D 活动及知识传播提供全方位的配套支持服务（科技服务）。这些活动与 R&D 活动的根本区别在于，它只涉及技术的一般性应用，本身不具有创造性。

例如，创立电磁场理论、研发电动机样机的过程是 R&D 活动；为批量生产电动机所进行的工程设计、小试、中试等活动是 R&D 成果应用；通常的科技文献翻译、编辑等活动是科技服务。

二、R&D 活动与创新活动

统计意义上的创新是指被调查单位推出了一种新的或有显著改进的产品或工艺，或采用了新的组织方式或营销方法。在统计意义上的创新活动是指各种类型的 R&D 活动以及为实现某种创新而专门进行的获取机器设备和软件、获取相关技术、工程开发、设计、培训、市场推介等活动。

与 R&D 活动相似的是，创新活动也强调新颖性。但与 R&D 活动不同的是，创新活动的概念更为宽泛，其涉及范围不仅大于 R&D 活动，也大于科技活动，而且通常与市场和经济紧密关联，是一个科技与经济结合的概念，主要反映通过运用技术创造经济效益。

在科学技术产生、转化、应用和扩散的过程中，R&D 主要处于前端，与生产过程有明显分界，与市场不发生直接联系。科研成果的转化、产业化、技术改造、产品升级等均属于创新的范畴，而不能与 R&D 混为一谈。

例如，服装厂商将一种新型透气面料夹克推向市场，生产厂家购买先进的设备代替落后的设备以实现生产效率的提高，都是明显不属于 R&D 活动但应属于创新活动的例子。

三、R&D 经费指标的局限性

（一）R&D 经费只反映投入、不反映产出

R&D 经费仅能反映一个目标总体（国家、地区、行业等）一定时期内在 R&D 活动中的投入量，不能反映投入之后得到了多少相应的产出和成果，不能反映投入的质量和效益。如果片面追求 R&D 经费增长，可能会导致高投入低产出、产业结构扭曲、资源浪费等一些负面问题。因此，使用 R&D 经费时应注意与专利、论文、新产品等科技产出指标相结合，关注投入与产出的匹配程度，关注 R&D 经费的利用效率。

（二）R&D 经费只反映规模、不反映强度

R&D 经费本身仅是一个总量指标，反映的是投入规模，由于目标总体在地域、人口、经济条件、资源禀赋等客观因素上的差异，其参考价值具有局限性。因此，使用 R&D 经费时应更多关注其有关强度指标，减少其他因素的影响。常见的 R&D 强度指标有 R&D 经费与 GDP 之比、工业企业 R&D 经费与营业收入之比、人均 R&D 经费等。

（三）R&D 经费不能反映科技投入全貌

在 R&D 投入层面，R&D 经费仅能反映 R&D 资金方面投入，而反映人力资源投入则需要使用 R&D 人员或 R&D 人员折合全时当量等其他指标。在科技投入层面，由于 R&D 的定义较为严格，R&D 经费仅能反映科技投入的核心内容，并不反映科技投入的全貌。例如，如果财政科技拨款投入到将科技成果转化为现实生产力的产业化项目扶持上，则这些投入不能或不能全部计为 R&D 经费。

第二节 R&D 经费统计框架和计算方法

一、我国 R&D 经费统计沿革

我国科技统计起步于 20 世纪 80 年代中期，经过 30 余年的发展，在规范统计标准、完善统计体系、改进统计方法、拓展统计范围等方面取得了长足进步，R&D 经费也逐步取代科技活动经费成为科技统计的核心指标。

第十九章 研究与试验发展（R&D）经费

（一）R&D 经费统计的探索和建立时期（1985—1999 年）

1985 年，由原国家科委牵头并会同有关部门在全国实施了我国第一次科技普查。之后，科技和教育部门根据本部门管理需要分别建立了政府属科研机构和高等学校年度科技统计制度，统计部门建立了大中型工业企业年度科技统计制度。

1992 年，国家统计局在规范和协调部门科技统计制度的基础上，建立了科技综合统计报表制度，开始收集整理反映我国全社会科技活动的统计资料，并初步形成了政府综合统计和部门统计相结合的科技统计调查体系。国家统计局于当年首次发布了我国 R&D 经费投入情况。科技综合统计报表制度建立之初，其范围仅包括科研机构、高校和大中型工业企业，不能反映科技活动日益活跃的小型工业企业及其他行业的情况。为解决统计调查范围不全的问题，国家统计局在 20 世纪 90 年代中期建立了科技统计滚动调查制度，即对小型工业企业及建筑业、运输邮电业、农业和地质水利业、医疗卫生业、软件业等科技活动相对密集的行业建立了每 5 年为一周期、每年调查 1~2 个行业的调查制度。

（二）R&D 经费统计的转型和调整时期（2000—2017 年）

2000 年，国家统计局制定并发布了《科技投入统计规程（试行）》，对科技投入统计口径和计算办法作出了制度化规定。同年，经国务院批准，科技部和国家统计局等 7 个部门联合开展了首次全国 R&D 资源清查。2009 年，国家统计局又会同科技部等 6 个部门联合开展了第二次全国 R&D 资源清查，并开始淡化"科技"的概念，更加突出强调自主创新，由科技统计向 R&D 统计转变。这一时期，工业企业科技活动情况还纳入首次全国经济普查，并形成工作惯例成为此后历次全国经济普查的重要内容之一。

2011 年，工业企业科技活动情况年报正式纳入我国企业一套表统计改革，企业数据报送方式由逐级上报改为联网直报，实现了统计生产方式的重大变革。

2015 年，国家统计局对规模以上工业企业科技统计报表制度进行了重大改革，将科技活动修改为研发活动，实现了由科技统计向 R&D 统计的根本性转变。

2016 年，国家统计局将 R&D 统计调查范围由工业扩展到建筑业和服务业。调查范围的扩大为 R&D 计入 GDP 核算改革提供更加准确的数据信息。

（三）R&D 经费统计的深化改革时期（2018 年至今）

2018 年，针对企业科研管理和会计制度逐步健全的发展实际，国家统计局以第四次全国经济普查为契机对企业研发活动统计报表填报方法和依据进行改革，由原来的"项目归集法"调整为"财务支出法"，将用于 R&D 经费计算的基础指标与企业财务登记指标直接关联，进一步明确了基础数据来源，有效提高了源头数据的准确性，降低了企业和基层统计人员负担。

2019 年，国家统计局总结前期工作经验和成效，结合国际标准修订和新阶段我国发展实际，制定发布了新版《研究与试验发展（R&D）投入统计规范（试行）》（以下简称《规范》），对 R&D 统计的基本概念、统计方法、遵循原则、实施方式、职责分工等进行全面系统的规定，成为统领我国 R&D 统计体系的"上位法"。在《规范》之下，国家统计局逐步完善《企业研发活动统计报表制度》《科技创新综合统计报表制度》等统计调查制度，科技、教育等部门建立完善研究机构和高等学校 R&D 相关统计制度，这些统计制度成为统计调查具体执行的"指导书"。我国 R&D 统计的规范性、完整性和体系化建设取得显著成效。

2020 年，我国 R&D 统计调查范围由规模以上企业进一步延伸到规模以下企业，此后又将地方三甲医院和科研育种企业纳入常规调查，至此基本实现了对创新活跃主体的全覆盖。

二、我国 R&D 经费统计框架

企业、各类研究机构和高等学校是我国 R&D 经费投入的三大执行主体，立足国情，R&D 经费统计实行"条块结合、分级负责"的整体框架，即由国家统计局、科学技术部、教育部等部门分工负责组织实施，国家统计局综合汇总发布。其中科学技术部负责政府属研究机构和相关非企业法人研究机构 R&D 经费统计，教育部负责高等学校及附属医院的 R&D 经费统计，国家统计局负责各类企业法人单位以及其他事业法人单位的 R&D 经费统计。

国家统计局作为政府综合统计部门，负责管理和协调各有关部门的 R&D 经费统计工作，组织各有关部门研究相关方法制度，制定《科技综合统计报表制度》和相关调查方案，综合汇总并发布全社会 R&D 经费等统计数据。各有关部门根据《科技综合统计报表制度》和相关调查方案要求，制定本部门统计制度，经报国家统计局审批后组织实施,并须按《科技综合统计报表制度》要求向国家统计局报送有关数据。

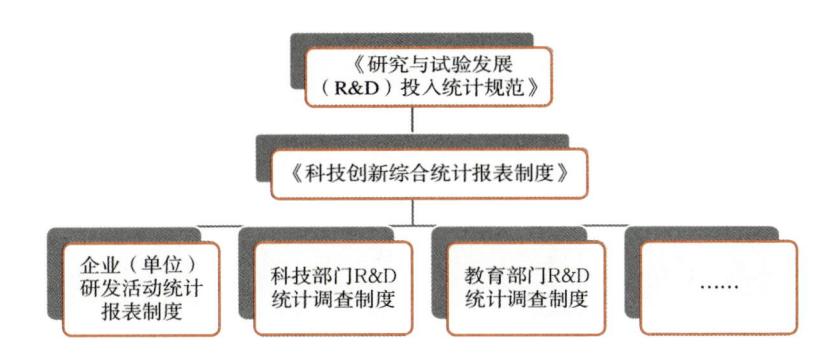

图 19-1 我国 R&D 经费统计规范和制度体系

三、R&D 经费统计口径和计算方法

（一）指标统计口径

R&D 经费是指报告期为实施 R&D 活动而实际发生的全部经费支出。不论经费来源渠道、经费预算所属时期、项目实施周期,也不论经费支出是否构成对应当期收益的成本,只要报告期发生的经费支出均应统计。就上述各类调查单位而言,R&D 经费分为内部经费和外部经费。

内部经费是指报告期调查单位内部实施 R&D 活动而实际发生的经费支出。R&D 内部经费按支出性质分为日常性支出和资产性支出。其中,日常性支出包括 R&D 活动人员的劳务费,为实施 R&D 活动而购置的原材料、燃料、动力、工器具等低值易耗品,以及相关直接的管理和服务等支出;资产性支出是指报告期调查对象为实施 R&D 活动而进行固定资产建造、购置、改扩建以及大修理等的支出,一般主要为仪器设备支出。无论是日常性支出还是资产性支出,在统计口径上都强调是为实施 R&D 活动而发生的支出,对于 R&D 活动与生产活动或其他活动共用的人员、设备、原材料等应按照合理的方法进行分劈计算。

外部经费是指报告期调查对象委托其他单位或与其他单位合作开展 R&D 活动而转拨给其他单位的全部经费。为避免重复计算,全社会 R&D 经费为调查对象 R&D 经费内部支出的合计。

（二）指标计算方法

R&D 概念专业性强、复杂度高，统计工作实施需将相对抽象的概念具象化，对计算 R&D 经费指标所需的基础数据和资料开展统计调查。因企业、研究机构和高等学校等不同类型调查单位采集的基础数据不同，R&D 经费计算方法也略有不同。

为顺应国际标准规范修订和我国企业新会计准则的大范围施行，2018 年国家统计局对各类企业 R&D 经费指标的统计方法和填报依据进行了改革，在基础数据采集上由项目归集法调整为财务支出法，即企业根据会计账登记的研究开发会计科目以及研究开发项目资料填报相关基础数据，统计部门根据企业研究开发基础数据计算 R&D 经费。改革后，源头数据采集更为贴近企业管理实际，与财政和税务等政策部门规定更趋一致，企业填报负担得到有效减轻，R&D 经费统计方法也更为科学合理。

研究机构和高等学校 R&D 经费统计分别由科技部门和教育部门组织实施，主要依托本单位的科学研究经费或科技活动经费等进行计算填报。

四、R&D 经费统计工作流程

R&D 经费统计工作流程包括统计设计、业务培训、数据采集、数据审核评估汇总以及数据发布等环节。

在统计设计环节，国家统计局进行企业 R&D 经费统计工作的顶层设计，包括调查内容、调查对象、调查组织分工、数据采集方法、数据审核规则和报送方式、统计汇总或整理方案、相关信息系统和应用软件等，形成《企业研发活动统计报表制度》和实施要点，同时设计确定全社会 R&D 经费综合汇总方案，形成《科技综合统计报表制度》。各有关部门根据《R&D 投入统计规范（试行）》《科技综合统计报表制度》以及部门工作需求，对本部门统计工作内容和实务作进一步设计。

在业务培训环节，国家统计局、科学技术部、教育部等按照本部门统计工作内容和实务要求，组织对本系统相关业务人员开展逐级业务培训。

在数据采集环节，国家统计局、科学技术部、教育部等部门按照职责分工，进行相关任务部署，负责本系统职责分工内 R&D 活动相关基础数据的采集工作。

在数据审核、评估、汇总环节，各级有关部门负责本级 R&D 活动基础数据的审核评估与汇总工作，并按有关规定上报。国家统计局负责计算汇总全社会 R&D 经费统计数据，各级统计部门负责综合汇总本级辖区内 R&D 经费统计数据。

在数据发布环节，全社会 R&D 经费统计数据由国家统计局负责发布，各有关部门的统计数据按照国家有关规定发布。各地方统计数据经上级主管部门认定后方可发布。

第三节 R&D 经费基础数据来源

一、调查对象和调查范围

R&D 经费基础数据的调查范围为全社会有 R&D 活动的企事业单位，具体包括政府属研究机构、高等学校以及 R&D 活动相对密集行业（包括农、林、牧、渔业，采矿业，制造业，电力、热力、燃气及水生产和供应业，建筑业，交通运输、仓储和邮政业，信息传输、软件和信息技术服务业，金融业，租赁和商务服务业，科学研究和技术服务业，水利、环境和公共设施管理业，卫生和社会工作，文化、体育和娱乐业等）的企事业单位等。

二、调查方法

根据 R&D 经费"条块结合"的统计框架，企业、研究机构和高等学校等不同类型调查对象分别由统计部门、科技部门和教育部门等按照相关统计报表制度规范组织实施，均为年度调查。

其中，规模以上工业企业，特、一级建筑业企业，规模以上服务业（包括交通运输、仓储和邮政业，信息传输、软件和信息技术服务业，租赁和商务服务业，科学研究和技术服务业，水利、环境和公共设施管理业，卫生和社会工作，文化、体育和娱乐业）企业，政府属研究机构（政府属独立法人科学研究与技术开发机构、科技信息与文献机构等单位）及科学研究和技术服务业其他非企业法人单位，高等学校及附属医院采用全面调查；规模以下工业企业和服务业企业采用抽样调查推算；科研育种相关企业和未在科技、教育部门统计范围内的三级甲等医院采用重点调查；其他行业的企事业单位使用往期资料推算等方法。

国家统计局、科技部和教育部在规定时间内分别对本部门所辖范围内的调查单位进行报表布置和培训，并完成R&D经费基础数据的收集、审核、汇总等工作。如图19-2所示。

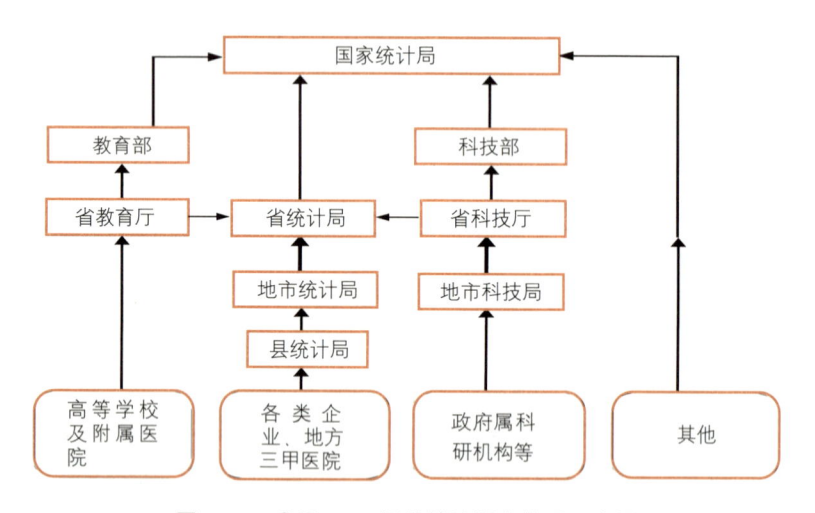

图 19-2 我国R&D经费统计调查体系及流程

三、企业基础数据来源和数据生产流程

按照现行统计报表制度规定，企业R&D经费基础数据填报依据为企业财务账研究开发会计科目或向税务部门提供的研究开发辅助账，以及企业研究开发项目的立项书、任务书、合同书等。企业应按照统计报表制度规定依法如实填报相关基础数据，并配合统计部门开展数据审核查询工作。

企业R&D经费基础数据调查在统计系统内部实行联网直报、由下至上、层层审核、逐级验收的方式，年度数据采集周期大约从每年10月至次年5月。在此期间，整个调查工作流程大致可分为以下四个步骤：

一是填报前的准备工作。国家统计局根据调查任务修订相应统计制度，逐级布置报表填报工作，对本系统机构和调查对象进行统计制度及数据采集程序培训。

二是调查对象进行报表录入和上报。企业通过一套表方式，按照统计报表制度要求，使用全国统一的联网直报平台进行数据录入和上报工作，并最晚应于3月底前完成上年数据的填报。

三是统计部门对数据进行审核、评估和验收。省、市、县各级统计局在完成本级审核评估工作后,要逐级对调查单位基层数据进行验收,直至国家统计局完成对全国企业R&D经费的审核评估和核算汇总工作。

四是数据发布。国家统计局在完成全国数据审核评估汇总后,向省级统计局反馈数据结果并对社会公开发布。

四、数据质量控制

数据质量控制工作贯穿统计工作流程的各个环节。为提高企业源头数据质量,国家统计局制定了《企业研发数据审核评估办法》《企业源头数据质量核查办法》等一系列工作机制,各部门也根据本系统特点制定了数据质量控制实施办法,从方案制定、业务培训、填报登记、审核评估等多个环节加强全流程数据质量管控。

作为数据质量控制流程的一部分,国家统计局在完成全社会R&D经费的综合汇总时,除组织统计系统对R&D经费等主要指标进行联审外,还要组织科技部、国家发展改革委、财政部等宏观管理部门对数据进行综合评估。

第四节 正确解读R&D经费统计数据

一、解读R&D经费的注意事项

(一)要准确理解R&D的概念

如前所述,准确理解R&D定义的内涵和外延是R&D经费统计的重点和难点。一是要准确区分R&D活动、科技活动和创新活动,要注意R&D经费、科技经费和创新费用三者的关系。一般而言,R&D经费小于科技经费,科技经费小于创新费用。二是要注意R&D经费与国家财政科技支出的关系,只有实际用于R&D活动的国家财政科技支出才能计入R&D经费。三是要注意R&D经费与政府科技计划经费的关系,例如,政府科技计划中用于扶持企业进行科技成果产业化的资金不能计入R&D经费。四是要注意企业财务账中登记的研究开发费用与R&D经费的关系,研究开发费用不等同于R&D经费,研究开发费用是计算R&D经费中日常性支出的重要基础资料。

（二）既要关注R&D投入总量，还要关注强度和结构情况

在分析R&D经费时，既要关注总量、增速，又要关注R&D投入强度以及R&D活动类型、资金来源等结构数据，从而全面反映R&D活动发展变化状况和R&D资源配置情况。对于全社会R&D经费，较好的分析切入点有：从总量和投入强度看自主创新投入的规模与水平，从活动类型构成看自主创新的深度，从资金来源构成看自主创新的资源分布，从投入主体构成看社会各界对自主创新的努力程度等。

（三）要关注与R&D活动相关的产出情况

由于R&D经费不能直接反映投入效果，在分析R&D经费时应注意结合R&D活动的相关产出情况，以分析R&D活动的产出效益和投入产出效率。R&D活动的直接产出是论文、专著、专利、新产品原型等，而新产品是创新活动的产出。例如，从新产品生产和发明专利可以观察企业自主创新产出能力。

（四）要注意数据的发布和修订情况

按照惯例，年初发布的《国民经济和社会发展统计公报》中的上年度R&D数据是初步数据，当年出版的《中国统计年鉴》或《中国科技统计年鉴》上的R&D数据是在年度统计调查基础上汇总得到的最终数据。因此，对两者之间可能存在的差异，应以年鉴公布的最终数据为准。此外，统计部门会根据历史年份GDP指标修订情况，及时修订R&D经费投入强度指标历史数据，在作相关分析对比时需要予以关注。

二、如何正确解读2012—2022年R&D经费

（一）R&D经费总量实现较快增长

党的十八大以来，以习近平同志为核心的党中央坚持创新在我国现代化建设全局中的核心地位，把科技自立自强作为国家发展的战略支撑，创新驱动发展战略深入实施，全社会R&D经费保持较快增长。从图19-3和表19-1可以看出，2022年我国R&D经费总量突破3万亿元，达到30782.9亿元，是2012年的3倍，迈上新的大台阶。从总量看，我国R&D经费从1万亿元提高到2万亿元用时8年，从2万亿元提高到3万亿元仅用时4年，R&D经费规模自2013年超越日本后已稳居世界第二位。从增速看，2012—2022年，我国R&D经费总量年均增长

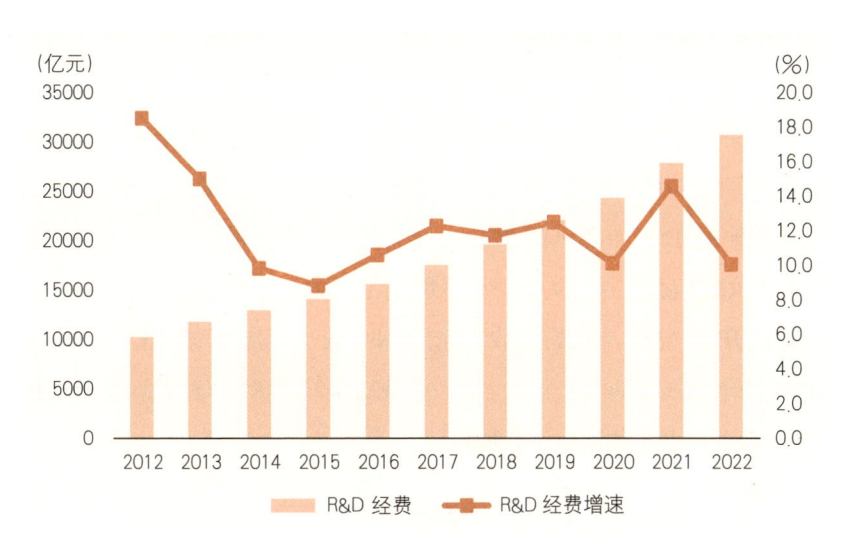

11.6%，增速水平在世界主要经济体中名列前茅。

图 19-3　2012—2022 年我国 R&D 经费及增速

表 19-1　2012—2022 年我国 R&D 经费

年份	R&D 经费 （亿元）	R&D 经费投入强度 （%）	R&D 经费现价增长 （%）
2012	10298.4	1.91	18.5
2013	11846.6	2.00	15.0
2014	13015.6	2.02	9.9
2015	14169.9	2.06	8.9
2016	15676.7	2.10	10.6
2017	17606.1	2.12	12.3
2018	19677.9	2.14	11.8
2019	22143.6	2.24	12.5
2020	24393.1	2.41	10.2
2021	27956.3	2.43	14.6
2022	30782.9	2.54	10.1

数据来源：国家统计局。

（二）R&D 经费投入强度不断攀升

从投入强度看，2012—2022 年我国 R&D 经费投入强度不断攀升，2013 年首次突破 2.0%，2022 年突破 2.5%，达到 2.54%，再创历史新高。目前，我国 R&D 经费投入强度水平在世界上位列第 13 位，介于欧盟（2.2%）和 OECD 国家（2.7%）平均水平之间，成为我国进入创新型国家行列的重要标志之一。但也要看到，我国R&D经费投入强度距离美国（3.46%）、日本（3.30%）等世界科技强国还存在差距，未来仍需进一步努力提升。

（三）企业创新主体地位进一步巩固

随着我国企业自主创新意识不断提高，技术创新活动日趋活跃，企业研发投入实现快速增长，从表19-2可以看出，2022年我国企业R&D经费达23878.6亿元，占全社会R&D经费总量的77.6%，比2012年提高1.4个百分点。同期政府属研究机构R&D经费占比从15.0%下降到12.4%，高等学校R&D经费占比从7.6%小幅提升到7.8%。2012—2022年，企业R&D经费年均增长11.8%，比全社会R&D经费年均增速快0.2个百分点；企业对全社会R&D经费增长的贡献率达到78.3%，企业创新主体地位不断加强。

表19-2　2012—2022年我国各执行部门R&D经费

单位：亿元

年　份	R&D经费	企　业	#规模以上工业企业	研究机构	高等学校	其　他
2012	10298.4	7842.2	7200.6	1548.9	780.6	126.7
2013	11846.6	9075.8	8318.4	1781.4	856.7	132.6
2014	13015.6	10060.6	9254.3	1926.2	898.1	130.7
2015	14169.9	10881.3	10013.9	2136.5	998.6	153.5
2016	15676.7	12144.0	10944.7	2260.2	1072.2	200.4
2017	17606.1	13660.2	12013.0	2435.7	1266.0	244.2
2018	19677.9	15233.7	12954.8	2691.7	1457.9	294.6
2019	22143.6	16921.8	13971.1	3080.8	1796.6	344.3
2020	24393.1	18673.8	15271.3	3408.8	1882.5	428.1
2021	27956.3	21504.1	17514.2	3717.9	2180.5	553.8
2022	30782.9	23878.6	19361.8	3814.4	2412.4	677.5

数据来源：国家统计局。

（四）基础研究经费占比持续提升

基础研究是整个科学体系的源头，不断提升基础研究投入水平是实现原始创新突破的前提和保障。我国高度重视基础研究，持续加大基础研究投入，2020年我国基础研究经费规模超过日本，跃居世界第二位。2022年我国基础研究经费达到2023.5亿元，规模较2012年翻两番。从表19-3可以看出，2012—2022年，我国基础研究经费年均增长 15.0%，比 R&D 经费年均增速快 3.4 个百分点；占 R&D 经费比重从 4.84% 提高到 6.57%，持续保持上升势头。但也要清醒看到，基础研究仍是我国实现高水平科技自立自强的短板，目前我国 6.57% 的基础研究经费占比与主要发达国家一般 15% 以上水平相比，仍有明显差距。基础研究经费主要依赖政府资金投入，企业基础研究投入水平整体不足，多元化投入格局还需加快建立。

表 19-3　2012—2022 年我国分活动类型 R&D 经费

年 份	R&D 经费（亿元）	基础研究（亿元）	占比（%）	应用研究（亿元）	占比（%）	试验发展（亿元）	占比（%）
2012	10298.4	498.8	4.84	1162.0	11.28	8637.6	83.9
2013	11846.6	555.0	4.68	1269.1	10.71	10022.5	84.6
2014	13015.6	613.5	4.71	1398.5	10.74	11003.6	84.5
2015	14169.9	716.1	5.05	1528.6	10.79	11925.1	84.2
2016	15676.7	822.9	5.25	1610.5	10.27	13243.4	84.5
2017	17606.1	975.5	5.54	1849.2	10.50	14781.4	84.0
2018	19677.9	1090.4	5.54	2190.9	11.13	16396.7	83.3
2019	22143.6	1335.6	6.03	2498.5	11.28	18309.5	82.7
2020	24393.1	1467.0	6.01	2757.2	11.30	20168.9	82.7
2021	27956.3	1817.0	6.50	3145.4	11.25	22995.9	82.3
2022	30782.9	2023.5	6.57	3482.5	11.31	25276.9	82.1

数据来源：国家统计局。

（五）中西部地区 R&D 经费增速领先

从 R&D 经费区域分布情况看，2022 年，我国东、中、西部和东北地区 R&D 经费分别为 20237.5 亿元、5557.6 亿元、3961.8 亿元和 1026.0 亿元，分别是 2012 年的 2.9 倍、3.7 倍、3.2 倍和 1.6 倍，中部和西部地区增速领先。中部和西部地区占全国 R&D 经费比重分别从 2012 年的 14.7% 和 12.0% 提高到 2022 年的 18.1% 和 12.9%，R&D 经费投入的区域协调性有所改善。从重点地区看，2022 年，京津冀、长三角地区 R&D 经费分别为 4260.9 亿元和 9386.3 亿元，分别比上年增长 7.9% 和 11.4%；长江经济带地区 R&D 经费达到 14788.9 亿元，增长 10.4%，近年来连续保持两位数增幅，区域创新高地建设取得积极进展。

（撰稿：张琳　张启龙）

领导干部应知应会主要统计指标诠释

第二十章
采购经理指数

> **阅读提示**
>
> 公布机构：国家统计局、中国物流与采购联合会
>
> 调查频率：每月一次
>
> 公布时间：月末最后一日
>
> 公布渠道：国家统计局网站（www.stats.gov.cn）
>
> 《中国信息报》
>
> 《中国第三产业统计年鉴》
>
> 数据修订情况：不修订

第一节 什么是采购经理指数

一、采购经理指数的基本定义

采购经理指数（Purchasing Managers′ Index，简称PMI）是通过对企业采购经理的调查结果统计汇总、编制而成的月度综合性指数，涵盖企业采购、生产、流通等各个环节，能够及时反映一个国家或地区经济运行的景气状况，是国际上通行的宏观经济监测指标之一。

（一）世界采购经理调查发展概况

采购经理调查已有近百年历史，是一项较为成熟的景气调查。1929年，美国建立了PMI指标体系，由美国采购与供应管理协会（ISM）组织实施、编制指数和发布数据。20世纪90年代初，在英国NTC-Research集团（后为英国Markit集团，2022年被S&P Global标普全球并购）的支持下，欧洲多数国家也建立了PMI编

制和发布制度。随着 PMI 影响日益扩大，欧美以外一些国家逐渐接受这种快速、科学、简单的景气调查方式，至今已有 50 多个国家和地区开展了此项调查，且问卷设计、调查方法和指数编制方法等基本一致，调查结果具有国际可比性。从公开数据看，目前各国仅发布反映经济总体发展状况的综合指数和部分分类指数，没有分行业、地区、规模等细分指数。

（二）国家统计局采购经理调查基本情况

为加强对宏观经济的监测与预警能力，国家统计局先后于 2005 年、2007 年将制造业采购经理调查、非制造业采购经理调查纳入国家统计调查制度，分别抽取制造业和非制造业调查样本 720 家和 1200 家，此后国家统计局对调查样本进行了多次扩充和优化，在保证主要行业代表性的基础上，还兼顾了规模、区域代表性。目前，采购经理调查涉及《国民经济行业分类》中制造业的 31 个行业大类，3200 家调查样本；非制造业的 43 个行业大类，4300 家调查样本，为世界同类调查最多。

二、采购经理指数的主要用途

PMI 用于监测经济周期性波动以及研判未来经济走势，为宏观经济政策制定、行业发展状况分析、企业生产经营等方面提供参考依据。主要体现在以下三个方面：一是为宏观经济决策服务。PMI 时效性较强，能够灵敏地捕捉经济发展的拐点，对宏观经济具有突出的预测预警作用。二是监测经济内部结构变化趋势。通过对 PMI 细分指数的分析，可以从行业、规模和生产经营各环节等不同侧面了解经济变化情况和特点。三是辅助企业经营决策。企业可以通过 PMI 了解宏观经济和行业发展的运行态势，及时调整生产计划，制定符合企业长期发展要求的战略规划。

第二节 采购经理调查主要内容及抽样方法

一、采购经理调查主要内容

为了编制中国采购经理指数，加强对国民经济活动的监测与预警能力，为国家宏观调控和企业生产经营提供参考依据和咨询建议，依照《中华人民共和国统计法》的规定，结合国际通行规则，国家统计局制定采购经理调查制度，对采购经理调查的范围、对象、内容、时间与方式、对外发布等作出统一规定，组织国家统计局各级调查队开展基础数据搜集工作，并由国家统计局服务业调查中心编制和公布月度中国采购经理指数。

（一）调查范围

制造业和非制造业法人单位以及视同法人的产业活动单位。

（二）调查对象

制造业企业的采购（或供应）经理，即企业主管采购业务活动的副总经理或负责企业原材料采购（包括能源、中间产品、半成品和零部件）的部门经理。非制造业企业主管运营的负责人或采购（或供应）经理。

（三）调查内容

制造业企业的采购（或供应）经理对企业经营、采购及其相关业务活动情况的判断，主要包括对企业生产、订货、采购、价格、库存、人员、供应商配送、采购方式、市场预期等情况的判断，以及企业生产经营和采购过程中遇到的主要问题及建议。

非制造业企业主管运营的负责人或采购（或供应）经理对企业经营、采购及相关业务活动情况的判断，主要包括对业务总量、新订单（客户需求）、存货、价格、从业人员、供应商配送、市场预期等情况的判断，以及企业经营和采购过程中遇到的主要问题及建议。

（四）调查时间与方式

每月22—25日（16:00前），通过国家统计局联网直报平台网上直报或移动终端报送。调查时间如遇节假日或与双休日重合，则作适当调整。

（五）对外发布

采购经理指数于月末最后一日通过国家统计局网站公布。

二、采购经理调查问卷简介

采购经理调查问卷问题的设计遵循以下三个原则：一是简练，即所提问题尽可能简练，尽量少地占用被调查者的时间，以提高调查问卷回收率；二是熟悉，即所提问题是采购经理较为熟悉、比较关心、容易回答的问题，一般不采用技

表 20-1　制造业采购经理调查问卷

01 生产量：贵企业本月主要产品的生产量比上月
　　　□增加　　□基本持平　　□减少
02 订货量：贵企业本月来自客户的产品订货数量比上月
　　　□增加　　□基本持平　　□减少
　　其中 021 出口订货量：贵企业本月用于出口的产品订货数量比上月
　　　□增加　　□基本持平　　□减少　　□没有出口
03 剩余订货量：贵企业目前存有但尚未交付客户的产品订货数量比一个月前
　　　□增加　　□基本持平　　□减少
04 产成品库存：贵企业目前主要产品的产成品库存数量比一个月前
　　　□增加　　□基本持平　　□减少
05 采购量：贵企业本月主要原材料（含零部件）的采购数量比上月
　　　□增加　　□基本持平　　□减少
　　051 进口：贵企业本月主要原材料（含零部件）的进口数量比上月
　　　□增加　　□基本持平　　□减少　　□没有进口
06 购进价格：贵企业本月主要原材料（含零部件）的平均购进价格比上月
　　　□上升　　□变化不大　　□下降
　　061 在本月购进的主要原材料中，价格上升或下降的有哪些？（请按常用名称列示）
　　·价格上升：＿＿＿＿＿＿＿＿＿＿
　　·价格下降：＿＿＿＿＿＿＿＿＿＿
07 出厂价格：贵企业本月主要产品的平均出厂价格比上月
　　　□上升　　□变化不大　　□下降
08 主要原材料库存：贵企业目前主要原材料（含零部件）的库存数量比一个月前
　　　□增加　　□基本持平　　□减少
09 生产经营人员：贵企业目前生产经营人员的数量比一个月前
　　　□增加　　□基本持平　　□减少
10 供应商配送时间：贵企业本月主要供应商的交货时间比上月
　　　□放慢　　□差别不大　　□加快
　　101 下列各类原材料一般需要提前多少天订货？（不包括套期保值与投机商品）
　　·国内采购的生产用原材料　　□随用随买 □30天 □60天 □90天 □6个月 □1年
　　·进口的生产用原材料　　　　□随用随买 □30天 □60天 □90天 □6个月 □1年 □没有进口
　　·生产或维修用零部件　　　　□随用随买 □30天 □60天 □90天 □6个月 □1年
　　·生产用固定资产　　　　　　□随用随买 □30天 □60天 □90天 □6个月 □1年 □没有订货
　　102 在企业主要原材料中，本月出现供应短缺的有哪些？（请按常用名称列示）：＿＿＿＿
11 生产经营活动预期：贵企业在未来 3 个月内生产经营活动整体水平预计
　　　□上升　　□变化不大　　□下降
12 贵企业目前在生产经营和采购过程中遇到的主要问题或困难是什么？（可多选）
　　①□资金紧张　　②□市场需求不足　　③□原材料成本高
　　④□物流成本高　　⑤□劳动力成本高　　⑥□生产用原材料或零部件供应紧张
　　⑦□劳动力供应不足　⑧□人民币汇率波动　⑨□其他（请具体说明）：＿＿＿＿＿
13 您对本行业或企业发展如何评价？有何建议？＿＿＿＿＿＿＿＿＿＿

性强的专业术语或"行话";三是定性,即几乎所有问题都采用多重选择题的形式,预置几个相互独立的选项,被调查者只需在自己认为正确的选项上打上记号即可。以制造业采购经理调查为例,具体情况详见调查问卷(表20-1)。

三、抽样方法

(一)抽样总体

采购经理调查抽样框使用全国经济普查资料,以全国制造业或非制造业法人企业(或依照法人单位进行统计的产业活动单位)为总体。

(二)抽样方法

采购经理调查采用PPS抽样,以制造业或非制造业行业大类(部分行业大类进行了合并)为层,层内使用与企业主营业务收入成比例的概率估计抽样。

(三)样本量计算

采购经理调查为比例估计抽样。在95%的概率保证程度下,按照最大相对误差不超过5%来确定样本量。

以制造业样本量为例,计算过程如下:

第一步:计算主要抽样参数。

允许误差限:$e = r \times P$

样本方差:$S^2 = P \times (1-P)$

第二步:计算初始样本量 n_1。

$$n_1 = \frac{t^2 \hat{P}(1-\hat{P})}{e^2}$$

$\hat{P}$ 为需要估计的总体比例。

第三步:计算初步修正的样本量 n_2。

$$n_2 = n_1 \frac{N}{N + n_1}$$

N 为总体企业数。

第四步:根据设计效应,再次进行调整。

$$n_3 = Bn_2$$

第五步:对于无回答进行调整,确定最终样本量 n。

$$n = \frac{n_3}{b}$$

b 为预计回答率。

（四）样本分配

在总样本量确定的情况下，样本在各行业的分配采用与各层增加值 X 成比例分配的方法。分配系数 a_h 的计算公式如下：

$$a_h = \frac{X_h}{\sum_{h=1}^{L} X_h}$$

第三节 采购经理指数编制方法

采购经理指数是一套综合性指标体系，具有先行性特征，涵盖企业采购、生产、流通等各个环节，涉及制造业和非制造业领域。其中，制造业采购经理调查指标体系包括 13 个分类指数和 1 个综合指数；非制造业采购经理调查指标体系包括 10 个分类指数；综合 PMI 产出指数反映全行业产出变化情况。采购经理指数的编制方法采用国际通行做法，即分类指数采用扩散指数法，综合指数采用加权合成指数法。

一、分类指数计算方法

制造业分类指数包括生产、新订单、新出口订单、在手订单、产成品库存、采购量、进口、主要原材料购进价格、出厂价格、原材料库存、从业人员、供应商配送时间、生产经营活动预期等；非制造业分类指数包括商务活动、新订单、新出口订单、在手订单、存货、投入品价格、销售价格、从业人员、供应商配送时间、业务活动预期等。计算公式如下：

DI＝"增加"选项百分比 ×1＋"持平"选项百分比 ×0.5

即正向回答的企业个数百分比加上回答不变的百分比的一半。

二、综合指数计算方法

（一）制造业 PMI 计算

制造业 PMI 是一个综合指数，由新订单、生产、从业人员、供应商配送时间、原材料库存 5 个分类指数加权计算而成。其中，供应商配送时间指数为逆指数，在合成制造业 PMI 综合指数时进行逆向运算。计算公式如下：

PMI＝新订单指数 ×30%＋生产指数 ×25%＋从业人员指数 ×20%

+(100 − 供应商配送时间指数)×15%+ 原材料库存指数 ×10%

（二）综合 PMI 产出指数计算

综合 PMI 产出指数由制造业生产指数和非制造业商务活动指数加权求和而成，权数分别为制造业、非制造业增加值占两者之和的比重。计算公式如下：

综合 PMI 产出指数 = 制造业生产指数 × 制造业权重
　　　　　　　　　+ 非制造业商务活动指数 × 非制造业权重

由于非制造业采购经理调查开展时间较短，目前尚没有国际通行的非制造业综合指数编制方法，世界上包括我国在内的大多数国家均使用商务活动指数反映非制造业经济发展的总体变化情况。

三、季节调整

PMI 是月度环比指标，会受到节假日、气候、生产周期等季节因素影响，这些影响往往会掩盖时间序列短期的变动趋势，为了剔除此影响，保证月度数据之间的可比性，国家统计局按照国际通行方法对指数进行了季节调整。

第四节 采购经理调查基础数据搜集

根据国家统计局制定的采购经理调查制度，各级国家调查队承担基础数据的催报和审核工作。调查工作流程如下：

第一，布置调查任务。各级国家调查队按照国家统计局统一规定的调查内容，将调查任务布置到其辖区内的所有调查企业，并对各企业的采购经理或主管企业运行的负责人进行培训。

第二，数据上报。每月 22—25 日，企业采购经理或主管企业运行的负责人按照采购经理调查制度要求，通过国家统计局联网直报平台填写并上报问卷。

第三，数据催报。在数据上报阶段，各级统计机构自开网之日起，逐日对企业填报数据情况进行监测，密切监控数据上报进度，及时提醒样本企业按时上报，必要时向企业发出催报通知，做到"应报尽报"。

第四，数据审核。国家统计局联网直报平台提供边录边审功能，网上直报的企业在报送报表时，直报平台自动对报表进行逻辑审核，审核通过方可报送。同时，各级统计机构人员对录入后的数据进行审核，认真核查企业的上报说明，审核通过及时验收，对存疑数据应联系企业查询，视具体情况修正报表或重新上报。

第五，数据汇总。国家统计局对企业上报的数据进行再次审核，之后对通过审核的数据进行汇总。每年二、三季度，国家统计局和各级调查队对采购经理调查数据质量进行集中核查抽查；每年一、四季度（非核查抽查季度），国家统计局和各级调查队还要抽取一定数量的企业，以现场访问、电话询问、电子邮件等方式进行企业回访，确保数据质量。

第五节 正确解读采购经理指数

一、解读采购经理指数的注意事项

（一）正确理解采购经理指数的内涵

PMI是一个综合性指数体系，由分类指数和综合指数构成。综合指数反映经济发展的概貌，各分类指数分别反映经济活动中的各个环节变化情况。

采购经理调查问卷中的每个问题都反映的是"量"的变化，如生产量、产品订货量等，而非"货币量"的变化，如产值、订货金额等，PMI就是通过各指标的动态变化来反映国家或地区经济活动所处的周期状态。

（二）取值范围

PMI能够方便、及时地反映经济景气变化的趋势和范围，捕捉经济拐点。PMI取值范围在0至100%之间，50%为扩张与收缩的临界点；高于50%，表明扩张的企业占比大于收缩企业占比，经济活动比上月有所扩张，经济向好；反之，则表明扩张的企业占比小于收缩企业占比，经济活动比上月有所收缩，经济回落。PMI与临界点的距离，反映扩张和收缩的程度。在实际应用中，可以通过PMI运行四个阶段来监测宏观经济变化情况：

1. 扩张加速

PMI在50%至100%区间上升，表明经济运行中的扩张成分多于收缩成分，扩张成分在增加，收缩成分在减少，经济处于扩张区间（见图20-1）。

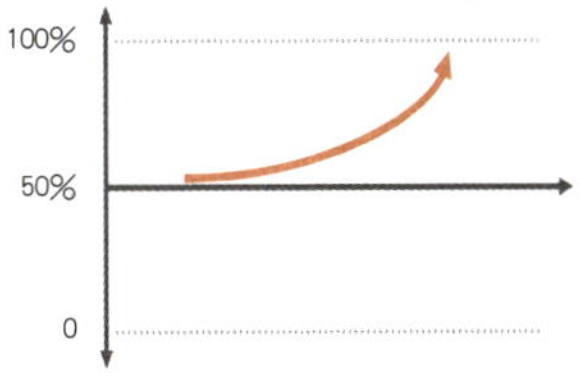

图 20-1 扩张加速

2.扩张减速

PMI 在 100% 至 50% 区间下降，表明经济运行中的扩张成分多于收缩成分，但扩张成分在减少，收缩成分在增加，经济仍处于扩张区间（见图 20-2）。

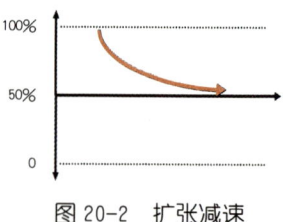

图 20-2　扩张减速

3.收缩加速

PMI 在 50% 至 0 区间下降，表明经济运行中的收缩成分多于扩张成分，扩张成分在减少，收缩成分在增加，经济处于收缩区间（见图 20-3）。

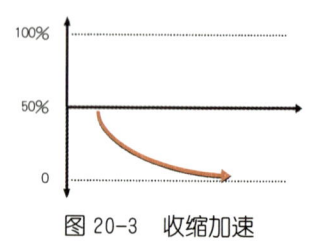

图 20-3　收缩加速

4.收缩减速

PMI 在 0 至 50% 区间上升，表明经济运行中的收缩成分多于扩张成分，但扩张成分在增加，收缩成分在减少，经济仍处于收缩区间（见图 20-4）。

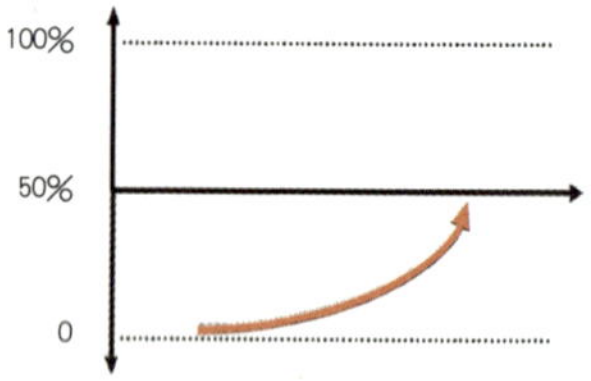

图 20-4　收缩减速

（三）趋势分析

PMI 作为宏观经济预测预警重要指标，对判断短期经济走势具有一定的参考作用，但 PMI 与常规统计指标存在诸多不同，在研判宏观经济走势时，应把握 PMI 的内涵和特点，充分结合其他宏观经济数据、大数据等信息资源，全面分析，科学判断。

1.PMI 是环比指标

PMI 是反映月度间变化情况的指标，波动性强，容易受到工作日天数、季节、基数等因素影响，与同比指标相比，数据波幅较大，PMI 更多反映短期经济运行变化。

2.PMI 反映实物量变化

采购经理调查问卷设计不涉及商业秘密和财务指标，并且为了剔除价格因素干扰，各指标以实物量作为填报标准，即采购经理调查反映的是生产、订单等实物量变化，不等同于产值、收入等反映价值量的常规统计指标。

3.PMI 无法直接反映经济增速的高低

PMI 采用扩散指数计算方法，能及时反映经济变动的方向，但无法直接反映经济变化的幅度。

4. 切忌参照单月数据变化研判经济走势

通常情况下，当 PMI 连续数月以上发生同向变化时，应结合其他经济指标相互佐证，全面分析后，才能判断经济运行是否发生了趋势性变化。

二、如何解读采购经理指数

（一）如何解读 2005—2022 年制造业 PMI

表 20-2 和图 20-5 展示了 2005—2022 年中国制造业 PMI 走势情况。

表 20-2　2005—2022 年制造业 PMI（经季节调整）

单位：%

年份	1月	2月	3月	4月	5月	6月	7月	8月	9月	10月	11月	12月
2005	54.7	54.5	57.9	56.7	52.9	51.7	51.1	52.6	55.1	54.1	54.1	54.3
2006	52.1	52.1	55.3	58.1	54.8	54.1	52.4	53.1	57.0	54.7	55.3	54.8
2007	55.1	53.1	56.1	58.6	55.7	54.5	53.3	54.0	56.1	53.2	55.4	55.3
2008	53.0	53.4	58.4	59.2	53.3	52.0	48.4	48.4	51.2	44.6	38.8	41.2
2009	45.3	49.0	52.4	53.5	53.1	53.2	53.3	54.0	54.3	55.2	55.2	56.6
2010	55.8	52.0	55.1	55.7	53.9	52.1	51.2	51.7	53.8	54.7	55.2	53.9
2011	52.9	52.2	53.4	52.9	52.0	50.9	50.7	50.9	51.2	50.4	49.0	50.3
2012	50.5	51.0	53.1	53.3	50.4	50.2	50.1	49.2	49.8	50.2	50.6	50.6
2013	50.4	50.1	50.9	50.6	50.8	50.1	50.3	51.0	51.1	51.4	51.4	51.0
2014	50.5	50.2	50.3	50.4	50.8	51.0	51.7	51.1	51.1	50.8	50.3	50.1
2015	49.8	49.9	50.1	50.1	50.2	50.2	50.0	49.7	49.8	49.8	49.6	49.7
2016	49.4	49.0	50.2	50.1	50.1	50.0	49.9	50.4	50.4	51.2	51.7	51.4
2017	51.3	51.6	51.8	51.2	51.2	51.7	51.4	51.7	52.4	51.6	51.8	51.6
2018	51.3	50.3	51.5	51.4	51.9	51.5	51.2	51.3	50.8	50.2	50.0	49.4
2019	49.5	49.2	50.5	50.1	49.4	49.4	49.7	49.5	49.8	49.3	50.2	50.2
2020	50.0	35.7	52.0	50.8	50.6	50.9	51.1	51.0	51.5	51.4	52.1	51.9
2021	51.3	50.6	51.9	51.1	51.0	50.9	50.4	50.1	49.6	49.2	50.1	50.3
2022	50.1	50.2	49.5	47.4	49.6	50.2	49.0	49.4	50.1	49.2	48.0	47.0

数据来源：国家统计局数据发布库。

从图 20-5 中可以看出，2005—2008 年上半年，PMI 始终在扩张区间波动运行，且整体位于较高运行水平，中国制造业经济增长较为强劲。2008 年 7 月，受世界金融危机影响，PMI 首次落至收缩区间，之后于 11 月落至历史次低点 38.8%，制

数据来源：国家统计局数据发布库。

图 20-5　2005—2022 年制造业 PMI 走势

造业经济增长大幅回落。2009 年 3 月，PMI 呈现底部企稳迹象，并连续 32 个月位于扩张区间，中国经济率先走出谷底，稳步回升向好。2012 年，我国经济进入"三期叠加"阶段，PMI 运行区间明显低于前期整体水平，制造业经济总体呈增速放缓走势。2015 年 8 月至 2016 年初，PMI 连续位于收缩区间，制造业下行压力持续加大，之后在供给侧结构性改革的深入推进下，PMI 重回扩张区间，制造业经济运行逐步企稳向好。2020 年初，受新冠疫情冲击，PMI 超常规大幅波动，2020 年 2 月降至历史低点 35.7%，但在以习近平同志为核心的党中央坚强领导下，我国疫情迅速得到有效控制，经济社会秩序有序恢复，2020 年 3 月 PMI 快速反弹至扩张区间，并连续 18 个月保持在临界点以上，制造业总体持续恢复、稳步回升。2021 年末至 2022 年，受新冠疫情不断演变、外部环境更趋复杂严峻等因素影响，PMI 运行区间明显低于往年，制造业景气水平有所回落。

从历年走势看，PMI 均客观反映了我国经济社会发展的实际情况，并准确监测宏观经济变化的多个关键节点和变动趋势，对宏观经济具有突出的预测预警作用。特别是在 2008 年国际金融危机期间和 2020 年新冠疫情冲击的严峻复杂形势下，PMI 及时准确捕捉到经济变化拐点，充分表现出先行指标的特点。

（二）如何解读 2022 年制造业 PMI

表 20-3 列出了已发布的 2022 年中国制造业 PMI 及构成指数，图 20-6 展示了 2022 年制造业 PMI 走势情况。本部分重点对制造业 PMI 及生产、新订单和供应商配送时间等分类指数进行解读。

表 20-3　2022 年制造业 PMI 及构成指数（经季节调整）

单位：%

月份	PMI	生产	新订单	原材料库存	从业人员	供应商配送时间
1	50.1	50.9	49.3	49.1	48.9	47.6
2	50.2	50.4	50.7	48.1	49.2	48.2
3	49.5	49.5	48.8	47.3	48.6	46.5
4	47.4	44.4	42.6	46.5	47.2	37.2
5	49.6	49.7	48.2	47.9	47.6	44.1
6	50.2	52.8	50.4	48.1	48.7	51.3
7	49.0	49.8	48.5	47.9	48.6	50.1
8	49.4	49.8	49.2	48.0	48.9	49.5
9	50.1	51.5	49.8	47.6	49.0	48.7
10	49.2	49.6	48.1	47.7	48.3	47.1
11	48.0	47.8	46.4	46.7	47.4	46.7
12	47.0	44.6	43.9	47.1	44.8	40.1

数据来源：国家统计局数据发布库。

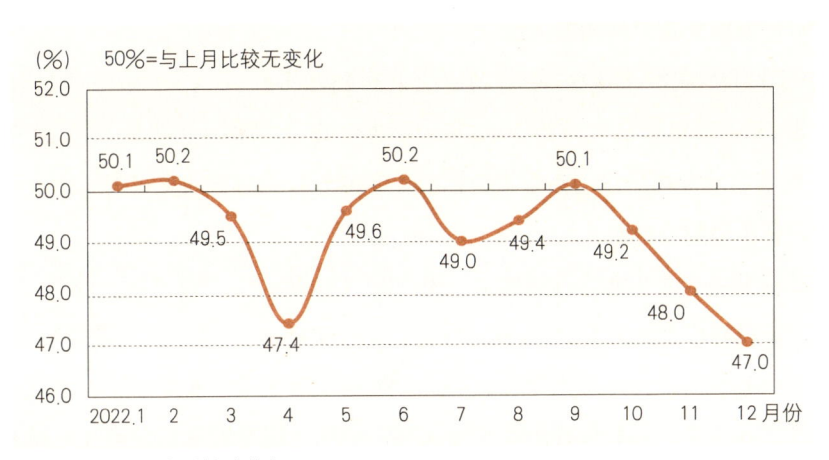

数据来源：国家统计局数据发布库。

图 20-6　2022 年制造业 PMI 走势

2022年，受疫情、地缘冲突、国外主要经济体通货膨胀高企等超预期因素冲击，制造业PMI年均值为49.1%，低于2021年1.4个百分点。第一至四季度均值分别为49.9%、49.1%、49.5%和48.1%，均低于临界点。从月度走势看，1—2月PMI延续2021年末扩张走势，实现较好开局，此后受到多轮疫情等因素冲击，仅在6月、9月升至扩张区间，其余月份均位于收缩区间，特别是四季度连续三个月回落，制造业下行压力有所加大。

从产需情况看，2022年生产指数和新订单指数年均值分别为49.2%和48.0%，低于2021年2.4和2.8个百分点，制造业供需两端均有所放缓。从月度走势看，生产指数1—2月保持在扩张区间，企业生产较为平稳，3—5月受上海等地疫情影响落至收缩区间，并于4月降至全年低点44.4%，6月随着疫情形势好转升至全年高点52.8%，7—8月再次低于临界点，9月产能释放有所加快，生产指数升至全年次高点51.5%，此后连续下降，并于12月降至年内次低点44.6%。从需求端看，除2月、6月外，其余月份新订单指数均位于收缩区间，制造业市场需求不足情况有所加剧。

从供应商配送情况看，2022年供应商配送时间指数年均值为46.4%，低于2021年1.9个百分点，制造业原材料采购时间继续延长。从月度情况看，除6月、7月供应商配送时间指数升至临界点以上外，其余月份均位于收缩区间，特别是疫情冲击严重的4月和12月，该指数分别降至37.2%和40.1%的低位，制造业原材料供应商交货时间明显放慢。

（三）如何解读2022年非制造业采购经理指数

表20-4列出了已发布的2022年中国非制造业主要分类指数，图20-7展示2022年非制造业商务活动指数走势情况。本部分重点对关注度较高的商务活动指数和新订单指数进行解读。

2022年，非制造业商务活动指数年均值为49.1%，低于2021年3.8个百分点。一至四季度均值分别为50.4%、48.1%、52.3%和45.7%，非制造业恢复进程在二、四季度明显承压。从月度走势看，年初非制造业延续平稳恢复态势，此后受多轮疫情等因素冲击，指数运行出现大幅波动，特别是四季度疫情影响程度加大，商务活动指数在收缩区间连续三个月回落，12月降至全年低点41.6%，国内疫情反

表 20-4　2022 年非制造业主要分类指数（经季节调整）

单位：%

月份	商务活动	新订单	投入品价格	销售价格	从业人员	业务活动预期
1	51.1	47.8	52.1	51.0	46.9	57.9
2	51.6	47.6	53.9	49.8	48.0	60.5
3	48.4	45.7	55.9	51.1	47.1	54.6
4	41.9	37.4	53.7	48.9	45.4	53.6
5	47.8	44.1	52.5	49.4	45.3	55.6
6	54.7	53.2	52.6	49.6	46.9	61.3
7	53.8	49.7	48.6	47.4	46.7	59.1
8	52.6	49.8	50.0	47.6	46.8	58.4
9	50.6	43.1	50.0	48.2	46.6	57.1
10	48.7	42.8	51.0	48.1	46.1	57.9
11	46.7	42.3	49.9	48.7	45.5	54.1
12	41.6	39.1	49.2	47.5	42.9	53.7

数据来源：国家统计局数据发布库。

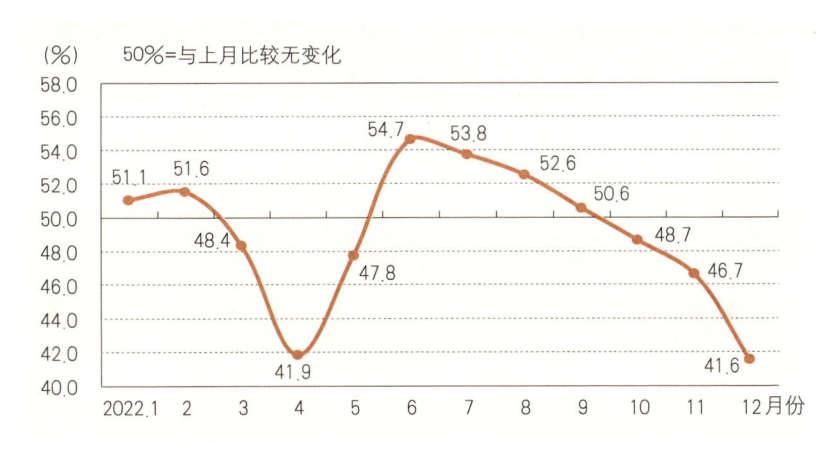

数据来源：国家统计局数据发布库。

图 20-7　2022 年非制造业商务活动指数走势

复是非制造业景气偏弱的主要原因。

从需求情况看，2022 年非制造业市场需求不足问题进一步凸显，新订单指数年均值为 45.2%，较 2021 年下降 4.3 个百分点。从季度走势看，一至四季度均值分别为 47.0%、44.9%、47.5% 和 41.4%，市场需求持续偏弱，全年非制造业新订单指数均运行在较低景气区间，特别是四季度降至全年低点。

（撰稿：李锁强　霍丽慧）

领导干部应知应会主要统计指标诠释

第二十一章
企业景气指数

> **阅读提示**
>
> 公布机构：国家统计局
>
> 调查频率：每季度一次
>
> 公布时间：季后月份的下旬公布
>
> 公布渠道：《中国经济景气月报》
>
> 数据修订情况：有修订

第一节 什么是企业景气指数

一、企业景气指数的基本定义

企业景气指数，是通过企业景气调查收集企业经营者对宏观经济运行态势和企业生产经营状况的主观判断和预期，编制而成的景气指数，它综合反映了经营主体对宏观经济环境的感受和信心。企业景气指数是经济周期波动的重要监测指标，其中预期企业景气指数等一系列先行指标信息可以用于对未来经济走势进行预测。

我国企业景气指数的取值范围在 0—200 之间，以 100 为临界值，当指数大于 100 时，反映经济景气状况是乐观的，数值越接近 200，说明经济运行的景气程度越高；当指数小于 100 时，反映经济景气状况是悲观的，景气指数越小，说明经济运行的景气程度越低。

二、企业景气指数的主要用途

企业景气指数既可以反映经济现状，也可以预测经济短期未来走势，目前在世界范围内得到普遍应用。从我国实践来看，在宏观应用层面，企业景气指数能为各级党政部门进行宏观经济决策、宏观经济调控提供重要参考依据；在微观应用层面，企业景气指数在强化企业经营管理、引导企业投资活动上发挥着重要作用，是企业生产经营决策的重要参考指标。

具体来说，企业景气指数可用于以下四个方面：

一是可用于宏观经济运行趋势判断和预测。企业景气调查是为快速把握经济形势应运而生的，尤其是当经济处于周期性波动敏感时期，为快速了解经济运行的走向提供了可靠的信息。通过企业景气指数的水平及其变化可判断经济运行是否正常，是趋于更景气的状态，还是更不景气的状态；企业景气指数还反映了对未来经济运行的预期结果，可作为短期经济预测的重要依据。

二是可用于分析经济运行的内在动力和结构变化。企业景气调查是针对国民经济运行中几乎所有重要行业的全行业调查，可以获得统一口径的各行业企业景气指数，可以进行行业间的比较分析。企业景气调查还是专门针对企业日常经营活动的调查，不仅可以了解企业经营状况的好坏，还可以收集大量影响企业经营状况相关因素的信息，用以分析企业发展的动力和困难。

三是可用于对当前宏观经济统计数据进行质量评估。企业景气调查了解的是企业经营者的主观定性判断，不存在对错之分，调查数据不易受干扰。通过企业景气调查的结果，包括不同行业之间、不同区域之间以及企业的投资计划等信息，可以为评估相应统计数据质量提供重要参考。

四是可用于为改善企业生产经营、提高企业竞争力服务。在当前全球经济发展面临诸多不确定因素情况下，企业要求得生存、求得发展，就必须了解宏观经济运行的态势和发展变化，了解宏观经济政策，了解市场需求状况，企业景气指数能够综合反映宏观经济运行现状和预测未来短期趋势，能为企业制定发展战略、进行生产决策、确定投资及用工计划等提供信息依据。

第二节 企业景气指数的编制方法

一、基本情况

企业景气指数是通过企业景气调查收集数据进行编制的，我国企业景气调查借鉴了国外实践。20世纪90年代，中国人民银行、国家计委（后改为国家发展和改革委员会）等部门进行了企业景气调查的尝试。1992年，国家统计局开始研究企业景气调查方法，并于1994年组织实施局部性调查，1998年在全国范围内开展调查。1999年，企业景气调查正式列入国家统计调查制度。2012年，企业景气调查制度进行了较大调整，更侧重于对未来的预测。2016年起，企业景气调查纳入《一套表统计调查制度》，每年由统计设计管理司牵头相关专业对报表进行修订完善。目前，国家统计局信息民调中心负责对全行业企业景气调查结果统计汇总，编制计算企业景气指数，并在《中国经济景气月报》上定期刊载发布。

> **知识链接**
>
> **企业景气调查的形成和发展**
>
> 企业景气调查方法正式产生于20世纪40年代末50年代初的欧洲，最早由德国伊弗经济研究所(IFO Institute For Economic Research)于1949年开展调查。为了提高企业景气调查的一致性、可比性，国际性学术组织"经济趋势调查国际研究中心"(Center for International Research on Economic Tendency Surveys, CIRET)、欧盟、OECD的统计部门在统一各国企业景气调查制度、建立企业景气调查标准流程等方面做了大量努力。目前，企业景气调查在世界范围内普遍应用，德国、日本和OECD的企业景气调查较具代表性。我国企业景气调查借鉴了国外实践，内涵基本一致。

二、企业景气调查问卷

我国企业景气调查为季度调查，问卷以定性问题为主。被调查企业需要填报一张调查单位基本情况表和一份生产经营景气状况问卷。调查单位基本情况表主要包括企业的基本名录信息及所处行业、地区、规模、登记注册类型等信息，主要目的是对调查结果按行业、地区、规模、登记注册类型等企业标识进行分组分析。生产经营景气状况问卷按行业分共有6份，分别为《工业生产经营景气状况调查问卷》《建筑业生产经营景气状况调查问卷》《批发和零售业生产经营景气状况调查问卷》《住宿和餐饮业生产经营景气状况调查问卷》《房地产开发经营业生产经营景气状况调查问卷》和《服务业生产经营景气状况调查问卷》。

企业景气调查问卷的问题设计力求简洁，问题数量尽可能少，以方便调查对象回答。问卷设计遵循以下原则：一是所问问题为企业经营中最核心的问题；二是所问问题一般不能或不能及时从常规统计数据中获得；三是尽可能了解预期信息，用于对未来经济走势的预判。

上述6份问卷设置有共性问题，也设置有个性问题。共性问题是指所有6个行业都需了解的问题，主要包括：对本企业经营状况的判断及未来预期，对企业所在行业总体运行状况的判断和预期，对国内宏观经济形势的预期，对企业盈利、用工计划、投资计划以及订单等指标动态变化的判断。个性问题则多根据行业特征而设定，如工业企业"生产能力利用情况"各项指标，建筑业企业"新开工工程量"等。

企业景气调查问卷属于封闭式定性调查问卷，即每个问题事先设定若干个答案，由调查对象从中选择一个最接近自己判断的答案。企业景气调查的答案选项一般设为三个，分别代表"好""一般""差"，或"增加""持平""减少"，或"乐观""一般""不乐观"，分别代表对该问题的积极、中性或消极的判断，企业经营者仅需对每一个问题从上述三个选项中选出一个即可。企业景气调查有时也会设计少数开放式问题，用以收集企业对政策举措的意见建议、了解企业面临困难等。

三、指数计算方法

企业景气指数是即期企业景气指数和预期企业景气指数加权计算而成的综合指数，用 B 表示。即：

$$B = A \times \delta + E \times \eta$$

其中，即期企业景气指数反映当前经济现状，用 A 表示；预期企业景气指数反映未来经济走势，用 E 表示。δ 和 η 分别为即期和预期企业景气指数的权重，$\delta+\eta=1$。为充分体现企业景气指数的预判功能，对预期企业景气指数赋予60%的权重，对即期企业景气指数赋予40%的权重。

《领导干部应知应会主要统计指标诠释》

企业景气指数的分类分项指数均采用净差额法计算,即:

(调查对象判断一个问题"好"的比重减"差"的比重)×100+100

企业景气指数(B)、即期企业景气指数(A)和预期企业景气指数(E)的取值范围在 0—200 之间。当 B(或 A、E)=0 时,表明所有的企业都选择"差",反映经济极度令人悲观;当 B(或 A、E)=200 时,表明所有的企业都选择"好",反映经济极度乐观;当 B(或 A、E)=100 时,表明选择"好"的企业与选择"差"的企业比重相等,反映经济处于好与坏的边缘,100 也因此作为景气与不景气的临界点。也就是说,当 B(或 A、E)大于 100 时,表明经济处于景气区间,指数值越大(越接近 200)景气度越高;当 B(或 A、E)小于 100 时,表明经济处于不景气区间,指数值越小(越接近 0)景气度越低。

> **知识链接**
>
> **企业景气指数的两种计算方法**
>
> 企业景气指数的计算方法通常有两种:一是针对一个综合问题的回答计算,即根据对企业综合经营状况的判断和预期计算企业景气指数。二是针对一组问题通过加权平均方式计算企业景气指数。如选取企业生产经营活动密切相关的订单、用工、投资、盈利等指标,计算每一个问题的单项指数,再对每一个问题赋予相应的权重,加权平均计算综合景气指数。目前,编制中国企业景气指数采用的是第二种计算方法。

第三节 企业景气指数的基础数据来源

企业景气指数的基础数据来源于企业景气调查,通过国家统计局联网直报平台采集。该调查面向全国 31 个省(自治区、直辖市)规模以上 60 余万家企业,行业覆盖 16 个国民经济行业门类,包括采矿业,制造业,电力、热力、燃气及水生产和供应业,建筑业,批发和零售业,交通运输、仓储和邮政业,住宿和餐饮业,信息传输、软件和信息技术服务业,房地产业,租赁和商务服务业,科学研究和技术服务业,水利、环境和公共设施管理业,居民服务、修理和其他服务业,教育,卫生和社会工作,文化、体育和娱乐业等。

每季度在数据上报期间，调查单位通过联网直报平台，严格按照《一套表统计调查制度》分行业报表规定的调查内容和填报时间独立自行报送数据。

数据上报截止期过后，国家统计局信息民调中心负责全行业数据审核、整理与汇总、编制企业景气指数，进行景气分析。

第四节 正确解读企业景气指数

一、如何正确解读 2017—2022 年的企业景气指数

根据 2017 年一季度至 2022 年四季度的 GDP 增长率与企业景气指数的关联分析，可以看出两者之间的相关性较强，相关系数为 0.70。总体来看，企业景气指数和 GDP 增长率趋势基本一致（见图 21-1）。

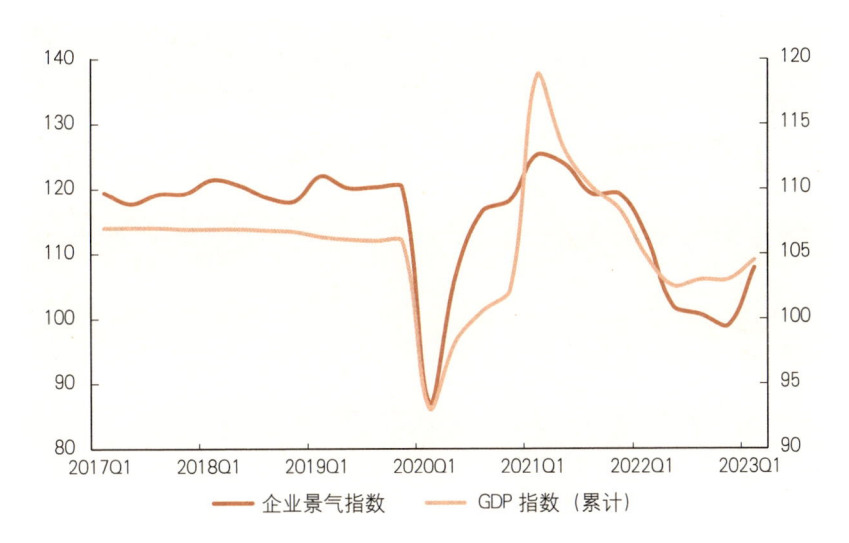

数据来源：《中国经济景气月报》。

图 21-1　企业景气指数与经济增长周期对比

理论上说，企业景气指数大于 100，表明经济运行处于景气区间。2017 年我国经济从高速增长阶段转向高质量发展阶段，2017—2019 年，经济增长速度基本平稳，企业景气指数也基本稳定在 120 左右。2020 年初新冠疫情的暴发给经济社会发展带来巨大冲击，一季度企业景气指数骤降至 87.1，位于临界值以下（国际

通常意义上的不景气区间）。随着疫情防控形势向好，二季度经济增长由负转正，企业景气指数也回升至 100 以上。2020—2022 年，我国统筹疫情防控和经济社会发展，有效应对内外挑战，宏观经济顶住压力持续发展，企业景气指数基本保持在 100 以上的景气区间。

二、如何正确解读 2023 年一季度企业景气指数

（一）企业景气指数及其构成变化分析

2023 年一季度，规模以上企业景气指数为 107.8，比上季度提高 8.9 个点，扭转了 2021 年四季度以来的持续下降态势，回升至临界值以上。其中，反映企业对当前景气状态感受的即期景气指数为 104.6，比上季度提高 6.8 个点，表明企业对当前经济运行乐观程度有所提升；反映企业对未来景气预判的预期景气指数为 109.9，比上季度提高 10.3 个点，表明企业对未来信心明显增强（见图 21-2）。

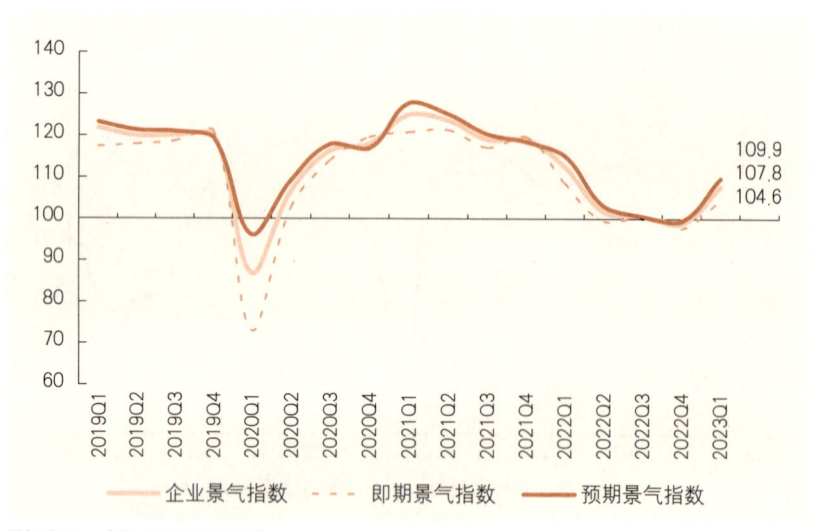

数据来源：《中国经济景气月报》。

图 21-2　规模以上企业景气指数（2019—2023 年）

（二）分行业分析

一季度，监测的 16 个行业门类中，15 个行业规模以上企业景气指数位于临界值以上，其中排在前三位的分别为住宿和餐饮业 126.7，电力、热力、燃气及水生产和供应业 123.2，水利、环境和公共设施管理业 118.6；建筑业企业景气指

数继续位于临界值以下，为98.4。与上年四季度相比，16个行业门类规模以上企业景气指数均有不同幅度上升，特别是接触型聚集型行业回升态势尤为明显，其中住宿和餐饮业回升35.3个点，教育回升26.9个点，文化、体育和娱乐业回升25.8个点（见图21-3）。

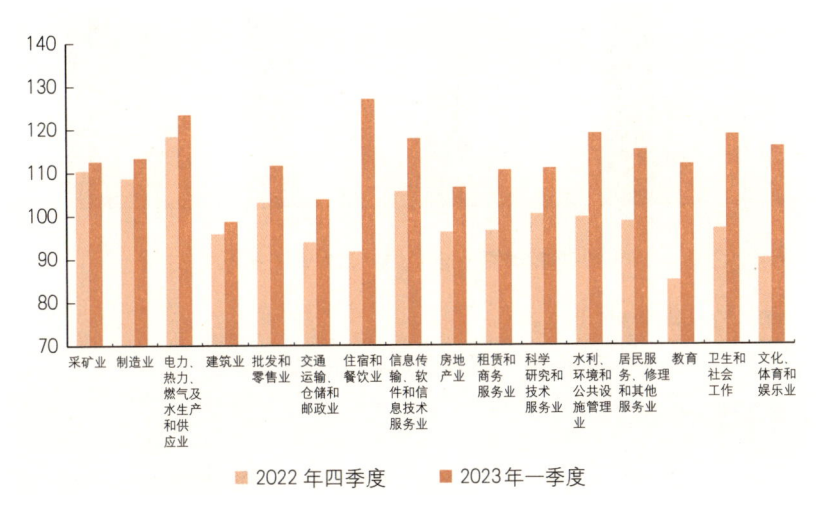

数据来源：《中国经济景气月报》。

图21-3　分行业门类规模以上企业景气指数

（三）分区域分析

分区域看，一季度东、中、西部和东北地区规模以上企业景气指数分别为108.2、111.1、104.3和103.6，均处于景气区间；与上季度相比，分别提高8.3个点、8.3个点、11.0个点和9.7个点（见图21-4）。

（四）对下季度经济走势预测

关于未来的经济走势，分别通过预期企业景气指数、企业用工和投资计划以及企业订货等指标综合加以判断。

2023年一季度，预期企业景气指数为109.9，比即期景气指数高5.3个点，与当前相比，企业对未来预期是积极的。

企业用工趋于平稳增长。调查结果显示，计划二季度用工"增加"的企业比重为9.9%，用工"持平"的企业为80.8%，用工"减少"的企业为9.3%。预期

343

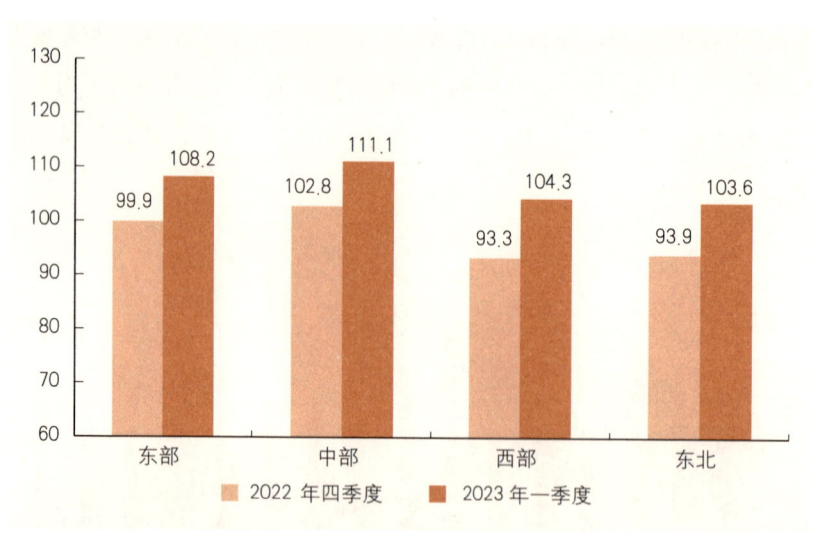

数据来源：《中国经济景气月报》。

图 21-4　分区域规模以上企业景气指数

用工呈现净增加状态。

企业投资意愿明显上升。调查结果显示，计划二季度固定资产投资"增加"的企业比重为 6.0%，固定资产投资"持平"的企业为 80.7%，固定资产投资"减少"的企业为 13.3%，比上季度下降 5.9 个百分点。

从更多反映消费需求的住宿和餐饮企业订货情况看，31.8% 的企业接到的业务预定量比上季度"增加"，55.0% 与上季度"持平"，仅有 13.2% 比上季度"减少"。从批发和零售企业订货情况看，19.0% 的企业接到的业务预定量比上季度"增加"，52.0% 与上季度"持平"，29.0% 比上季度"减少"。从工业企业的订货看，14.3% 的企业接到的产品订货量比上季度"增加"，55.7% 与上季度"持平"，30.0% 比上季度"减少"。调查结果表明，一季度服务性消费需求加快释放，但工业企业面临一定的市场需求不足问题。

综合来看，随着疫情防控平稳转段，各项稳增长稳就业稳物价政策举措靠前发力，积极因素累积增多，市场预期明显改善，经济运行开局良好。但也要看到，经济回升基础尚不牢固，行业间市场需求恢复不平衡，工业经济市场需求恢复相对缓慢。

（撰稿：彭永涛　张昕彤）

后 记

为深入推进统计进党校工作，提高各级党员干部统计知识素养，增进社会公众对政府统计的认知和理解，国家统计局结合近年来统计工作发展变化，组织统计专业人员编写了《领导干部应知应会主要统计指标诠释》（以下简称《指标诠释》）一书。本书按照现行统计调查制度对统计指标进行诠释，选取最新统计数据进行解读，为读者了解主要统计指标的含义、更好理解和使用统计数据提供参考。

《指标诠释》由二十一章组成。第一章为综合篇，介绍了正确认识和使用统计指标的基本方法。第二章至二十一章为专业篇，分别选取了总人口、国内（地区）生产总值、粮食产量、工业生产增长速度、单位国内（地区）生产总值能耗、全社会固定资产投资、社会消费品零售总额、服务业生产指数、财政收入和财政支出、货币供应量、进出口总额、居民消费价格指数、工业生产者出厂价格指数、住宅销售价格指数、调查失业率、单位就业人员平均工资、居民人均可支配收入、研究与试验发展（R&D）经费、采购经理指数、企业景气指数等20个经济社会统计指标，从基本概念和主要用途、统计和计算方法、基础数据来源、解读方法等方面进行了翔实的介绍，旨在帮助读者全面了解统计指标、正确解读统计数据。

《指标诠释》是集体智慧的结晶。除各章署名作者外，下列同志也参与了编写工作。国家统计局国民经济综合统计司李拓、冯朝阳参与了第一章的编写工作；人口和就业统计司张楷劲、陈潇潇参与了第二、十六、十七章的编写工作；国民经济核算司陈希、魏媛媛、郭晓雷、刘敏之、王媛媛、董嘉新参与了第三章的编写工作；农村社会经济调查司孟繁宇参与了第四章的编写工作；工业统计司孙晓、蒋睿、王显坤参与了第五章的编写工作；能源统计司宁颖丹、刘晓萌、张靖婷、王燕参与了第六章的编写工作；固定资产投资统计司刘晓琼、张金鑫参与了第七章的编写工作；贸易外经统计司付加奇、耿铭超、李丹、何润东参与了第八章的编写工作；服务业调查中心陈冠宇、朱丽惠参与了第九章的编写工作；城市社会经济调查司张洁参与了第十三章的编写工作；城市社会经济调查司寇迪参与了第十四章的编写工作；城市社会经济调查司张燕参与了第十五章的编写工作；住户调查司彭丽荟参与了第十八章的编写工作；社会科技和文化产业统计司罗秋实、焦智康、李胤参与了第十九章的编写工作；服务业调查中心岳辰光、孙世淼、戴煜昊参与了第二十章的编写工作；信息民调中心郝小爱、孟凌雁、陶瑜、王飞雪参与了第二十一章的编写工作。财政部税政司、预算司、国库司、社会保障司参与了第十章的编写工作。中国人民银行调查统计司李佳阳、鲍洪生、李润冬参与了第十一章的编写工作。海关总署统计分析司李芊参与了第十二章的编写工作。国家统计局统计设计管理司对本书的整体框架和内容作了专业性审核把关，对统计指标口径进行了规范性审核；国民经济核算司胡丛、王天玥，贸易外经统计司王月香、刘洋亦做了诸多协调沟通工作。办公室（国际合作司、政策研究室）雷小武、魏霜霜、顾鑫、庞昱、张玉、翟树冬、徐敏完成了全书的审核、统稿工作。

2024 年 4 月